卷四十

〔一〕賀孫　成化本無。

〔二〕季子然問仲由冉求可謂大臣一章　成化本無。

〔三〕於是　成化本爲「終是」。

〔四〕問　成化本爲「或問」。

〔五〕焉　成化本作「之」。

〔六〕宗臣　成化本爲「皆用」。

〔七〕此條𡩋録成化本載於卷三十一。

〔八〕當　成化本此上有「問：『孔門弟子如由、求皆仕於季氏，何也？』曰：『只仕便是病了。儘高底便不肯仕，如閔子、曾子是也。但』」。

〔九〕蓋　成化本此下有「當時」。

〔一〇〕問　成化本爲「又問」。

〔一一〕亦　成化本此上有「當時」。

〔一二〕季氏　成化本作「他」。

〔一三〕不　成化本爲「不當」。

〔一四〕成化本此下有「次日見先生，先生又曰：『夜來説尊敬話，這處認不得，當下便做病。而今説被他敬，去仕他。若是個賊來尊敬自家，自家還從他不從他！但看義如何耳。』」

〔一五〕問張子韶解不可則止　成化本爲「問以道事君不可則止忠告而善道之不可則止張子韶解此謂」。

〔一六〕有民人焉有社稷焉　成化本無。

〔一七〕此語説得如何　成化本無。

〔一八〕是　成化本無。

〔一九〕却　成化本無。

〔二〇〕佞　成化本爲「其佞」。

〔二一〕事見左傳襄公三十一年　成化本無。

〔二二〕處謙升卿録同　成化本爲「升卿」。又，此條底本卷二十九重複載入，但文字稍有差異，參底本該卷「子路知識甚高……便是曾點氣象」條。

〔二三〕蓋所言却是實　成化本爲「蓋子路所言却是實他二子却鑒他子路爲夫子所哂故退後説」。

〔二四〕處謙　成化本爲「升卿」。

〔二五〕思　成化本此下有「分明」。

〔二六〕有　成化本爲「方有」。

〔二七〕話　成化本作「説」。

〔二八〕曰　成化本無。

〔二九〕是　成化本無。

〔三〇〕此　成化本此下有「灑落因個甚麽」，且此條注爲植録，載於卷四十一。按，成化本卷四十一所載植録，底本分爲十一條分載於卷四十、四十一，除此條外，另十條參底本卷四十一「㬅問克己復禮……便復得這些個來」條，卷四十一「㬅問如磨昏鏡相似……無處歸着」條，卷四十「㬅問曾點見得了……受用處從容」條，卷四十一「㬅云所以唤禮……便見這意思」條，卷四十「㬅問曾點資質……便不肯做」條，卷四十「㬅又問子路若達……不只是繁文末節」條，卷四十一「㬅再舉……旋克將去」條，卷四十「爲國以禮之禮……終日言而盡物」條，卷四十「㬅云爲國以禮……無那禮可復」條，卷四十「㬅因問這禮字……是合掌説底」條。

〔三一〕子　成化本無。

〔三二〕先生云　成化本爲「又曰」。

〔三三〕此植録成化本載於卷四十一。按，成化本卷四十一所載植録，底本分爲十一條分載於卷四十、四十一，除此條外，另十條參底本卷四十一「㬅問克己復禮……便復得這些個來」條，卷四十一「㬅問如磨昏鏡相似……無處歸着」條，卷四十「㬅問曾點見得了……受用處從容」條，卷四十一「㬅云所以唤禮……便見這意思」條，卷四十「㬅問曾點資質……便不肯做」條，卷四十「㬅又問子路若達……不只是繁文末節」條，卷四十一「㬅再舉……旋克將去」條，卷四十「㬅因説夜來話……曾點所以如此」條，卷四十「爲國以禮之禮……終日言而盡物」條，卷四十「㬅云爲國以禮……無那禮可復」條。

〔三四〕爲　成化本此上有「又曰」。

〔三五〕不是　成化本爲「却不只是」。

〔三六〕問　成化本爲「㬅問」。

〔三七〕此成化本注爲植録，載於卷四十一。按，成化本卷四十一所載植録，底本分爲十一條分載於卷四十、四十一，除此條外，另十條參底本卷四十一「㬅問克己復禮……便復得這些個來」條，卷四十一「㬅問如磨昏鏡相似……無處歸着」條，卷四十「曼問曾點見得了……受用處從容」條，卷四十一「曼云所以喚禮……便見這意思」條，卷四十「曼問曾點資質……便不肯做」條，卷四十「曼又問子路若達……不只是繁文末節」條，卷四十一「曼再舉……旋克將去」條，卷四十「曼因説夜來話……曾點所以如此」條，卷四十「曼云爲國以禮……無那禮可復」條，卷四十「曼因問這禮字……是合掌説底」條。

〔三八〕曰汝於平時……而用之哉　成化本無。

〔三九〕而夫子卒不取三子　成化本爲「夫子卒不取」。

〔四〇〕卒　成化本無。

〔四一〕此條卓録成化本無。

〔四二〕他見得　成化本爲「見他」。

〔四三〕如暮春以下是也　成化本無。

〔四四〕去　成化本無。

〔四五〕得　成化本無。

〔四六〕得　成化本此下有「那」。

〔四七〕莫春　成化本無。

〔四八〕此條成化本無。

〔四九〕成化本此下注有「賀孫」。

〔五〇〕曾點　成化本作「點」。

〔五一〕近　成化本爲「近小」。

［五二］笑　成化本爲「下視」。

［五三］思直是　無。

［五四］莊子中説子反琴張云云聞喪而鼓琴　成化本爲「莊子中説孟子反子琴張喪側或琴或歌」。

［五五］恐入莊老去　成化本爲「須一向流入莊老去」。

［五六］此條寓録成化本載於卷二十七。且於此條前另有問答之語曰：　問：「『一貫』，注言：『蓋已隨事精察而力行之，但未知其體之一耳。』『未知其體之一』，亦是前所説乎？」曰：「參也以魯得之，他逐件去理會。曾子問喪禮，到人情委曲處無不講究。其初見一事只是一事，百件事是百件事。得夫子一點醒，百件事只是一件事，許多般樣只一心流出，曾子至此方信得是一個道理。」問：「自後學言之，便道已知此是一理。今曾子用許多積累工夫，方始見得是一貫，後學如何便曉得一貫？」曰：「後人只是想象説，正如矮人看戲一般，見前面人笑，他也笑。他雖眼不曾見，想必是好笑，便隨他笑。」又，此條底本卷二十七重複載入，可參。

［五七］琴張見莊子第六篇注　成化本無。

［五八］此條夔孫録成化本以部分内容爲注，夾於卷四十義剛録中，參成化本該卷「周貴卿問先生教人……却做個甚麼合殺」條。

［五九］把見處亦高只是不合將來玩弄　成化本無。

［六〇］造物　成化本此上有「把」。

［六一］成化本此下有「可笑」。

［六二］地　成化本無。

［六三］此條淳録部分内容重複載入底本卷三十一，參底本該卷「又曰顏子是孔子稱他樂……便已不是樂了」條。

［六四］憂　成化本作「又」。

［六五］則個　成化本作「底」。

［六六］是　成化本無。

［六七］有　成化本無。

［六八］此植録成化本載於卷四十一。按，成化本卷四十一所載植録，底本分爲十一條分載於卷四十、四十一，除此條外，另十條參底本卷四十一「憂問克己復禮……便復得這些個來」條，卷四十一「憂問如磨昏鏡相似……無處歸着」條，卷四十一「憂云所以喚禮……便見這意思」條，卷四十「憂問曾點資質……便不肯做」條，卷四十「憂又問子路若達……不只是繁文末節」條，卷四十一「憂再舉……旋克將去」條，卷四十「憂因説夜來話……曾點所以如此」條，卷四十「爲國以禮之禮……終日言而盡物」條，卷四十「憂云爲國以禮……無那禮可復」條，卷四十「憂因問這禮字……是合掌説底」條。

［六九］憂　成化本作「因」。

［七〇］所見處如此　成化本無。

［七一］得　成化本作「將」。

［七二］此植録成化本載於卷四十一。按，成化本卷四十一所載植録，底本分爲十一條分載於卷四十、四十一，除此條外，另十條參底本卷四十一「憂問克己復禮……便復得這些個來」條，卷四十一「憂問如磨昏鏡相似……無處歸着」條，卷四十「憂問曾點見得了……受用處從容」條，卷四十一「憂云所以喚禮……便見

這意思」條，卷四十「曼又問子路若達……不只是繁文末節」條，卷四十一「曼再舉……旋克將去」條，卷四十「曼因説夜來話……曾點所以如此」條，卷四十「爲國以禮之禮……終日言而盡物」條，卷四十「曼云爲國以禮……無那禮可復」條，卷四十「曼因問這禮字……是合掌説底」條。

［七三］ 曾子　成化本此上有「是夜再召淳與李丈入卧内……下梢只如此而已」。此部分内容底本分爲二條，分别載於卷三十六、卷一百十五，參卷三十六淳録「孔門惟顔子曾子漆雕開曾點……下梢只如此而已」條，卷一百十五淳録「是夜再召淳與李丈入卧内……易得將下面許多工夫放緩了」條。

［七四］ 與曾點　成化本無。

［七五］ 去　成化本作「上」。

［七六］ 也　成化本爲「聖人」。

［七七］ 教之有序　成化本爲「教人有序」，且此下有「子晦之説無頭……不似程先生説得穩」。此部分内容底本分爲九條，分别載於卷三十四、卷一百十五、卷一百二十五，參卷三十四淳録「志於道……看三百篇中那個事不説來」條，卷三十四淳録「二三子以我爲隱乎……不似程先生説得穩」條，卷一百十五淳録「子晦之説無頭……鑿來鑿去終是鑿不着」條及其下五條，卷一百二十五淳録「又曰莊周列禦寇……今禪學也是恁地」條。

［七八］ 淳　成化本爲「義剛同」，且此條載於卷一百十七。

［七九］ 此條道夫録成化本載於卷九十三。

［八〇］ 此條成化本無。

［八一］ 人　成化本作「心」。

［八二］正卿　成化本爲「學蒙」，下同。且此條成化本載於卷三十一，而底本卷三十重複載入。
［八三］眩　成化本作「眩」。
［八四］面前　成化本爲「面前人」。
［八五］他　成化本無。
［八六］在　成化本無。
［八七］個　成化本無。
［八八］在　成化本無。
［八九］有　成化本無。
［九〇］却　成化本無。
［九一］頭　成化本無。
［九二］中　成化本爲「中中」。
［九三］後　成化本無。
［九四］此條僩録成化本載於卷一百二十一。
［九五］且　成化本無。
［九六］輔漢卿再懇請　成化本爲「漢卿再請」。
［九七］却　成化本無。
［九八］成化本此下注曰：「以下集注。」
［九九］曾點言志顔淵問仁二章　成化本無。

〔一〇〇〕植舉曾點言志云明道謂孔子與點蓋與聖人之志同　成化本爲「植舉曾點言志明道云蓋與聖人之志同」。

〔一〇一〕對　成化本作「植」。

〔一〇二〕意　成化本無。

〔一〇三〕得　成化本作「待」。

〔一〇四〕因閲子善記　成化本無。

〔一〇五〕二月二十四日趙恭甫問　成化本爲「恭父問」。

〔一〇六〕須　成化本作「却」。

〔一〇七〕如何　成化本爲「是如何」。

〔一〇八〕是　成化本無。

〔一〇九〕是　成化本無。

〔一一〇〕也　成化本作「了」。

〔一一一〕此條成化本分爲兩條，且分别來自不同門人所録：「植舉曾點言志……聖人做得到這裏」爲一條，注爲植録；「恭父問曾點詠而歸……不合將來玩弄了」爲一條，注爲時舉録。

〔一一二〕先生云　成化本無。

〔一一三〕蓋　成化本無。

〔一一四〕來　成化本無。

〔一一五〕當　成化本爲「只當」。

［一一六］莫　成化本無。

［一一七］又云恆是個一條物事……頭尾徹　成化本無。

［一一八］寓　成化本無。

［一一九］吾與點處　成化本無。

［一二〇］看　成化本無。

［一二一］於此已予點　成化本爲「於此子點」。

［一二二］許大高　成化本爲「許大許高」。

［一二三］共　成化本作「其」。

［一二四］成化本此下注曰：「賜録一條見『漆雕開』章，疑同聞。」可參成化本卷二十八賜録「曾點已見大意……他小處却都曾做了」條。

［一二五］㬊　成化本無。

［一二六］受　成化本此下有「又問：『子路就使達得，却只是事爲之末，如何比得這個？』曰『理會得這道理，雖事爲之末，亦是道理。「暮春者，春服既成」，何嘗不是事爲來？』又問：『三子皆事爲之末，何故子路達得便是這氣象？』曰：『子路才氣去得。他雖粗暴些，纔理會這道理，便就這個「比及三年，可使有勇且知方」上面，却是這個氣象。求、赤二子雖似謹細，却只是安排來底，又更是他才氣小了。子路是甚麽樣才氣！』先生又曰：『曾點之學，無聖人爲之依歸，便是佛老去。如琴張、曾晳，已做出這般事來。』又曰：『其克己往往吾儒之所不及，但只他無那禮可復。』㬊再舉『未能至於復禮以前，皆是己私未盡克去』。曰：『這是旋克將去。』㬊因説：『夜來説「浴乎沂」等數句意在言外。本爲見得此數句，只是見得曾點受用自在處，

却不曾見得曾點見那道理處。須當分明先從這數句上體究出曾點所以如此』」。

〔一二七〕見之　成化本無。

〔一二八〕這　成化本此上有「曰」。

〔一二九〕言　成化本作「然」。

〔一三〇〕此植録成化本載於卷四十一。按，成化本卷四十一所載植録，底本分爲十一條分載於卷四十、四十一，除此條外，另十條參底本卷四十一「是問克己復禮……便復得這些個來」條，卷四十一「是問如磨昏鏡相似……無處歸着」條，卷四十「是問曾點見得了……受用處從容」條，卷四十一「是云所以喚禮……便見這意思」條，卷四十「是問曾點資質……便不肯做」條，卷四十一「是再舉……旋克將去」條，卷四十「是因説夜來話……曾點所以如此」條，卷四十「爲國以禮之禮……終日言而盡物」條，卷四十「是云爲國以禮……無那禮可復」條，卷四十「是因問這禮字……是合掌説底」條。

〔一三一〕言志章集注説　成化本無。

〔一三二〕子路只爲不達爲國以禮道理　成化本無。

〔一三三〕若　成化本爲「子路」。

〔一三四〕雖　成化本作「難」。

〔一三五〕纔得　成化本爲「纔會得」。

〔一三六〕子路曾皙冉有公西華侍坐……却便是這氣象也　成化本無。

〔一三七〕政　成化本無。

〔一三八〕曾參　成化本無。

［一三九］莊老底意思了　成化本爲「莊老意思」。

［一四〇］此條處謙録成化本無。

［一四一］是　成化本無。

［一四二］但　成化本此上有「品格亦大故高」。

［一四三］是　成化本無。

［一四四］個　成化本爲「這個」。

［一四五］個　成化本作「那」。

［一四六］二　成化本作「三」。

［一四七］見　成化本爲「見得」。

［一四八］成化本此下注曰：「以下集義。」

［一四九］節　成化本無。

［一五〇］節復　成化本無。

［一五一］此條僩録成化本無。

［一五二］此條成化本無。

［一五三］答曰　成化本爲「先生曰」。

［一五四］足　成化本作「是」。

［一五五］成化本此下有「要之，只説得個見得天理明，所以如此。只説得到此住，已上説不去了」。

［一五六］他底他見得了　成化本爲「他若見得了」。

[一五七] 成化本此下有「又曰：『看來他們都是合下不曾從實地做工夫去，却只是要想象巴攬，説個形象如此，所以不實。某嘗説，學者只是依先儒注解，逐句逐字與我理會，着實做將去，少間自見。最怕自立説籠罩，此爲學者之大病。世間也只有這一個方法路徑，若纔不從此去，少間便落草，不濟事。只依古人所説底去做，少間行出來便是我底，何必別生意見。此最是學者之大病，不可不深戒。』」

[一五八] 然　成化本作「乎」。

[一五九] 事　成化本爲「事物」。

[一六〇] 底　成化本無。

[一六一] 底　成化本無。

[一六二] 流　成化本作「派」。

[一六三] 見聖人本是如此　成化本爲「見得聖人大本是如此」。

[一六四] 只緣　成化本無。

[一六五] 從事上下曲折工夫　成化本爲「從事曲折工夫」。

[一六六] 時　成化本爲「時時」。

[一六七] 落　成化本此下有「處」。

[一六八] 做　成化本爲「做得」。

[一六九] 成化本此下注曰：「集注非定本。」

卷四十一

〔一〕此條僴録成化本載於卷四十四。

〔二〕體道　成化本爲「遺書首卷體道之説」。

〔三〕體　成化本此下有「猶體當、體究之『體』」。

〔四〕是　成化本爲「言以」。

〔五〕聖賢説話無非是道　成化本爲「蓋聖賢所説無非道者」。

〔六〕要自家將身去體他　成化本爲「只要自家以此身去體它令此道爲我之有也」。

〔七〕成化本此下注曰「以下爲學工夫」，且此條載於卷九十七，底本卷九十七重複載入。

〔八〕節　成化本無。

〔九〕孝　成化本此上有「與」。

〔一〇〕張公　成化本無。

〔一一〕祖道謨人傑同　成化本爲「去僞」。

〔一二〕且得　成化本爲「且如」。

〔一三〕三　成化本作「二」。

〔一四〕此條希遜録成化本無，但卷四十一載洽録曰：　因論「克己復禮」，洽歎曰：「爲學之艱，未有如私欲之難克也！」先生曰：「有奈他不何時，有與他做一片時。」洽。謙之録云：「有言『私欲難去』。曰：『難。有時忘了他，有時便與人爲一片了。』」

〔一五〕此條從周録成化本無。

〔一六〕克己復禮爲仁　成化本無。

〔一七〕上　成化本無。

〔一八〕認　成化本爲「錯誤」。

〔一九〕之事　成化本無。

〔二〇〕答　成化本無。

〔二一〕只　成化本此上有「人」。

〔二二〕此植録成化本載於卷四十一。按，成化本卷四十一所載植録，底本分爲十一條分載於卷四十、四十一，除此條外，另十條參底本卷四十一「㬅問如磨昏鏡相似……無處歸着」條，卷四十一「㬅云所以唤禮……便見這意思」條，卷四十「㬅問曾點見得了……受用處從容」條，卷四十「㬅問曾點資質……便不肯做」條，卷四十「㬅又問子路若達……不只是繁文末節」條，卷四十一「㬅再舉……旋克將去」條，卷四十「㬅因説夜來話……曾點所以如此」條，卷四十「爲國以禮之禮……終日言而盡物」條，卷四十「㬅云爲國以禮……無那禮可復」條，卷四十「㬅因問這禮字……是合掌説底」條。

〔二三〕時舉録同而略　成化本無。

〔二四〕是　成化本無。

〔二五〕此條泳録成化本無。

〔二六〕成化本此下注曰：「此非定説。」

［二七］ 晏亞夫　成化本爲「亞夫」。
［二八］ 成化本此下注有「南升」。
［二九］ 如　成化本作「是」。
［三〇］ 是　成化本無。
［三一］ 吾　成化本無。
［三二］ 成化本此下注曰：「此下三條，疑聞同録異，而植録尤詳。」且此下依次所載爲：南升録「亞夫問克己復禮章……便剛决克除將去」條，參底本上條；時舉録「亞夫問克己復禮……如此讀書方爲有益」條；植録「晏問克己復禮……是合掌説底」條。
［三三］ 晏　成化本作「又」。
［三四］ 無處歸着　成化本爲「無歸着處」。
［三五］ 此植録成化本載於卷四十一。按，成化本卷四十一所載植録，底本分爲十一條分載於卷四十、四十一，除此條外，另十條參底本卷四十一「晏問克己復禮……便復得這些個來」條，卷四十一「晏云所以唤禮……便見這意思」條，卷四十「晏問曾點見得了……受用處從容」條，卷四十「晏問曾點資質……便不肯做」條，卷四十「晏又問子路若達……不只是繁文末節」條，卷四十一「晏再舉……旋克將去」條，卷四十「晏因説夜來話……曾點所以如此」條，卷四十「爲國以禮之禮……終日言而盡物」條，卷四十「晏云爲國以禮……無那禮可復」條，卷四十「晏因問這禮字……是合掌説底」條。
［三六］ 所以　成化本爲「必須」。
［三七］ 科　原作「料」。成化本爲「腔窠」。據上下文，「料」乃「科」之誤。

〔三八〕生　成化本無。

〔三九〕得　成化本此下有「如何」。

〔四〇〕精義　成化本爲「精處」。

〔四一〕乃　成化本無。

〔四二〕盡去　成化本爲「盡是」。

〔四三〕只　成化本爲「只是」。

〔四四〕石先生　成化本無。

〔四五〕便是實　成化本無。

〔四六〕如曰　成化本無。

〔四七〕都　成化本此上有「便」。

〔四八〕鄭伯説克己復禮云　成化本爲「龔鄭伯説」。

〔四九〕録　成化本無。

〔五〇〕此植録成化本載於卷四十一。按，成化本卷四十一所載植録，底本分爲十一條分載於卷四十、四十一，除此條外，另十條參底本卷四十一「晏問克己復禮……便復得這些個來」條，卷四十一「晏問如磨昏鏡相似……無處歸着」條，卷四十「晏問曾點見得了……受用處從容」條，卷四十一「晏云所以喚禮……便見這意思」條，卷四十「晏問曾點資質……便不肯做」條，卷四十「晏又問子路若達……不只是繁文末節」條，卷四十「晏因説夜來話……曾點所以如此」條，卷四十「爲國以禮之禮……終日言而盡物」條，卷四十「晏云爲國以禮……無那禮可復」條，卷四十「晏因問這禮字……是合掌説底」條。

［五一］此條祖道録成化本無。
［五二］天下歸仁　成化本無。
［五三］淳録同　成化本作「寓」。
［五四］此條淳録成化本無。與上條同聞。
［五五］一日克己復禮　成化本無。
［五六］時舉　成化本爲「賀孫」。
［五七］顔子克己　成化本無。
［五八］不　成化本作「只」。
［五九］節　成化本無。
［六〇］文　底本闕，據上下文和成化本補。
［六一］得字又疑是全字　成化本無。
［六二］此條節録成化本載於卷五十六。
［六三］云　成化本作「問」。
［六四］爲國以禮　成化本無。
［六五］如今　成化本無。
［六六］爲　成化本此下有「來」。
［六七］晏　成化本無。
［六八］云　成化本爲「又曰」。

〔六九〕且　成化本作「是」。

〔七〇〕曾點門　成化本爲「曾晳」。

〔七一〕克　成化本此上有「其」。

〔七二〕無　成化本爲無。

〔七三〕此植録成化本載於卷四十一。按，成化本卷四十一所載植録，底本分爲十一條分載於卷四十、四十一，除此條外，另十條參底本卷四十二「曼問克己復禮……便復得這些個來」條，卷四十二「曼問如磨昏鏡相似……無處歸着」條，卷四十「曼問曾點見得了……受用處從容」條，卷四十二「曼云所以唤禮……便見這意思」條，卷四十「曼問曾點資質……便不肯做」條，卷四十「曼又問子路若達……不只是繁文末節」條，卷四十二「曼再舉……旋克將去」條，卷四十「曼因説夜來話……曾點所以如此」條，卷四十「爲國以禮之禮……終日言而盡物」條，卷四十「曼因問這禮字……是合掌説底」條。

〔七四〕都　成化本無。

〔七五〕若　成化本無。

〔七六〕此條僩録底本卷四十二重複載入。

〔七七〕曼云　成化本爲「又問」。

〔七八〕唤　成化本爲「唤做」。

〔七九〕無禮出來　成化本爲「無這禮克來」。

〔八〇〕此植録成化本載於卷四十一。按，成化本卷四十一所載植録，底本分爲十一條分載於卷四十、四十一，除此條外，另十條參底本卷四十二「曼問克己復禮……便復得這些個來」條，卷四十二「曼問如磨昏鏡相似……無處歸着」條，卷四十「曼問曾點見得了……受用處從容」條，卷四十「曼問曾點資質……便不肯做」條，卷四十「曼又問子路若達……不只是繁文末節」條，卷四十一「曼再舉……旋克將去」條，卷四十「曼因説夜來話……曾點所以如此」條，卷四十「爲國以禮之禮……終日言而盡物」條，卷四十「曼云爲國以禮……無那禮可復」條，卷四十「曼因問這禮字……是合掌説底」條。

［八一］煇　成化本無。

［八二］爲病　成化本無。

［八三］晦夫　成化本無，此條載於卷一百十九。

［八四］克己復禮一章謂　成化本無。

［八五］而　成化本無。

［八六］乃　成化本無。

［八七］限制　成化本爲「禁制」。

［八八］也　成化本無。

［八九］此條閎祖録成化本無，但另載一條閎祖録與此相類，參本卷閎祖録「由乎中而應乎外……不可放過」條。

［九〇］視　成化本此下有「勿聽」。

［九一］成化本此下注有「寓」。

［九二］現　成化本作「視」。

［九三］聽　成化本無。

[九四] 此數語亦自好 成化本無。
[九五] 然 成化本此上有「曰」。
[九六] 顔淵 成化本無。
[九七] 答 成化本無。
[九八] 直截 成化本此下有「如何」。
[九九] 先生曰 成化本無。
[一〇〇] 成化本此下注曰:「砥録作『學須善問』。」
[一〇一] 處 成化本無。
[一〇二] 成化本此下注曰:「砥録云:『却不向裏思量,只管問出外來。正明道所謂「塔前説塔」也。』」
[一〇三] 成化本此下注有「寓」。
[一〇四] 名學蒙 成化本無。
[一〇五] 詳密 成化本爲「詳細」。
[一〇六] 底 成化本無。
[一〇七] 此條僩録成化本以部分内容附於燾録録尾,參成化本卷四十一「問克己復禮爲仁……也是閑説」條。
[一〇八] 半體 成化本此下有「底」。
[一〇九] 仁 成化本此下有「否」。
[一一〇] 在 成化本無。

［一一一］辛　成化本無。

［一一二］但看答問中……不曾説如何是仁　成化本爲「但看答問中不曾問道如何是仁，只問如何行仁。夫子答之，亦不曾説如何是仁，只説道如何可以至仁」。

［一一三］做甚　成化本爲「甚麼」。

［一一四］此條雉録成化本載於卷一百二十一。

［一一五］謂　成化本作「作」。

［一一六］若　成化本無。

［一一七］會　成化本無。

［一一八］會　成化本無。

［一一九］賀孫　成化本無。

［一二〇］問顏子已是……只得恁地做　成化本無。

［一二一］也　成化本作「他」，屬下讀。

［一二二］邵武　成化本無。

［一二三］近日　成化本無。

［一二四］此條榦録成化本分爲兩條，其中「横渠教人道……被他打得透」爲一條，載於卷九十九；「江元益問……未見勇者」爲一條，載於卷一百二十。

［一二五］一日克己復禮天下歸仁焉　成化本爲「天下歸仁」。

［一二六］成化本此下注有「集注」。

〔一二七〕顔淵問仁一條一日克己復禮天下歸仁　成化本無。

〔一二八〕問程子曰事事皆仁故曰天下歸仁　成化本爲「林正卿問天下歸仁曰痒痾疾痛舉切吾身只是存想天下歸仁恁地則不須克己只坐定存想月十日便自天下歸仁豈有此理時舉問程先生曰事事皆仁故曰天下歸仁是如何」。

〔一二九〕又曰天下歸仁者是人稱之以爲仁　成化本無。

〔一三〇〕希遜　成化本爲「時舉」，且時舉録底本亦載入，參本卷時舉録「林正卿問天下歸仁……必被人看破了」條。

〔一三一〕時舉　成化本無。

〔一三二〕個　成化本無。

〔一三三〕相似　成化本無。

〔一三四〕個　成化本無。

〔一三五〕到時日至時便自迸個酒出來也　成化本爲「時日到時便自迸酒出來」。

〔一三六〕出　成化本此下注曰：「𡩋録作『自此心形見』。」

〔一三七〕處　成化本此下注曰：「𡩋録作『即是克己工夫』。」

〔一三八〕要　成化本爲「緊要」。

〔一三九〕成化本此下注曰：「必大録此云：『「著誠去僞」，不彼即此。非克己之後中間又空一節，須用復禮也。』」

〔一四〇〕曰　成化本作「説」。

〔一四一〕非禮勿視　成化本爲「視聽言動」。

〔一四二〕出　成化本無。

〔一四三〕下面一句却是克去己私做工夫　成化本爲「制乎外所以養其中却是就視聽言動上克去己私做工夫且其下又注曰必大録此云上句言其理下句是工夫」。

〔一四四〕伊川云　成化本無。

〔一四五〕伊川先生箴序　成化本無。

〔一四六〕理　成化本作「性」。

〔一四七〕却　成化本無。

〔一四八〕此條過録成化本無。

〔一四九〕子曰非禮勿視章舉伊川云制乎外以安其内　成化本爲「李問伊川云制乎外以安其内」。

〔一五〇〕看　成化本無。

〔一五一〕便　成化本此上有「若驕吝」。

〔一五二〕又　成化本無。

〔一五三〕答　成化本無。

〔一五四〕賀孫　成化本無。

〔一五五〕問　成化本無。

〔一五六〕若　成化本無。

〔一五七〕却在　成化本作「去」。

[一五八] 爲 成化本作「惟」。
[一五九] 裹 成化本無。
[一六〇] 耳 成化本作「了」。
[一六一] 爲 成化本作「惟」。
[一六二] 是 成化本作「最」。
[一六三] 若 成化本無。
[一六四] 此條寓録成化本無，但載道夫録與此相類，參下條。
[一六五] 伊川動箴云 成化本無。
[一六六] 成化本此下注曰：「寓録云：『只是兩項。』」
[一六七] 爲 成化本無。
[一六八] 寓同 成化本無。
[一六九] 克 成化本此上有「曰」。
[一七〇] 一 成化本無。
[一七一] 嘗謂克己至難能也……蓋未嘗以仁而違其分也 成化本無。
[一七二] 及讀 成化本無。
[一七三] 則所謂復禮爲仁……不知是否 成化本無。
[一七四] 是 成化本作「最」。
[一七五] 焉 成化本無。

〔一七六〕如何　成化本無。

〔一七七〕祖道　成化本爲「去僞」。

〔一七八〕是　成化本無。

〔一七九〕到　成化本作「雖」。

〔一八〇〕成化本此下注曰：「祖道録云：『事事皆仁，故曰「天下歸仁」。』」

〔一八一〕不　成化本作「亦」。

〔一八二〕向見　成化本無。

〔一八三〕敢問何謂也　成化本爲「何也」。

〔一八四〕克　成化本作「己」。

〔一八五〕坐　成化本爲「坐定」。

〔一八六〕歐陽録止此　成化本無。按，「歐陽」指歐陽希遜，參底本本卷希遜録「問程子曰事事皆仁……是人稱之以爲仁」條。

卷四十二

〔一〕是　成化本無。

〔二〕之　成化本無。

〔三〕惟　成化本無。

〔四〕便　成化本無。

〔五〕底　成化本無。

〔六〕底　成化本無。

〔七〕聖人　成化本無。

〔八〕之　成化本無。

〔九〕尤大　成化本無。

〔一〇〕個　成化本作「於」。

〔一一〕先生言自塘石歸有一同人問己所不欲勿施於人爲恕　成化本無。

〔一二〕且　成化本無。

〔一三〕刑　成化本無。

〔一四〕此條可學録成化本作爲注，附於璘録尾，參成化本卷四十二「先生自唐石歸……皆自恕而已」條。

〔一五〕祖道謨同　成化本爲「去僞」。

［一六］不必大段去分別也　成化本爲「亦不必大段分別」。
［一七］成化本此下注曰：「以下通論二章。」
［一八］一日　成化本爲「□日」，「日」上似有一字缺。
［一九］却　成化本無。
［二〇］若是着力去做然亦與克己復禮只一般　成化本爲「雖不曾着力去克己復禮然却與克己復禮只一般」。
［二一］蓋是把這個養去那私意私意自是着不得　成化本爲「蓋若是把這個養來養去那私意自是着不得」。
［二二］祭　成化本此下有「時」。
［二三］人　成化本此下有「時」。
［二四］相　成化本作「有」。
［二五］答云讀論語所疑已録呈先生曰且舉大疑處　成化本無。
［二六］答云　成化本作「曰」。
［二七］之　成化本無。
［二八］使民如承大祭己所不欲勿施於人　成化本爲「云云」。
［二九］成化本此下注有「集注」。
［三〇］只説出門如見大賓……動容周旋中禮　成化本爲「説出門云云至中禮」。
［三一］或人未出門使民以前之説　成化本無。
［三二］或問未出門使民時如何曰此儼若思時也　按，此部分内容與成化本所載義剛録相符，疑來自義

剛録。

［三三］却　成化本此下有「好」。

［三四］得　成化本爲「得了」。

［三五］此條寓録成化本無，但所載義剛録尾所附夔孫録與此相類，參成化本卷四十二「或問伊川……恁地説却較淡了」條。

［三六］問　成化本此上有「袁子節」。

［三七］持守　成化本此下注曰：「一作『有守』。」

［三八］此條希遜録成化本無。

［三九］問克己乾道主敬坤道曰　成化本無。

［四〇］得　成化本作「將」。

［四一］仲弓顔淵　成化本爲「仲弓勝似顔淵」。

［四二］此條夔孫録成化本作爲注，附於義剛録録尾，參成化本卷四十二「周貴卿問克己復禮……也大故細密」條。

［四三］都　成化本無。

［四四］機　成化本作「幾」。

［四五］若　成化本無。

［四六］看　成化本無。

［四七］坐　成化本無。

〔四八〕此條僩録成化本載於卷四十一，而底本卷四十一重複載入。
〔四九〕道　成化本無。
〔五〇〕先生謂　成化本無。
〔五一〕之　成化本無。
〔五二〕此條元秉録成化本無。
〔五三〕泛　成化本作「疑」。
〔五四〕二處　成化本無。
〔五五〕那　成化本無。
〔五六〕已　成化本無。
〔五七〕是　成化本此下有「説」。
〔五八〕抵　成化本此下有「告」。
〔五九〕全　成化本此下有「似」。
〔六〇〕矣　成化本無。
〔六一〕所謂　成化本無。
〔六二〕無　成化本此上有「是」。
〔六三〕録同　成化本無。
〔六四〕辔　成化本無。
〔六五〕之　成化本無。

〔六六〕 無怨　成化本無。

〔六七〕 國　成化本無。

〔六八〕 又曰　成化本作「曰」，且「曰」上有「問『家、在邦之怨，是屬己，屬人』」。

〔六九〕 仁者其言也訒章　成化本爲「司馬牛問仁章」。

〔七〇〕 則　成化本無。

〔七一〕 問　成化本爲「或問」。

〔七二〕 此條僩録成化本無，但所載燾録與此條相類，參成化本卷四十二「爲之難言之得無訒乎……存得這心在」條。

〔七三〕 言　成化本作「出」。

〔七四〕 成化本此下有「仁者只知『爲之難』，『言之得無訒乎』」，且録尾注有「寓」。

〔七五〕 植同　成化本無。

〔七六〕 得　成化本無。

〔七七〕 寓淳同　成化本無。

〔七八〕 説　成化本此下有「是」。

〔七九〕 成化本此下注有「明作」。

〔八〇〕 人皆有兄弟章　成化本爲「司馬牛憂曰章」。

〔八一〕 自　成化本無。

〔八二〕 淳　成化本無。

［八三］意　成化本作「當」。
［八四］或人將那　成化本爲「或將」。
［八五］此條成化本無。
［八六］子夏　成化本爲「子貢」。
［八七］有　成化本無。
［八八］君子質而已矣　成化本無。
［八九］些　成化本無。
［九〇］此條端蒙録成化本載於卷三十二，卷十九所載端蒙録與此條内容相類，參成化本該卷「聖人之言雖是平説……便有廢學之弊」條。
［九一］年饑用不足章　成化本爲「哀公問於有若章」。
［九二］雄　成化本作「雉」。
［九三］説　成化本此下有「云云」。
［九四］不成　成化本爲「不行」。
［九五］是　成化本無。
［九六］去　成化本無。
［九七］爲　成化本作「惟」。
［九八］居之無倦章　成化本爲「子張問政章」。
［九九］下　成化本無。

〔一〇〇〕者　成化本無。

〔一〇一〕不知　成化本無。

〔一〇二〕答　成化本無。

〔一〇三〕又曰　成化本無。

〔一〇四〕它　成化本此下有「做事」。

〔一〇五〕合　成化本此下有「故告以『居之無倦』」。

〔一〇六〕且又　成化本爲「又且」。

〔一〇七〕此　成化本爲「告之以行」。

〔一〇八〕賀孫　成化本無。

〔一〇九〕君子博學於文章無　成化本無。

〔一一〇〕季康子問政於孔子章無　成化本無。

〔一一一〕季康子患盜……雖賞之不竊　成化本無。

〔一一二〕謝氏謂反身以善俗此與楊相類　成化本無。

〔一一三〕獨　成化本無。

〔一一四〕以　成化本無。

〔一一五〕橫渠　成化本此上有「如」。

〔一一六〕然　成化本作「善」。

〔一一七〕如殺無道以就有道章　成化本爲「季康子問政章」。

［一一八］何如斯可謂之達　成化本無。

［一一九］子張問何如斯可謂之達矣　成化本無。

［一二〇］成化本此下注曰：「植録云：『如事親則得乎親、事君則得乎君之類。』」

［一二一］希遜時舉植録並同　成化本爲「謙之」。

［一二二］步　成化本此下有「底」。

［一二三］則　成化本無。

［一二四］做　成化本爲「做個」。

［一二五］他　成化本爲「他人」。

［一二六］又有問　成化本爲「至之問」。

［一二七］了　成化本作「人」。

［一二八］希遜時舉同　成化本爲「時舉」。

［一二九］又　成化本無。

［一三〇］説　成化本無。

［一三一］當初　成化本無。

［一三二］此條僩録成化本載於卷九十三。

［一三三］謨　成化本爲「去僞集義」。

［一三四］成化本此下注有「寓」。

［一三五］驤　成化本無。

〔一三六〕尹和靖　成化本爲「和靖」。

〔一三七〕做　成化本此上有「雖」。

〔一三八〕道夫　成化本作「驤」。

〔一三九〕樊遲問崇德辨惑章　成化本爲「樊遲從遊舞雩之下章」。

〔一四〇〕在　成化本作「是」。

〔一四一〕一心在彼　成化本無。

〔一四二〕只　成化本無。

〔一四三〕當　原作「常」，據上下文及成化本改。

〔一四四〕這意思便自此而愈高起也　成化本爲「這意思便自高遠纔爲些小利害討些小便宜這意思便卑下了所謂崇者謂德自此而愈高起也」。

〔一四五〕又　成化本無。

〔一四六〕希遜録同　成化本無。

〔一四七〕矣　成化本此下有「又云：『當思「先事後得」如何可以崇德』」。

〔一四八〕不　成化本此上有「蓋」。

〔一四九〕可學　成化本爲「方子」。

〔一五〇〕去　成化本無。

〔一五一〕一朝之忿　成化本爲「因忿」。

〔一五二〕其　成化本無。

〔一五三〕樊遲問仁問知所未達者　成化本爲「樊遲未達者」。
〔一五四〕張子曰……學者之務實也如是　成化本無。
〔一五五〕孔子　成化本無。
〔一五六〕了　成化本無。
〔一五七〕也　成化本無。
〔一五八〕辛　成化本無。
〔一五九〕去　成化本無。
〔一六〇〕此　成化本爲「只此」。
〔一六一〕此　成化本無。
〔一六二〕也　成化本無。
〔一六三〕又　成化本無。
〔一六四〕忠告而善道之　成化本爲「忠告善道」。
〔一六五〕答　成化本無。
〔一六六〕又問忠告而善道　成化本爲「問忠告善道」。
〔一六七〕以　成化本此上有「是」。
〔一六八〕希遜同　成化本無。
〔一六九〕以　成化本此上有「問」。
〔一七〇〕夫以道事君……君臣朋友之義也　成化本無。

[一七一] 嘗記　成化本無。

[一七二] 不可則止者　成化本無。

[一七三] 隨而　成化本爲「隨即」。

[一七四] 正　成化本作「止」。

[一七五] 此説似廣大未審是否　成化本無。

[一七六] 自　成化本無。

[一七七] 子韶之説　成化本爲「此説」。

[一七八] 審　成化本作「察」。

[一七九] 此條謨録成化本載於卷四十。底本卷四十亦載，參謨録「問張子韶解不可則止……不可不知也」條。

[一八〇] 君子以文會友章無　成化本無。

卷四十三

［一］鄭文振　成化本爲「文振」。
［二］先之勞之　成化本無。
［三］集注　成化本作「注」。
［四］是以身先之　成化本無。
［五］成化本此下注曰：「廣録作『循行阡陌』。」底本以廣録另作一條，參下條。
［六］成化本此下注曰：「賀孫。集注。」
［七］此條廣録成化本以部分内容爲注，夾於賀孫録中，參上條。
［八］先之勞之一段　成化本無。
［九］邦　成化本無。
［一〇］節　成化本無。
［一一］後來便有個倦底意　成化本爲「便有倦底意」。
［一二］事　成化本作「字」。
［一三］這個是它勞　成化本爲「這個勞是使它勞」，且注有「謙之」。
［一四］寓　成化本無。
［一五］祖道謨同　成化本爲「去僞集義」。

［一六］是　成化本無。

［一七］仲弓問政章　成化本無。

［一八］衛君待子爲政章　成化本爲「子路曰衛君待子章」。

［一九］一　成化本無。

［二〇］天序　成化本爲「無序」。

［二一］祖道謨同　成化本爲「去僞」。

［二二］此條道夫録成化本無。

［二三］那　成化本無。

［二四］一般　成化本無。

［二五］獲　成化本無。

［二六］這合當如此　成化本無。

［二七］成化本此下注曰：「寓。集注。總論。」

［二八］此條𡍩録成化本載於卷三十九。

［二九］此條處謙録成化本無。

［三〇］胡氏説正名章……則人倫正　成化本爲「胡氏之説」。

［三一］此　成化本無。

［三二］當　成化本無。

［三三］輙　成化本無。

［三四］此條淳録底本卷三十四重複載入。
［三五］衛君待子爲政章……命公子郢而立之　成化本爲「胡氏云云」。
［三六］據衛君即是出公　成化本無。
［三七］衛君待子而爲政　成化本無。
［三八］子曰其身不正章無　成化本無。
［三九］衛公子荆居室章　成化本爲「子謂衛公子荆章」。
［四〇］室　成化本此下有「也無甚高處，聖人稱善，何也」。
［四一］致　成化本無。
［四二］成化本此下注曰：「時舉録小異。」底本以時舉録另爲一條，參下條。
［四三］此條時舉録成化本無。
［四四］答　成化本無。
［四五］此條人傑録成化本無。
［四六］百年　成化本無。
［四七］問　成化本爲「安卿問」。
［四八］善人勝殘去殺　成化本無。
［四九］注謂　成化本爲「集注云」。
［五〇］未能化於善　成化本無。
［五一］乃聖君之事否　成化本爲「恐是聖君之事」。

［五二］論功效大概是如此　成化本爲「大概論功效是如此」。
［五三］人　成化本此下有「不必恁地粘皮着骨去説。不成説聖人便得如此，善人便不得如此」。
［五四］亦　成化本無。
［五五］不　成化本此上有「人自是」。
［五六］如文景幾致刑措　成化本爲「如文景恁地後來海内富庶」。
［五七］殺　成化本此下有「如漢循吏，許多人才循良，也便有效」。
［五八］又　成化本無。
［五九］有此效　成化本爲「如此」。
［六〇］説　成化本此下有「你」。
［六一］此等緊要只看那功效處　成化本爲「只看他功效處」。
［六二］不要恁地　成化本爲「又何必」。
［六三］綏　成化本此上有「且如」。
［六四］遠罪　成化本無。
［六五］者　成化本無。
［六六］然　成化本爲「但是」。
［六七］樣　成化本無。
［六八］今若　成化本爲「且如而今」。
［六九］罪戾　成化本作「刑」。

［七〇］是　成化本無。
［七一］淳同　成化本無。
［七二］謨祖道人傑同　成化本爲「去僞」。
［七三］子曰　成化本無。
［七四］言如有用我者……必世而後仁　成化本爲「三年有成必世後仁」。
［七五］答　成化本無。
［七六］磨　成化本作「摩」。
［七七］而　成化本無。
［七八］成化本此下注有「植」。
［七九］子曰苟正其身矣章　成化本爲「苟正其身章」。
［八〇］此條成化本無。
［八一］冉子退朝章　成化本無。
［八二］此條成化本無。
［八三］無　成化本無。成化本「定公問一言興邦章」目下，載一條義剛録。參底本卷四十四義剛録「聖人説話無不子細……亦只是心尚粗」條。
［八四］子夏爲莒父宰章無　成化本無。
［八五］有直躬者章無　成化本無。
［八六］如何　成化本爲「如何如何」。

〔八七〕潘子善　成化本爲「子善」。
〔八八〕成化本此下注有「南升」。
〔八九〕此條祖道録成化本載於卷十九，而底本卷十九重複載入。
〔九〇〕子曰居處恭……不可棄也　成化本無。
〔九一〕居處　成化本無。
〔九二〕執事　成化本無。
〔九三〕與人　成化本無。
〔九四〕成化本此下注有「履孫」。
〔九五〕也　成化本無。
〔九六〕此條賜録成化本載於卷八。
〔九七〕乎　成化本無。
〔九八〕其　成化本無。
〔九九〕都也是不是　成化本爲「都不是」。
〔一〇〇〕説子貢問士一章　成化本無。
〔一〇一〕程先生　成化本爲「程子」。
〔一〇二〕去　成化本無。
〔一〇三〕子曰　成化本無。
〔一〇四〕希遜同　成化本無。

〔一〇五〕此條淳録成化本無，但卷四十三所載寓録以部分淳録内容爲夾注，參底本下條。

〔一〇六〕寓　成化本無。

〔一〇七〕成化本此下注曰：「淳録下云『故無可望』。」

〔一〇八〕成化本此下注曰：「淳録作『骨肋』。」

〔一〇九〕知善之可爲　成化本爲「知善之可爲而爲之知不善之不可爲而不爲直是有節操狂者志氣激昂」。

〔一一〇〕道　成化本此下注曰：「道夫録云：『得聖人裁抑之，則狂者不狂，狷者不狷矣。』淳録云：『「末年無奈何，方思得此等人，可見道之窮矣」。問：「何謂狷？」曰：「介然有守也。」』」

〔一一一〕粹　成化本此下注曰：「道夫録作：『合下天資純粹。』」

〔一一二〕曾子　成化本此下注曰：「道夫録有『氣質』字。」

〔一一三〕之　成化本無。

〔一一四〕謂　成化本爲「世謂」。

〔一一五〕已　成化本此下注曰：「道夫録云：『若責之以行聖人之道，則必不能，蓋他自安於此。觀其言曰：「卑之，無甚高論，令今可行也。」』」

〔一一六〕個　成化本無。

〔一一七〕之　成化本無。

〔一一八〕道夫録略　成化本爲「道夫録淳録同」。

〔一一九〕子曰　成化本無。

〔一二〇〕齠　成化本無。

[一二一] 子曰 成化本無。

[一二二] 此條淳録成化本無，但卷四十三所載㽦録以淳録部分内容爲夾注，參底本下條。

[一二三] 問 成化本此下注曰：「淳録云：『君子、小人只是這一個事而心有公私不同。孔子論君子小人，皆然。』」

[一二四] 得 成化本作「是」。

[一二五] 同 成化本作「是」。

[一二六] 則是體 成化本無。

[一二七] 廣 成化本作「㽦」。

[一二八] 一 成化本無。

[一二九] 及 成化本無。

[一三〇] 自 成化本無。

[一三一] 子曰鄉人皆好之章無 成化本無。

[一三二] 子曰 成化本無。

[一三三] 無 成化本無，且「君子易事而難説章」目下載一條燾録，參成化本卷四十三「問君子易事而難説……故易説」條。

[一三四] 子曰 成化本無。

[一三五] 子曰 成化本無。

[一三六] 堅 成化本爲「堅强」。

〔一三七〕偲偲　成化本爲「怡怡」。
〔一三八〕説　成化本此上有「胡氏」。
〔一三九〕子曰　成化本無。
〔一四〇〕子曰　成化本無。

卷四十四

〔一〕邦有道穀章　成化本爲「憲問耻章」。

〔二〕憲問耻一段　成化本無。

〔三〕也　成化本無。

〔四〕已　成化本此下注曰：「洽録云：『爲侍從，不過做得尋常事，此不免聖人所謂耻也。』」

〔五〕寓同　成化本爲「洽録云子貢問士必先答以行己有耻使於四方不辱君命自今觀之宗族鄉黨皆稱孝弟豈不是第一等人然聖人未以爲士之至行者僅能行其身無過而無益於人之國不足深貴也」。

〔六〕是　成化本無。

〔七〕賀孫　成化本無。

〔八〕不知如此看得　成化本無。

〔九〕焉　成化本無。

〔一〇〕又問可以爲難矣如何曰到此遏之極難　成化本無。

〔一一〕行　成化本作「打」。

〔一二〕怨之心　成化本爲「怨之之心」。

〔一三〕成化本此下注有「僩」。

〔一四〕問克伐怨欲不行　成化本爲「問克己與克伐怨欲不行」。

［一五］不　成化本此上有「問『克伐怨欲不行』。曰」。
［一六］今　成化本爲「而今」。
［一七］連根　成化本無。
［一八］只　成化本爲「只是」。
［一九］自　成化本無。
［二〇］則　成化本無。
［二一］得　成化本此下有「又問：『而今覺得身上病痛，閑時自謂都無之，纔感物時便自發出，如何除得？』曰：『閑時如何會發？只是感物便發。當其發時便剗除去，莫令發便了。』又問：『而今欲到無欲田地，莫只是剗除熟後，自會如此否？』曰：『也只是剗除熟。而今人於身上不好處，只是常剗去之。纔發便剗，自到熟處』」。
［二二］此條閎祖録底本本卷重複載入。
［二三］憲　成化本爲「原憲」。
［二四］意　成化本作「原」。
［二五］那　成化本爲「蓋邦」。
［二六］只是　成化本無。
［二七］因舉　成化本無。
［二八］謂此　成化本無。
［二九］士而懷居章無　成化本無。

［三〇］邦有道危言危行章無　成化本無。

［三一］無　成化本無，且「有德者必有言章」目下載一條必大録，參成化本卷四十四「問范氏之説……却不知其不類也」條。

［三二］與　成化本作「於」。

［三三］适是以禹稷比夫子　成化本爲「如何見得以禹稷比夫子」。

［三四］寓　成化本無。

［三五］未知　成化本無。

［三六］云　成化本爲「云云」。

［三七］成化本此下注有「寓」。

［三八］此條過録成化本以部分内容爲注，夾於卷四十四另一條過録中，參成化本該卷「問夫子不答南宫适之問……此意思較好」條。

［三九］義剛　成化本無。

［四〇］君子　成化本此上有「問此章。曰」。

［四一］那　成化本無。

［四二］而已　成化本無。

［四三］此條成化本無。

［四四］賀孫　成化本無。

［四五］武侯　成化本無。

〔四六〕無　成化本無，且「貧而無怨章」目下載一條燾録，參成化本卷四十四「問貧而無怨難……二者其勢如此」條。

〔四七〕孟公綽爲趙魏老則優章無　成化本無。

〔四八〕成化本此下注有「時舉」。

〔四九〕却　成化本無。

〔五〇〕段　成化本作「章」，此下有「『曰「知」、曰「不欲」、曰「勇」，曰「藝」，有是四德而「文之以禮樂」，固「可以爲成人」。然聖人却只舉臧武仲、公綽、卞莊子、冉求，恐是就子路之所及而言。』曰：『也不是揀低底説，是舉這四人要見得四項。今有人知足以致知，又無貪欲，又勇足以決，又有才能，這個亦自是甚麽樣人了！何況又「文之以禮樂」，豈不足爲成人？』又問」。

〔五一〕集注……偏駁之弊　成化本爲「集注謂才全德備渾然不見一善成名之迹粹然無復偏倚駁雜之弊」。

〔五二〕何也　成化本爲「然則聖人之盡人道事體似又别」。

〔五三〕説　成化本此下有「又問：『下面説「見利思義，見危授命，久要不忘平生之言」。覺見子路也盡得此三句，不知此數語是夫子説，是子路説？』曰：『這一節難説。程先生説「有忠信而不及於禮樂」，也偏。』至之云：『先生又存胡氏之説在後，便也怕是胡氏之説是，所以存在後』」。

〔五四〕植　成化本作「侃」。

〔五五〕子路問成人一章　成化本爲「子路成人章」。

〔五六〕面　成化本無。

〔五七〕曰　成化本無。

[五八] 何必然　成化本無。
[五九] 却又　成化本無。
[六〇] 者何必然　成化本無。
[六一] 公明賈對章　成化本爲「子問公叔文子章」。
[六二] 子問公叔文子……豈其然乎　成化本爲「子問公叔文子章」。
[六三] 於公明賈　成化本無。
[六四] 成化本此下注有「燾」。
[六五] 此條成化本無。
[六六] 臧武仲以防求爲後章　成化本無。
[六七] 此條成化本無。
[六八] 齊桓公正而不譎章　成化本爲「晉文公譎而不正章」。
[六九] 此條成化本無。
[七〇] 這説皆爲通否　成化本爲「這説爲通」。
[七一] 節節　成化本爲「逐節」。
[七二] 道夫　成化本作「驤」。
[七三] 桓公　成化本此上有「子路曰」。
[七四] 集解　成化本爲「集注」。
[七五] 行　成化本此下有「時」。

［七六］　葉賀孫　成化本爲「賀孫」。

［七七］　亂胡　成化本爲「五胡」。

［七八］　管仲非仁者章　成化本爲「子貢曰管仲非仁者章」。

［七九］　此條淳録成化本無，但卷四十四載義剛同聞所録，參成化本該卷「安卿問伊川言……曰是」條。又，成化本此條義剛録尾注有「淳録同」三字。底本所載淳同聞所録分爲三條，參此下淳録「問集注謂……曰是也」條，及「李文問管仲功可掩過否……曰是」條。

［八〇］　此條淳録成化本無，但卷四十四載義剛同聞所録。參底本本卷淳録「淳問伊川言……即是此意也」條。

［八一］　此條淳録成化本無，但卷四十四載義剛同聞所録。參底本本卷淳録「淳問伊川言……即是此意也」條。

［八二］　公叔文子之臣大夫僎章無　成化本無。

［八三］　子言衛靈公之無道章無　成化本無。

［八四］　其言之不怍章無　成化本無。

［八五］　不知　成化本無。

［八六］　時　成化本無。

［八七］　獲麟在魯哀公十四年十六年孔子卒　成化本無。

［八八］　此條廣録成化本載於卷九十三。

［八九］　此條成化本無。

〔九〇〕此條成化本無。
〔九一〕辛張權輿諫辛驪山事見寶曆元年　成化本無。
〔九二〕此條成化本無。
〔九三〕褡　成化本無。
〔九四〕君子爲善……只有下達　成化本無。
〔九五〕君子日進乎高明小人日究乎污下之説亦　成化本無。
〔九六〕横渠説上達反天理下達徇人欲者歟　「説」字原缺，據成化本補。
〔九七〕如　成化本作「好」。
〔九八〕因　成化本此下有「這」。
〔九九〕秦檜　成化本此下有「之事云云」。
〔一〇〇〕所以　成化本此上有「其」。
〔一〇一〕此條方子録成化本無。
〔一〇二〕端容　成化本爲「端己斂容」。
〔一〇三〕這裏地説去　成化本爲「這裏説起」。
〔一〇四〕則　成化本作「即」。
〔一〇五〕此條方子録成化本載於卷十四，而底本卷十四重複載入。
〔一〇六〕自　成化本無。
〔一〇七〕自家　成化本無。

〔一〇八〕理　成化本無。
〔一〇九〕個　成化本無。
〔一一〇〕緣　成化本無。
〔一一一〕得　成化本無。
〔一一二〕他　成化本無。
〔一一三〕這只是爲自家自身上事　成化本爲「只爲自家身上事」。
〔一一四〕此條賀孫録成化本載於卷一百二十。
〔一一五〕南軒云……無倚無靠之謂否　成化本爲「爲己者無所爲而然」。
〔一一六〕也　成化本無。
〔一一七〕弔喪　成化本爲「弔人之喪」。
〔一一八〕以亡者平日與我善厚　成化本爲「若以爲亡者平日與吾善厚」。
〔一一九〕有　成化本爲「又有」。
〔一二〇〕哭　成化本爲「而哭者」。
〔一二一〕做　成化本爲「人做」。
〔一二二〕也　成化本此下有「道夫曰：『先生所説錢穀、甲兵、割股、廬墓，已甚分明，在人所見如何爾。』又問：『割股一事如何？』曰：『割股固自不是。若是誠心爲之，不求人知，亦庶幾。今有以此要譽者。』因舉一事爲問。先生詢究，駭愕者久之，乃始正色直辭曰：『只是自家過計了。設使後來如何，自家也未到得如此，天下事惟其直而已。試問鄉鄰，自家平日是甚麽樣人。官司推究亦自可見。』行夫曰：『亦着下獄使錢，得個費力去。』曰：『世上那解免得全不霑濕。如先所説，是不安於義理之慮。若安於義理之慮，但見義理之當爲，便恁滴水滴凍做去，都無後來許多事。』」於録尾注有「道夫」。此條成化本載於卷十七，底本卷十七重複載入。

［一二三］答　成化本無。

［一二四］行　成化本作「做」。

［一二五］此條賀孫録成化本載於卷十七。

［一二六］糊　成化本作「䊀」。

［一二七］緣　成化本無。

［一二八］此條方子録成化本載於卷八。

［一二九］此條敬仲録成化本載於卷十四，而底本卷十四重複載入。

［一三〇］百神享之如祈晴得晴祈雨得雨之類　成化本無。

［一三一］此條成化本無。

［一三二］不在其位章無　成化本無。

［一三三］君子思不出其位章無　成化本無。

［一三四］君子耻其言而過其行章無　成化本無。

［一三五］君子道者三章無　成化本無。

［一三六］聖人説　成化本無。

［一三七］不患人之不己知章　成化本無。

［一三八］此條成化本無。

［一三九］雖　成化本此上有「問『不逆詐』章。曰」。

［一四〇］是　成化本此下有「在」。

［一四一］億　成化本爲「不億」。

［一四二］又　成化本此下有「以」。

［一四三］子曰驥不稱其力章　成化本爲「驥不稱其力章」，且此目下載一條必大録，參成化本卷四十四「問驥不稱其力……以德與力分言矣」條。

［一四四］我　成化本無。

［一四五］以　成化本此上有「問『以德報德，以直報怨』。曰」。

［一四六］然　成化本此下有：「又云：『「以德報怨」，是着意要饒他。如吕晦叔爲賈昌朝無禮，捕其家人坐獄。後吕爲相，適值朝廷治賈事，吕乃乞寬賈之罪，「恐渠以爲臣與有私怨」。後賈竟以此得減其罪。此「以德報怨」也。然不濟事，於大義都背了。蓋賞罰出於朝廷之公，豈可以己意行乎其間。』」

［一四七］問　成化本爲「又問」。

［一四八］表記云　成化本無。

［一四九］且　成化本無。

［一五〇］如説那一言興邦似　成化本爲「如説一言興邦」。

［一五一］休　此字原缺，據成化本補。

［一五二］此條義剛録成化本載於卷四十三。

[一五三] 吾　成化本無。

[一五四] 着落　成化本爲「落着」。

[一五五] 問　成化本爲「問説」。

[一五六] 人　成化本爲「是人」。

[一五七] 所答　成化本爲「於是説出」。

[一五八] 都　成化本作「那」。

[一五九] 話　成化本此下有「這個不喚不響在這裏。但説是」。

[一六〇] 是於天無所逆　成化本爲「於天無所怨」。

[一六一] 是　成化本無。

[一六二] 是在這裏……如木無風　成化本爲「自在這裏做自理會得如水無石如木無風貼貼地在這裏」。

[一六三] 努　成化本作「弩」。

[一六四] 按黄義剛録同而略今附云　成化本爲「義剛録云」。

[一六五] 他　成化本無。

[一六六] 而　成化本無。

[一六七] 時　成化本無。

[一六八] 那　成化本無。

[一六九] 違　成化本無。

[一七〇] 是各自恁地做　成化本爲「是只恁地去做」。

［一七一］ 各　成化本無。

［一七二］ 如　成化本無。

［一七三］ 其　成化本爲「其他人」。

［一七四］ 價　成化本作「去」。

［一七五］ 便如發憤忘食……恁地平説　成化本爲「看着只是恁地平説」。

［一七六］ 時　成化本作「者」。

［一七七］ 也是他道理與天相似了　成化本爲「是道理與天相似也」。

［一七八］ 此條成化本無。

［一七九］ 問　此字原缺，據成化本補。

［一八〇］ 這便自了　成化本爲「便了」。

［一八一］ 意　成化本此下注曰：「寓録云：『此段語意自是零亂星散，難捉摸，只渾崙一意。』」

［一八二］ 此　成化本無。

［一八三］ 共　成化本此下注曰：「寓録云：『畢竟是尋常事，人所能共。』」

［一八四］ 及忽然上達天理之妙　成化本爲「及其上達天理之妙忽然上達去」。

［一八五］ 理　成化本此下注曰：「伯羽録云：『所謂下學人事者，又不異常人而無所得知。至上達天理處，而人又不能知。以此兩頭蹉過了，故人終不知，獨有個天理與聖人相契耳。彼天畢竟知之。』」

［一八六］ 承受　成化本作「承之」。

［一八七］ 得　成化本此下注曰：「寓録云：『問：「集注言『惜乎子貢猶有所未達也』。若子貢能達之，如

何？」曰：「他若達之，必須有説，惜乎見夫子如此説便自住了。聖門自顏曾以下，惟子貢儘曉得聖人，多是將這般話與子貢説？他若未曉，聖人豈肯説與，但他只知得個頭耳。」』」

〔一八八〕亦未可知　成化本無。

〔一八九〕他　成化本無。

〔一九〇〕亦然　成化本爲「也只如此住了」。

〔一九一〕董問　成化本此下注曰：「寓録作『寓問』。伯羽録作『仲思問』。」

〔一九二〕不　成化本此上有「又曰」。

〔一九三〕同　成化本無。

〔一九四〕寓伯羽録同　成化本爲「寓録伯羽録少異饒録殊略」。

〔一九五〕胡叔器問　成化本爲「胡叔器因問」，且「胡」上有「晚再入卧内……不只是個一便都了」，此部分内容底本分爲兩條載於卷一百十五，參底本該卷「晚再入卧内……都無錢可穿」條，及「淳又問爲學工夫……不是只一個都了」條。

〔一九六〕只是　成化本爲「莫只是就」。

〔一九七〕與　成化本爲「與他」。

〔一九八〕與　成化本爲「與他」。

〔一九九〕與　成化本爲「與他」。

〔二〇〇〕事來便與　成化本爲「這事便與他」。

〔二〇一〕來便與　成化本作「便」。

［二〇二］不是只揀那　成化本爲「不成只揀」。

［二〇三］成化本此下有「『譬如海水，一灣一曲、一洲一渚無非海水，不成道大底是海水，小底不是。程先生曰：「窮理者非謂必盡窮天下之理，又非謂止窮得一理便到。但積累多後，自當脱然有悟處。」又曰：「自一身之中以至萬物之理，理會得多，自當豁然有個覺處。」今人務博者却要盡窮天下之理，務約者又謂反身而誠，則天下之物無不在我，此皆不是。且如一百件事，理會得五六十件了，這三四十件雖未理會，也大概可曉了。某在漳州有訟田者，契數十本，自崇寧起來，事甚難考。其人將正契藏了，更不可理會，某但索四畔衆契比驗，四至昭然。及驗前後所斷，情僞更不能逃。』又説：『嘗有一官人斷争田事，被其掇了案，其官人却來那穿款處考出。窮理亦只是如此。』」且此條成化本載於卷一百十七。

［二〇四］否　成化本無。

［二〇五］成化本此下注有「泳」。

［二〇六］人　成化本此下有「高後，學者如何企及」。

［二〇七］低　成化本爲「聖人低」。

［二〇八］成化本此下注有「季札」。

［二〇九］此條可學録成化本無。

［二一〇］此　成化本此上有「曰」。

［二一一］事理間　成化本爲「人事天理間」。

［二一二］他　成化本無。

［二一三］愚　成化本此下有「不移」。

[二一四] 寓　成化本無。
[二一五] 成化本此下注有「寓」。
[二一六] 表　成化本此下有「何也曰」三字。
[二一七] 於季孫　成化本無。
[二一八] 時舉　成化本無。
[二一九] 也　成化本無。
[二二〇] 作　成化本此下有「可」。
[二二一] 作者七人章無　成化本無。
[二二二] 天　成化本此上有「先生云：『如何聞擊磬而知有憂天下之志？』或對曰：『政如聽琴而知其心在螳螂捕蟬耳。』久之，先生曰」。
[二二三] 壽仁　成化本爲「拱壽」。
[二二四] 東漢蔡邕……遂形於聲也　成化本無。
[二二五] 則民易使　成化本無。
[二二六] 成化本此下注曰：「或録詳，别出。」且此下爲「陳仲卿問修己以敬……如何得安」條。參底本此下第二條。
[二二七] 體信達順　成化本無。
[二二八] 寓　成化本無。
[二二九] 子路問君子……皆由是出　成化本無。

［二三三〇］成化本此下注曰：「道夫録略。」

［二三三一］此條賀孫録成化本以其部分内容附於礪録尾。參成化本卷四十四「惟上下一於恭敬……這是自誠而明」條。

［二三三二］此條成化本無。

［二三三三］修己以敬　成化本無。

［二三三四］問修己注中云云龜龍麟鳳　成化本無。

［二三三五］適　成化本作「通」。

［二三三六］因説程子言　成化本爲「程子曰」。

［二三三七］説　成化本作「曉」。

［二三三八］儒用　成化本爲「夔孫」。

［二三三九］故　成化本爲「故曰」。

［二三四〇］始　成化本無。

［二三四一］聖門　成化本爲「聖人説修己以敬」。

［二三四二］言　成化本作「説」。

［二三四三］此條僩録成化本載於卷十二，而底本卷十二重複載入。

［二三四四］字正淳　成化本無。按，成化本此下另有「闕黨童子將命章」一目，其下載一條方録，參成化本卷四十四「曰欲速成者……無是理也」條。

卷四十五

［一］子在陳固窮章　成化本爲「衛靈公問陳章」。

［二］子曰女以予爲多學而識之章　成化本为「子曰賜也章」。

［三］時舉　成化本無。

［四］夫子告子貢以予一以貫之　成化本爲「子貢一貫」。

［五］道　成化本此下注曰：「人傑録作：『自敏入道。』」

［六］祖道去僞謨同　成化本爲「去僞。以下兼論『子貢』章」，且此條載於卷二十七。

［七］一以貫之　成化本無。

［八］則　成化本作「只」。

［九］録　成化本無。

［一〇］貫　成化本此下有「底」。

［一一］無爲而治者章　成化本無。

［一二］此條賀孫録成化本作爲注，附於卷二十三卓録尾。參底本卷二十三卓録「問老子言無爲之意……而天下之治豈有不理」條。

［一三］問言忠信行篤敬處　成化本爲「問行篤敬」。

［一四］無　成化本無，且「直哉史魚章」目下載有一條必大録，參成化本卷四十五「正淳問直哉史魚……如

蘧伯玉之君子」條。

［一五］可與言而不與之言章無　成化本無。

［一六］言　成化本此下有「殺身者」。

［一七］語　成化本作「意」。

［一八］黄直卿　成化本爲「直卿」。

［一九］正行　成化本爲「干禄」。

［二〇］時舉又問子貢問爲仁一章　成化本爲「問子貢問爲仁章」。

［二一］賢　成化本爲「賢者」。

［二二］成化本此下注有「德明」。

［二三］問　成化本爲「周問」。

［二四］建　成化本此下有「不同如何」。

［二五］蓋　成化本無。

［二六］始　成化本無。

［二七］而　成化本無。

［二八］始　成化本無。

［二九］而　成化本無。

［三〇］代　成化本此下有「即其始處」。

［三一］正　成化本此下有「康節十二會以堯、舜時在午，今在未，至戌則人物消盡」。

〔三二〕明作　成化本作「銖」。

〔三三〕邵康節　成化本爲「康節」。

〔三四〕成化本此下注曰：「『夏時』注。」

〔三五〕是如何　成化本無。

〔三六〕邵子　成化本無。

〔三七〕丑　成化本爲「丑者」。

〔三八〕幾個年　成化本爲「幾萬幾千年」。

〔三九〕問　成化本爲「至之問」。

〔四〇〕滲　成化本此下注曰：「義剛作『傾瀉』。」

〔四一〕子　成化本無。

〔四二〕晉志　成化本此下有「論」。

〔四三〕便思量天體是如何　成化本爲「便煩惱個天體是如何」。

〔四四〕成化本此下注有「義剛同」。

〔四五〕天門　成化本作「天」。

〔四六〕其　成化本作「有」。

〔四七〕欲其無惑　成化本爲「曒然不惑」。

〔四八〕之　成化本此下注曰：「璘録云：『介甫此語只是做文字説去，不曾行之於身。聞其身上極不整齊，所以明道對神宗「王安石聖人」之問，引「赤舄几几」。』」

[四九] 黄 底本闕，據成化本補。

[五〇] 渠 成化本此上有「介卿」。

[五一] 有 成化本此下注曰：「璘録云：『恐介甫後生時不如此。恐是後來學佛了，禮法一時掃去。』」

[五二] 成化本此下注曰：「璘録略。」

[五三] 地 成化本無。

[五四] 那 成化本無。

[五五] 言 成化本作「經」。

[五六] 勿 成化本此上有「非禮」。

[五七] 言 成化本爲「言語」。

[五八] 大大 成化本爲「多少大」。

[五九] 時舉問顔淵問爲邦一章 成化本爲「問顔淵問爲邦」。

[六〇] 一節 成化本無。

[六一] 子 成化本無。

[六二] 且 成化本無。

[六三] 成化本此下注有「賀孫録」。底本以其另作一條，參下條。

[六四] 此條賀孫録成化本載於卷一百三十五，而底本卷一百三十五重複載入。

[六五] 林賜 成化本作「賜」。

[六六] 行 成化本爲「推行」。

[六七] 人無遠慮章無 成化本無。

[六八] 吾未見好德如好色章無 成化本爲「子曰已矣乎章」，且此月下載有淳録一條，參成化本卷四十五「楊至之問好德如好色……合得來做一説」條。

[六九] 臧文仲其竊位者與章無 成化本無。

[七〇] 子曰躬自厚而薄責於人章 成化本爲「躬自厚章」。

[七一] 成化本此下注曰：「或録云：『只是責己要多，責人要少。』」

[七二] 子曰 成化本無。

[七三] 子曰 成化本無。

[七四] 又問君子義以爲質禮以行之遜以出之一章 成化本爲「問君子義以爲質一章」。

[七五] 壽仁 成化本爲「拱壽」。

[七六] 君子病無能章無 成化本無。

[七七] 君子疾没世而名不稱章無 成化本無。

[七八] 君子求諸己章無 成化本無。

[七九] 子曰 成化本無。

[八〇] 成化本此下注有「雉」。

[八一] 君子不以言舉人章無 成化本無。

[八二] 子貢曰有一言而可以終身行之章 成化本爲「子貢問有一言可以終身行之章」。

[八三] 如 成化本無。

［八四］成化本此下注有「榦」。
［八五］子貢問有一言可以終身行之者其恕乎　成化本爲「終身行之其恕乎」。
［八六］孔子當時　成化本無。
［八七］處　原脱，據成化本補。
［八八］他　成化本無。
［八九］得　成化本無。
［九〇］去了　成化本爲「了去」。
［九一］成化本此下注有「寓」。
［九二］三代直道而行章　成化本爲「吾之於人也章」。
［九三］者　成化本無。
［九四］爲　成化本無。
［九五］當　成化本作「嘗」。
［九六］義　成化本作「意」。
［九七］緊　成化本此上有「此」。
［九八］彼　成化本作「民」。
［九九］云云　成化本爲「三代之所以直道而行也」。
［一〇〇］之　成化本無。
［一〇一］斯　成化本此上有「問」。

［一〇二］可　成化本此下有「過實」。

［一〇三］斯民也三代之所以直道而行也　成化本爲「問斯民」。

［一〇四］斯民　成化本無。

［一〇五］小不忍章　成化本爲「巧言亂德章」。

［一〇六］忍　成化本此上有「問『小不忍則亂大謀』。曰」。

［一〇七］此條閎祖録成化本無。

［一〇八］衆惡之章無　成化本無。

［一〇九］以手中扇子喻之　成化本爲「以扇喻」。

［一一〇］賜　成化本爲「夔孫」。

［一一一］道　成化本爲「問人能弘道曰」。

［一一二］過而不改章無　成化本無。

［一一三］子曰　成化本無。

［一一四］吾嘗終日不食一章　成化本無。

［一一五］集注云勞心以必求不如遜志而自得　成化本爲「注云遜志而自得」。

［一一六］子曰　成化本無。

［一一七］因　成化本無。

［一一八］却好去　成化本爲「却方好生去」。

［一一九］此條下成化本注有「時舉」。

〔一二〇〕又　成化本無。
〔一二一〕問夫仁之爲道……不識是否　成化本爲「或問此章」。
〔一二二〕爲　成化本無。
〔一二三〕成化本「君子不可小知章」目下載一條必大録，參成化本卷四十五「問小知是小有才……便看不見」條。
〔一二四〕子曰　成化本無。
〔一二五〕當仁不讓於師　成化本無。
〔一二六〕子曰　成化本無。
〔一二七〕諒　成化本作「亮」。
〔一二八〕事君敬其事章無　成化本無。
〔一二九〕有教無類章無　成化本無。
〔一三〇〕道不同章無　成化本無。
〔一三一〕子曰　成化本無。
〔一三二〕師冕見章　成化本無。

卷四十六

［一］扶　成化本此上有「看」。

［二］成化本此下注有「寓。砥録云：『周禮、國語皆説五百里。禮記説七百里。若如孟子説百里，則未若今之一邑，何以爲國？又如何容得一個顓臾在肚裏？』」

［三］此條道夫録成化本無。

［四］陳淳同　成化本無。

［五］天下有道章無　成化本無。

［六］禄去公室章無　成化本無。

［七］益者三友章無　成化本無。

［八］益者三樂損者三樂　成化本無。

［九］驕樂則侈肆而無節　成化本無。

［一〇］義　成化本無。

［一一］葉味道　成化本爲「味道」。

［一二］安　成化本作「樂」。

［一三］賀孫　成化本無。

［一四］看來　成化本無。

［一五］是　成化本無。

［一六］時　成化本作「而」。

［一七］時舉問君子有三戒處　成化本作「問」。

［一八］賀孫　成化本無。

［一九］畏天命畏大人畏聖人之言一章　成化本無。

［二〇］緊　成化本無。

［二一］今　成化本無。

［二二］終於　成化本無。

［二三］這　成化本無。

［二四］按林恪録此略今附于下云　成化本爲「恪録云」。

［二五］人若不知得這個道理　成化本爲「人若不畏這個道理以下事無緣會做得又問若不知得這個道理」。

［二六］生而知之章　成化本無。

［二七］畨　成化本無。

［二八］君子有　成化本無。

［二九］又　成化本作「或」。

［三〇］如何要得他聽要得他明　成化本爲「如何要得他聰明」。

［三一］又却　成化本無。

［三二］子曰　成化本無。

［三三］賀孫　成化本無。

［三四］來　成化本作「本」。

［三五］改　成化本作「起」。

［三六］是　成化本無。

［三七］是既得過危邦便不入　成化本爲「既是信得過危邦便不入」。底本卷三十五驤録爲「是既信得過危邦便不入」。

［三八］仕　成化本作「見」。

［三九］道夫　成化本作「驤」。按，驤録底本載於卷三十五。

卷四十七

[一] 陽貨　成化本此上有「或問」。

[二] 人傑　成化本爲「去僞」。

[三] 性相近也與惟上智下愚不移章　成化本爲「性相近章」。

[四] 節　成化本無。

[五] 夫子言　成化本無。

[六] 正如如今　成化本作「正如今」。

[七] 木之　成化本無。

[八] 上智下愚不移　成化本無。

[九] 之類　成化本無。

[一〇] 所謂　成化本無。

[一一] 如今　成化本無。

[一二] 般　成化本無。

[一三] 去　成化本無。

[一四] 成化本此下注有「木之」。

[一五] 尹叔　成化本爲「楊尹叔」。

［一六］性相近一章……所稟之性才也又曰　成化本爲「伊川曰」。

［一七］也　成化本無。

［一八］克嶷　成化本爲「岐嶷」。考詩生民謂后稷「誕實匍匐，克岐克嶷」，朱熹集傳：「岐嶷，峻茂之狀。」後多以「岐嶷」形容幼年聰慧。

［一九］楚子　成化本無。考韓愈原性：「越椒之生也，子文以爲大戚，知若敖氏之鬼不食也。」楚子似指楚令尹。若敖氏後因越椒叛楚，被滅絶。

［二〇］起　成化本此下有「處有所謂氣稟各不同，後人看不出」。

［二一］推　成化本此上有「二程因其説」。

［二二］裏　成化本此下注曰：「以手指心。」

［二三］動　成化本作「用」。

［二四］這事有人做得……這處可見其才　成化本爲「同這一事有人會發揮得有不會發揮得同這一物有人會做得有人不會做得此可見其才」。

［二五］恁地陰沉黯淡便是不好底氣　成化本爲「稟得這般氣豈不好到陰沉黯淡時便是不好底氣稟得這般氣如何會好」。

［二六］會　成化本此下有「有清而薄者，有濁而厚者」。

［二七］他是甚次第　成化本爲「又稟得極厚」。

［二八］成化本此下注有「寓同」，且此條淳録載於卷五十九。

［二九］子曰性相近也……是如此否　成化本爲「問此章」。

［三〇］之爾　成化本無。
［三一］而　成化本無。
［三二］爲　成化本無。
［三三］性　成化本此上有「問」。
［三四］若如此　成化本無。
［三五］上　原脱，據成化本補。
［三六］如　成化本無。
［三七］祖道　成化本爲「去僞」。
［三八］成化本此目下載一條燾録，參成化本卷四十七「問君子學道則愛人……故易使也」條。
［三九］以費畔　成化本無。
［四〇］雲　成化本作「重」。
［四一］成化本此下注曰：「賀孫録詳，別出。」
［四二］此條道夫録成化本無。
［四三］吾其爲東周乎　成化本無。
［四四］小人中庸……小人反中庸　成化本爲「小人中庸做小人自爲中庸」。
［四五］淳同　成化本作「寓」。
［四六］却　成化本無。
［四七］當來　成化本無。

［四八］諸葛　成化本無。

［四九］更　成化本作「便」。

［五〇］那邊　成化本無。

［五一］佛肸　成化本爲「公山」。

［五二］姬　成化本無。

［五三］時舉　成化本無。

［五四］子張問仁……恭寬信敏惠　成化本無。

［五五］竊意　成化本無。

［五六］信則人任焉　成化本無。

［五七］地　成化本無。

［五八］若説道之不行已知之矣　原脱，據成化本補。

［五九］都　成化本空缺。

［六〇］個　成化本無。

［六一］是自好　成化本爲「自是好」。

［六二］女聞六言六蔽矣乎　成化本無。

［六三］問　成化本爲「楊問」。

［六四］君子　成化本無。

［六五］物　成化本此下注曰：「李謂：『亦有自賊之理。』」

［六六］道夫録略□□　「略」下有兩字缺，似爲「今附」。成化本爲「道夫録云」。

［六七］昔劉忠定公……幾希矣　成化本爲「昔劉忠定公云云」。

［六八］此條廣録成化本無。

［六九］然皆不是聖人言語　成化本爲「然皆不與聖人常時言語一様」。

［七〇］大抵論語後十篇不似前十篇　成化本爲「大抵論語後數篇間不類以前諸篇」。

［七一］子曰　成化本無。

［七二］閎祖　成化本無。此條底本卷八十重複載入。

［七三］人而不爲周南召南章　成化本爲「子謂伯魚章」。

［七四］一節　成化本無。

［七五］自是　成化本無。

［七六］禮云無　成化本無。

［七七］子曰色厲而内荏章　成化本爲「色厲内荏章」。

［七八］子曰　成化本無。

［七九］道聽而塗説章　成化本無。

［八〇］鄙夫可與事君章　成化本無。

［八一］子曰　成化本無。

［八二］巧言令色章無　成化本無。

［八三］子曰　成化本無。

[八四] 時舉　成化本無。
[八五] 潘仁同　成化本無。
[八六] 做　成化本此下有「朱」。
[八七] 是　成化本無。
[八八] 那　成化本此下有「雅」。
[八九] 人生　成化本爲「人一生」。
[九〇] 無　成化本無，且「孺悲欲見孔子章」目下載一條閎祖録，參成化本卷四十七「先生云南康一士人……小人之無忌憚」條。
[九一] 寓　成化本無。
[九二] 爲凶　底本闕，據成化本補。
[九三] 成化本此下注有「寓」。
[九四] 孝　成化本此上有「此如何問得人」。
[九五] 之　成化本無。
[九六] 人　成化本此下有「只是時時思慕，自哀感」。
[九七] 自是敬哀　成化本爲「自是敬自是哀」。
[九八] 因舉宰我問三年之喪聖人荅他也只是從心上説　成化本爲「因舉宰我問三年之喪云云曰女安則爲之聖人也只得如此説不當抑勒他教他須用哀只是從心上説」。
[九九] 僩　成化本爲「僩録略」，且此條載於卷八十九。

〔一〇〇〕此條植録成化本以部分内容爲注，夾於時舉録中，參底本下條。

〔一〇一〕嚴　成化本此下注曰：「植録云：『聖人尋常未嘗輕許人以仁，亦未嘗絶人以不仁。』」

〔一〇二〕子曰　成化本無。

〔一〇三〕賀孫　成化本無。

〔一〇四〕只　成化本無。

〔一〇五〕道夫　成化本作「驤」，且此條載於卷九十六，而底本卷九十六重複載入。

〔一〇六〕子路曰　成化本無。

〔一〇七〕此條㽦録成化本無，但以部分内容爲注，分别附於兩條人傑録尾，參成化本卷四十七人傑録「子路之勇……斯可見矣」條（按，即底本下條），及成化本卷六十一人傑録「樂正子……子敖之失」條。

〔一〇八〕成化本此下注曰：「㽦録云：『若是勇於義，必不仕季氏。』」

〔一〇九〕子貢曰　成化本無。

〔一一〇〕時舉　成化本無。

〔一一一〕惟女子與小人爲難養也章　成化本無。

〔一一二〕年四十而見惡焉章　成化本無。

卷四十八

［一］子曰殷有三仁章　成化本爲「微子去之章」。

［二］商有三仁焉　成化本無。

［三］如　成化本無。

［四］皆有　成化本無。

［五］賀孫　成化本無。

［六］去之　成化本無。

［七］倒　成化本作「到」。

［八］曰　成化本此上有「孔子」。

［九］木之　成化本無。

［一〇］木之　成化本無。

［一一］速迅　成化本爲「索性」。

［一二］寓録同今附於下云　成化本爲「寓録云」。

［一三］商有三仁　成化本無。

［一四］集注　成化本作「注」。

［一五］植同　成化本無。

［一六］此條木之録成化本載於卷五十八。
［一七］淳寓録同　成化本作「寓」。
［一八］孔子　成化本此上有「『乃孔子則欲以微罪行，不欲爲苟去』，謂」
［一九］膰　成化本作「燔」，下一同。
［二〇］此條人傑録成化本載於卷五十九。
［二一］植因　成化本無。
［二二］但　成化本作「且」。
［二三］也　成化本無。
［二四］歌而過孔子　成化本無。
［二五］長沮桀溺耦而耕章　成化本無。
［二六］子路曰　成化本無。
［二七］道之不行已知之矣　成化本無。
［二八］賀孫　成化本無。
［二九］木之　成化本無。
［三〇］此條木之録成化本載於卷九十三。
［三一］太師摯適齊章下並無　成化本無。
［三二］周公謂魯公章　成化本無。
［三三］周有八十章　成化本無。

卷四十九

〔一〕士見危致命章　成化本無。

〔二〕明道語見程都公墓誌　成化本無。

〔三〕以　成化本無。

〔四〕他　成化本無。

〔五〕時舉　成化本無。

〔六〕間　成化本作「固」。

〔七〕帝　成化本無。

〔八〕而　成化本無。

〔九〕也　成化本無。

〔一〇〕椿　成化本作「廣」。且此條底本卷一百二十九重複載入，注爲元壽所録。按朱子語録姓氏：「魏椿，字元壽。」

〔一一〕便是不長在此做工夫　成化本爲「若不真在此做工夫」。

〔一二〕事　成化本作「章」。

〔一三〕節　成化本無。

〔一四〕勿　成化本作「弗」。

［一五］復　成化本無。

［一六］此條成化本無，但卷四十九載淳録與此相類。參底本本卷淳録「楊問程子曰近思……則一時德性有懈」條。

［一七］仁在其中矣　成化本無。

［一八］中　成化本此下有「直在其中」。

［一九］曰　成化本無。

［二〇］祖道謨同　成化本爲「去僞」。

［二一］博學篤志切問近思仁在其中　成化本無。

［二二］以　成化本作「比」。

［二三］驤曰　成化本作「問」。

［二四］字　成化本作「事」。

［二五］斷然爲仁而仁在其中　成化本爲「然求仁而仁已在其中」。

［二六］道夫　成化本作「驤」，且此條分爲兩條，皆注爲驤所録。其中「蜚卿問伊川謂近思……皆當推去須得」爲一條；「問如何切問近思……若此類皆是反説」另爲一條。

［二七］此條雉録成化本無。

［二八］直得理會得　成化本無。

［二九］經　成化本此上有「若是」。

［三〇］此條道夫録成化本無。

[三一] 般　成化本作「燈」。
[三二] 便可因這燈光　成化本爲「便因這燈推將去」。
[三三] 因了第一級　成化本爲「因這一級」。
[三四] 推類　成化本無。
[三五] 推類　成化本無。
[三六] 節節推　成化本無。
[三七] 只要一程如何便到得　成化本爲「只要一日便到如何得」。
[三八] 讀第一段了……去讀第三段　成化本爲「讀第一段了便到第二段第二段了便到第三段」。
[三九] 恁地去　成化本爲「挨將去」。
[四〇] 類　成化本無。
[四一] 類　成化本無。
[四二] 待　成化本無。
[四三] 處　成化本此下注曰：「寓録云：『其中堅硬被那軟處抨在這裏。』」
[四四] 堅底　成化本爲「那堅硬底」。
[四五] 意　成化本此下注曰：「寓録云：『不會問底人，先去節目處理會。枉費了工夫，這個堅又只在。』」
[四六] 個　成化本無。
[四七] 次第處　成化本爲「次序」，且其下注曰：「寓録云：『格物、正心、修身、齊家等，循次序都著學。豈可道是理會得一件，其他皆不去理會？然亦須理會一件了又去理會一件。博學亦豈是一旦硬要都學

得了?』」

［四八］泛泛外面博學　成化本爲「泛泛地外面去博學」。

［四九］更不懇切其志　成化本爲「更無懇切之志」。

［五〇］在　成化本作「看」。

［五一］人　成化本爲「死漢了」。

［五二］道夫寓録同　成化本爲「寓録同道夫録略」。

［五三］小人之過也必文章　成化本無。

［五四］君子有三變章　成化本無。

［五五］君子信而後勞其民章　成化本無。

［五六］大德小德解不同……不知如何　成化本爲「大德小德」。

［五七］美　成化本作「善」。

［五八］陳淳録同　成化本無。

［五九］子夏　成化本無。

［六〇］有些子小小事　成化本爲「有些小事」。

［六一］常　成化本無。

［六二］洒掃應對章　成化本爲「子夏之門人小子章」。

［六三］小　成化本此下注曰:「池録作『精粗』,下同。」

［六四］盡　成化本此下注曰:「池録作『故唯其所在,而皆不可不用其極』。」

［六五］此録又自注云先生親筆以示諸生　成化本無。

［六六］子夏　成化本此上有「問」。

［六七］退　成化本此下有「章」。

［六八］某　成化本此上有「曰」。

［六九］若　成化本無。

［七〇］乃是合下……始終皆備　成化本爲「乃是合下便始終皆備洒掃應對精義入神便都在這裏了」。

［七一］孰先傳焉孰後倦焉一章　成化本無。

［七二］當初　成化本無。

［七三］但　成化本無。

［七四］個　成化本無。

［七五］出在外道　成化本爲「出往外邑」。

［七六］子夏之門人小子當洒掃應對一章　成化本無。

［七七］合當　成化本爲「合用」。

［七八］小大　成化本爲「大小」。

［七九］是　成化本無。

［八〇］不審如此説得否　成化本無。

［八一］此條與下條成化本合爲一條。

［八二］問　成化本爲「因問」。

［八三］所以然者　成化本無。
［八四］合　成化本爲「差合」。
［八五］成化本此下注有「寓」。
［八六］節　成化本無。
［八七］伊川曰洒掃應對是其然必有所以然者是如何　成化本爲「洒掃應對是其然必有所以然所以然是如何」。
［八八］成化本此下注有「集義」。
［八九］又問仁而優則學……了辨後也着去　成化本無。
［九〇］用　成化本作「朋」。
［九一］此條時舉録成化本載於卷四十二。
［九二］學而優則仕　成化本無。
［九三］學　成化本此下注曰：「時舉録云：『到職事了辨後，也着去學。』」
［九四］官　成化本此下有「之」。
［九五］祖道謨同　成化本爲「去僞」。
［九六］喪致乎哀而止章無　成化本無。
［九七］堂堂乎張也章無　成化本無。
［九八］必也親喪乎章無　成化本無。
［九九］時舉　成化本無。

［一〇〇］不改父官與父之政　成化本無。
［一〇一］父官　成化本爲「父之臣」。
［一〇二］何　成化本此下有「處」。
［一〇三］是　成化本爲「豈是」。
［一〇四］否　成化本此下注曰：「倪録云：『倪曰：「若嫡長不賢，便只得付之命。」先生曰：「是。」』」
［一〇五］謂漢清河王蒜爲梁冀所忌　成化本爲「倪同」。
［一〇六］陽膚爲士師章無　成化本無。
［一〇七］紂之不善章無　成化本無。
［一〇八］君子之過如日月章無　成化本無。
［一〇九］仲尼焉學章　成化本爲「衛公孫朝問於子貢章」。
［一一〇］耳　成化本作「且」，屬下讀。
［一一一］子貢賢於仲尼章　成化本爲「叔孫武叔語大夫章」。
［一一二］理會　成化本作「會」。
［一一三］不理會得者　成化本爲「會不得者」。
［一一四］叔孫武叔毁仲尼章無　成化本無。
［一一五］夫子得邦家章　成化本爲「陳子禽謂子貢章」。
［一一六］此條淳録成化本無，但以部分寓録爲注，附於卷四十九載道夫録。參底本此條淳録下所附道夫録與寓録。

〔一一七〕按楊道夫徐寓録同而各少異今附於下　成化本無。

〔一一八〕道夫録云　成化本無。

〔一一九〕意　成化本此下注曰：「寓録云：『使之歡喜踴躍，遷義遠罪而不自知。』」

〔一二〇〕此言德盛仁熟本領深厚纔做得出便自恁地　成化本無。

〔一二一〕用　成化本作「間」。

〔一二二〕寓録云……分別兩段是如何　成化本無。

〔一二三〕曰　成化本無。

卷五十

〔一〕汝　成化本作「爾」。

〔二〕淳寓録同　成化本作「寓」。

〔三〕寓　成化本無。

〔四〕淳録同　成化本無。

〔五〕從政　成化本無。

〔六〕於　成化本此上有「曰」。

〔七〕戒　成化本作「如」。

〔八〕論語　成化本此上有「有一朋友微諷先生云：『先生有「天生德於予」底意思，却無「微服過宋」之意。』先生曰：『某又不曾上書自辨，又不曾作詩謗訕，只是與朋友講習古書，説這道理。更不教做，却做何事！』因曰」。

〔九〕子　成化本此下注曰：「賜録云：『且以利害禍福言之，此是至粗底。此處人只信不及，便講學得待如何？亦没安頓處。』」

〔一〇〕者　成化本此下注曰：「賜録作『如履平地』。」

〔一一〕不　成化本爲「都不」。

〔一二〕底　成化本作「裏」。

［一三］元秉　成化本爲「人傑」，且此條載於卷一百七。參底本卷一百七人傑録「有一朋友微諷先生……令人意思不佳」條。

［一四］此條賜録成化本無，但以部分賜録夾注於卷一百七所載人傑録中。參底本卷一百七人傑録「有一朋友微諷先生……令人意思不佳」條。

卷五十一

〔一〕此條德明録成化本無。

〔二〕辛　成化本無。

〔三〕章句　成化本無。

〔四〕梁惠王　成化本此下有「章」。

〔五〕做　成化本無。

〔六〕着　成化本無。

〔七〕傾　成化本無。

〔八〕道　成化本無。

〔九〕利　成化本爲「爲利」。

〔一〇〕直　成化本無。

〔一一〕得　成化本無。

〔一二〕此條植録成化本無，但卷一百五載時舉同聞所録。參成化本該卷「問孟子首章……也知作文之法」條。

〔一三〕孟子解中説……事之宜　成化本無。

〔一四〕至謂　成化本無。

[一五] 如此看是否　成化本無。

[一六] 伯羽　成化本爲「時舉録略，別出」。按，成化本下條載時舉録「至之問義者……初未嘗相離也」條。

[一七] 仁對義爲體用……有義之體用　成化本無。

[一八] 此條伯羽録成化本載於卷五十九。

[一九] 是　成化本無。

[二〇] 以　成化本此上有「只」。

[二一] 思　成化本無。

[二二] 胡子知言五峰先生所著也　成化本爲「廣録詳，別出。集注」，且其下條爲廣録。參底本下條。

[二三] 孟子首章解曰……分爲體用也　成化本無。

[二四] 來　成化本無。

[二五] 在　成化本無。

[二六] 仁　王本作「二」。

[二七] 水底冷水底熱　成化本爲「水冷底水熱底」。

[二八] 此條淳録成化本載於卷二十七。

[二九] 此條泳録成化本無。

[三〇] 節　成化本無。

[三一] 節　成化本無。

[三二] 謨　成化本此下注有「集義」。

[三三] 孟子見梁惠王　成化本無。
[三四] 孟子見梁惠王　成化本無。
[三五] 閎祖同而略……分得好　成化本無。
[三六] 梁惠王曰晉國天下莫强焉章　成化本爲「晉國天下莫强焉章」，且「晉國天下莫强焉章」目上有「寡人之於國章」目，此目下載有一節燾録，曰：「移民移粟，荒政之所不廢也。」
[三七] 修孝弟忠信　成化本無。
[三八] 制挺　成化本無。
[三九] 秦楚堅甲利兵　成化本爲「秦楚之甲兵」。
[四〇] 人傑　成化本爲「德明」。
[四一] 夫　成化本無。
[四二] 曰　成化本無。
[四三] 希　王本作「晞」。是乃仁術也一句　成化本爲「仁術」。
[四四] 人　成化本作「來」。
[四五] 齊宣王　成化本爲「齊王」。
[四六] 一時　成化本爲「之時」。
[四七] 個　成化本無。
[四八] 當此之時　成化本爲「當時」。
[四九] 個　成化本無。

［五〇］之　成化本作「心」。
［五一］成化本此下注有「時舉録詳」。
［五二］如　成化本作「是」。
［五三］心　成化本此下有「此心」。
［五四］亦　成化本無。
［五五］固然是人又多是忘了　成化本爲「固是然人又多是忘了」。
［五六］王請度之　成化本無。
［五七］以理度心　成化本爲「物易見心無形度物之輕重長短易度心之輕重長短難度物差了只是一事差心差了時萬事差所以心爲甚」。
［五八］則　成化本作「以」。
［五九］至云　成化本作「曰」。
［六〇］至云　成化本作「曰」。
［六一］至云　成化本作「曰」。
［六二］至云　成化本作「曰」。
［六三］成化本此下注有「集義」。
［六四］章句　成化本無。
［六五］閉關　成化本爲「關閉」。
［六六］齊宣王問曰文王之囿章　成化本爲「齊宣王問文王囿章」。

［六七］以服事殷　成化本爲「以後事」。
［六八］之　成化本無。
［六九］廣　成化本無。
［七〇］齊宣王問曰交鄰國有道乎章　成化本爲「問交鄰國有道章」。
［七一］至　成化本無。
［七二］成化本此下注曰：「時舉録作：『有大小耳。』至。」
［七三］樂　成化本此上有「問」。
［七四］象　成化本此下有「畏天是賢人氣象」。
［七五］謨去僞人傑同　成化本爲「去僞」。
［七六］齊宣王問曰　成化本作「問」。
［七七］後　成化本作「徐」。
［七八］怕　成化本無。
［七九］齊宣王問曰　成化本作「問」。
［八〇］問在坐此何以别　成化本爲「問何以别」。
［八一］王近思　成化本爲「近思」。
［八二］一節事　成化本爲「一節一事」。
［八三］者　成化本此下有「小」。
［八四］成化本此下注曰：「寓録同。」

［八五］淳　成化本無。

［八六］了　成化本此下注曰：「義剛録云：『傷敗彝倫，只是小小傷敗常理，如「不以禮食」、「不親迎」之類。若「紾兄之臂」、「踰東家墻」底，便是絶滅天理。』」

［八七］成化本此下注曰：「義剛録同。」

［八八］心　成化本作「而」。

［八九］孟子謂齊宣王曰　成化本無。

［九〇］至　成化本無。

［九一］今有璞玉於此……教玉人彫琢玉哉　成化本爲「教玉人彫琢玉」。

［九二］至云　成化本作「曰」。

［九三］至　成化本無。

［九四］魏王　成化本爲「魏惠王」。

［九五］此　成化本無。

［九六］成化本此下注曰：「此條有誤。當從春秋解後序。」

［九七］取之而燕民悦……文王是也　成化本爲「取之而燕民悦則取之至文王是也」。

［九八］却疑文王大聖人……有革商之念哉　成化本爲「竊疑文王豈有革商之念」。

［九九］處　成化本無。

［一〇〇］來　成化本無。

［一〇一］色　成化本作「氣」。

〔一〇二〕這　成化本無。

〔一〇三〕里　成化本無。

〔一〇四〕下　成化本注曰：「他録作『出做事』。」

〔一〇五〕這　成化本無。

〔一〇六〕曰　成化本無。

〔一〇七〕時舉　成化本無。

〔一〇八〕問滕小國也間於齊楚以下　成化本無。

〔一〇九〕得　成化本作「是」。

〔一一〇〕植同　成化本無。

卷五十二

［一］章句　成化本無。
［二］公孫丑問曰章夫子當路於齊　成化本爲「問夫子當路與齊章」。
［三］謨　成化本爲「去僞」。
［四］公孫丑問曰章浩然之氣　成化本爲「問夫子加齊之卿相章」。
［五］問　成化本此上有「問十五志于學……孟子盡心知性説」，此部分内容底本另作一條載於卷二十三，參底本該卷「問子曰十五志于學……孟子盡心知性説」條。
［六］定　成化本此下有「問横渠説不踰矩……更没理會」條，此部分内容底本另作一條載於卷二十三，可參。
［七］此條榦録成化本載於卷二十三。
［八］須　成化本無。
［九］問趙丞　成化本無。
［一〇］趙丞　成化本作「趙」。
［一一］意思　成化本無。
［一二］這裏　成化本無。
［一三］得　成化本無。

［一四］仕　成化本作「任」。
［一五］致　成化本作「政」。
［一六］與動　成化本無。
［一七］先　成化本無。
［一八］裕之　成化本爲「器之」。
［一九］動　成化本此下注曰：「金録作『修身不能不動』。」
［二〇］而　成化本此下注曰：「金録作『不』。」
［二一］勇　成化本此下注曰：「一作『養勇』。」
［二二］謨　成化本此下注有「去僞同」。
［二三］更　成化本作「勇」。
［二四］解孟施舍　成化本無。
［二五］動　成化本此下有「着」。
［二六］此條閎祖録及上條元秉録成化本皆無，但卷五十二皆以其部分内容爲注，夾於夔孫録中（其中元秉録，成化本注爲儒用録）。參成化本該卷「問集注云子夏篤信聖人……篤信聖人處」條。
［二七］其言不同　成化本無。
［二八］量敵而後進……畏三軍者也　成化本無。
［二九］問　成化本此下有「那是」。
［三〇］當　成化本無。

［三一］成化本此下注有「去僞同」。
［三二］都不管外面是亦得非亦得　成化本爲「都不管外面事外面是亦得不是亦得」。
［三三］成化本此下注有「至」。
［三四］林直學　成化本作「林」。
［三五］詖邪淫遁　成化本爲「詖淫邪遁」。
［三六］莊子　成化本爲「列子」。
［三七］善　成化本此下有「自是性善」。
［三八］被　成化本無。
［三九］時舉　成化本無。
［四〇］犯捉　成化本爲「把提」。
［四一］審定後發　成化本爲「審教定後」。
［四二］□　此字原缺，成化本爲「之過」。
［四三］故　成化本無。
［四四］正　成化本此下注有：「人傑録作『得失』。」
［四五］成化本此下注有「人傑同」。
［四六］成化本此下注有「去僞同」。
［四七］自　成化本作「似」。
［四八］著　成化本作「箸」。

[四九]成化本此下注曰：「今按，『聞他人言』之説，與集注異。」

[五〇]此條德明録成化本無。

[五一]壯强　成化本爲「强壯」。

[五二]鄭文振　成化本爲「文振」。

[五三]看來　成化本無。

[五四]爵　成化本作「富」。

[五五]富　成化本作「爵」。

[五六]只此便是有……有浩然之氣　成化本爲「只此勇爲不懼便是有浩然之氣」。

[五七]然　成化本無。

[五八]曰　成化本作「問」。

[五九]道　成化本作「理」。

[六〇]始　成化本無。

[六一]却　成化本無。

[六二]然有　成化本爲「有到」。

[六三]自作一條　成化本無。

[六四]又　成化本無。

[六五]下文　成化本無。

[六六]因　成化本作「自」。

［六七］ 若無氣以配之……蓋卿　成化本爲：「蓋卿録云：『先生因舉延平之言曰：「『配』是襯帖起來。若道個『襯帖』，却是兩物。道義與氣只是一衮發出來，思之。」『一衮發出來』，説得道理好。『襯帖』字却説得『配』字親切。孟子分明説『配義與道』，只是襯帖，不是兩物相襯貼，只是一衮發出來。但道理得此浩然之氣襯貼起方有力量，事可擔當。若無是，則餒矣。」又曰：「義與道若無浩然之氣襯帖起，縱有一二合於道義，未免孤單。」後蓋卿録、震録記黎季成所問兩條，疑同聞而有詳略』。」

［六八］ 此條廣録成化本載於卷九十七。

［六九］ 公晦　成化本爲「方子」，且此條載於卷九十七。

［七〇］ 道夫　成化本無。

［七一］ 向在書堂看大學誠意章　成化本爲「向看誠意章」。

［七二］ 如何　成化本爲「如此」。

［七三］ 勿助長　成化本爲「勿忘勿助長」。

［七四］ 個　成化本無。

［七五］ 又曰　成化本無。

［七六］ 氣　成化本此下有「一章」。

［七七］ 卓同　成化本無。

［七八］ 此條成化本無。

［七九］ 此條自修録成化本無。

［八〇］ 晦夫　成化本作「煇」。

[八一] 至大至剛以直養而無害　成化本無。
[八二] 浩然之氣　成化本無。
[八三] 體聽　成化本爲「體驗」。
[八四] 心　成化本此下有「心」。
[八五] 故　成化本此下有「將『心』字」。
[八六] 如在正之際　成化本爲「如其正時」。
[八七] 採　成化本作「探」。
[八八] 成化本此下注曰：「饒録云：『至于期望，不得浩然時却未能養，遽欲强加力作弄要教浩然，便是助長也。』」
[八九] 時舉　成化本無。
[九〇] 詖辭淫辭一節　成化本爲「詖淫邪遁」。
[九一] 不　成化本作「只」。
[九二] 雜　成化本作「離」。
[九三] 去　成化本無。
[九四] 成化本此下注有「植同」。
[九五] 此條成化本作爲注附於卷八從周録尾，並注爲方子所録，參底本卷八從周録「人氣須是剛……如何做得事」條。
[九六] 公晦襲蓋卿同　成化本爲「蓋卿」。

〔九七〕首卷　成化本無。
〔九八〕浩然之氣一條　成化本無。
〔九九〕爲以直養而無害　成化本無。
〔一〇〇〕所　成化本無。
〔一〇一〕語　成化本作「説」。
〔一〇二〕此學者工夫最切處今並載之不知何所適從　成化本無。
〔一〇三〕欲　成化本無。
〔一〇四〕成化本此下注有「謨」。
〔一〇五〕彼　成化本無。
〔一〇六〕師出不正戰戰不正反　成化本爲「師出不正反戰不正勝」。
〔一〇七〕得　成化本作「到」。
〔一〇八〕之　成化本此下注曰：「恐有誤字。」此注底本置於録尾。
〔一〇九〕今按如但能之恐有誤字　成化本無。
〔一一〇〕則　成化本爲「則與」。
〔一一一〕此條文蔚録成化本夾於「問塞乎天地間……故能如此」間。參底本下條。
〔一一二〕怯　成化本作「縮」。
〔一一三〕得　成化本此下注曰：「文蔚録云：『塞天地只是氣魄大，如所謂氣蓋世。』」
〔一一四〕畏　成化本作「變」。

[一一五] 義　成化本作「又」。
[一一六] 養　成化本作「塞」。
[一一七] 問配義與道……其意如何　成化本爲「問合而有助之意」。
[一一八] 義剛　成化本無。
[一一九] 此氣　成化本無。
[一二〇] 是否　成化本無。
[一二一] 何以見得　成化本無。
[一二二] 命　成化本作「氣」。
[一二三] 其爲氣也　成化本無。
[一二四] 是　成化本此上有「氣」。
[一二五] 成化本此下有：「問：『氣是合下有否？』曰：『是合下有。若不善養則無理會，無主宰。或消滅，不可知。或使從他處去，亦不可知。』」
[一二六] 無是餒也　成化本無。
[一二七] 是　成化本爲「亦是」。
[一二八] 看來　成化本無。
[一二九] 方　成化本無。
[一三〇] 與　成化本無。
[一三一] 配　成化本此上有「氣」。

［一三二］直　成化本無。

［一三三］實　成化本作「勇」。

［一三四］横渠集注云配者合而有助之意如何　成化本爲「合而有助之意」。

［一三五］可以　成化本爲「不可」。

［一三六］刀　成化本作「刃」。

［一三七］縁　成化本無。

［一三八］十罪　成化本爲「罪十」。

［一三九］配義與道　成化本爲「氣去配義與道」。

［一四〇］謨去僞同　成化本爲「去僞」。

［一四一］事　成化本爲「一事」。

［一四二］是集義所生非義襲而取之如何是集義　成化本爲「集義」。

［一四三］事　成化本作「章」。

［一四四］然　成化本無。

［一四五］淳　成化本無。

［一四六］抑　此字原缺，據成化本補。

［一四七］先生　成化本無。

［一四八］相　成化本此上有「配是」。

［一四九］以爲志至　成化本爲「以志爲至」。

［一五〇］人　成化本此下有「更不知有别人，直取其頭而歸。若使既要斫此人」。

［一五一］始　成化本無。

［一五二］用義緣外面去　成化本爲「向義外面」。

［一五三］道夫　成化本無。

［一五四］成化本此下注有「人傑」。

［一五五］所　成化本作「於」。

［一五六］義　成化本作「是」。

［一五七］人傑讀至只行一事處不能無疑　成化本無。

［一五八］如用兵去襲奪之意　成化本爲「如用兵之襲有襲奪之意」。

［一五九］所行之事以爲義而行之　成化本無。

［一六〇］便　成化本此下有「將來壯吾氣」。

［一六一］此條賜録成化本無。

［一六二］成化本此下注曰：「雉録見詩類。」參成化本卷一百四十、底本卷一百三十八雉録「韓退之詩……下句是歉」條。

［一六三］成化本此下注曰：「集注非定本。」

［一六四］成化本此下注有「卓」。

［一六五］欲修其身必先正其心　成化本無。

［一六六］自　成化本無。

〔一六七〕却　成化本無。
〔一六八〕如正字　成化本無。
〔一六九〕自　成化本無。
〔一七〇〕彼　成化本無。
〔一七一〕字之義如何　成化本爲「之義」。
〔一七二〕坐間有問　成化本爲「或問」。
〔一七三〕便　成化本作「是」。
〔一七四〕某　成化本作「洽」。
〔一七五〕聖人　成化本爲「聖賢」。
〔一七六〕此條蓋卿録成化本無。
〔一七七〕謨去僞同　成化本爲「去僞」。
〔一七八〕若此　成化本無。
〔一七九〕必有事焉而勿正心　成化本無。
〔一八〇〕之　成化本無。
〔一八一〕某　成化本此下有「西至某」。
〔一八二〕云云　成化本無。
〔一八三〕之末　成化本無。
〔一八四〕方法　成化本爲「火法」。

［一八五］言　成化本此上有「這『有是夫』」。

［一八六］存　成化本作「有」。

［一八七］而勿正心　成化本爲「必有事焉而勿正心」。　明道　成化本爲「伊川」。

［一八八］便有省悟　成化本爲「有省」。

［一八九］陳淳同　成化本爲「可學録云擬心則差是借語」。

［一九〇］當處二字並去聲　成化本無。

［一九一］期　成化本無。

［一九二］節目　成化本此下注曰：「饒本作『集義中小節目』。」

［一九三］銖同　成化本無。

［一九四］人　成化本作「今」。

［一九五］先生云不畏三軍　成化本無。

［一九六］之説　成化本無。

［一九七］孟子言……知其所窮　成化本爲「詖淫邪遁」。

［一九八］則　成化本無。

［一九九］淫　成化本作「放」。

［二〇〇］悟　此字原缺，據成化本補。

［二〇一］去　成化本作「走」。

［二〇二］謨同　成化本無。

[二〇三] 孟子知言　成化本無。

[二〇四] 他來説愛無差等……這是他遁了　成化本爲「云云」。

[二〇五] 此條賜録成化本作爲注，附於人傑録尾。參底本下條。

[二〇六] 所陷　成化本爲「心有所陷」。

[二〇七] 所利　成化本爲「所能利」。

[二〇八] 儒用人傑同　成化本爲「人傑」。

[二〇九] 下　成化本爲「桑下」。

[二一〇] 詖辭淫辭邪辭遁辭　成化本爲「詖淫邪遁」。

[二一一] 去　成化本無。

[二一二] 遁　成化本此下有「如佛家之説」，且録尾注有「賀孫」。

[二一三] 發於其政害於其事　成化本無。

[二一四] 作於其事害於其政　成化本無。

[二一五] 孟子知言……堂下人曲直　成化本無。

[二一六] 只緣高於衆人……立在堂下　成化本爲「緣高於衆人了方見得與衆人一般低立在堂下」。

[二一七] 此條士毅録成化本作爲注，附於廣録録尾。參下條。

[二一八] 若猶未免雜於堂下衆人之中則不能辨决矣　成化本無。

[二一九] 那　成化本無。

[二二〇] 成化本此下注有「士毅録」。參上條。

[二二二一] 説　成化本此下有「知言」。

[二二二二] 不易　成化本爲「必從」。

[二二二三] 自此以下只是公孫丑問　成化本無。

[二二二四] 蓋　成化本無。

[二二二五] 擔當見得大　成化本爲「忒擔當得大」。

[二二二六] 於　成化本作「惡」。

[二二二七] 公孫丑　成化本作「丑」。

[二二二八] 公孫丑　成化本無。

[二二二九] 謨去僞同　成化本爲「去僞」。

[二二三〇] 寓　成化本無。

[二二三一] 淳同　成化本無。

[二二三二] 成化本此下注有「僩」。

[二二三三] 人傑謨同　成化本無。

卷五十三

［一］孟子曰以德行仁者王章　成化本爲「以力假仁章」。
［二］來　成化本無。
［三］來　成化本無。
［四］江兄　成化本無。
［五］東面而征西夷怨南面而征北狄怨　成化本爲「東征西怨南征北怨」。
［六］之在當時　成化本作「時」。
［七］而　成化本無。
［八］爲　成化本作「尊」。
［九］此條僩録成化本無。
［一〇］孟子曰　成化本無。
［一一］卦　成化本無。
［一二］孟子曰　成化本無。
［一三］察　成化本此下有「異服」。
［一四］先生謂治以市官之法而不賦其廛　成化本爲「謂治以市官之法」。
［一五］是如何　成化本無。

［一六］如　成化本此上有「然」。

［一七］數　成化本作「類」。類　即「類」，成化本作「市」。

［一八］成化本此下注有「至」。

［一九］孟子曰　成化本無。

［二〇］出　成化本作「生」。傳　成化本無。

［二一］便　成化本無。

［二二］在　成化本此下注曰：「池録作：『若未見孺子入井，亦自是惻隱。』」

［二三］怵惕惻隱莫是因怵惕處動而後見惻隱否　成化本爲「怵惕莫是動處因怵惕而後惻隱否」。

［二四］卓同　成化本無，且此條僩録載於卷一百五。

［二五］此條人傑録成化本無。

［二六］納　成化本作「内」。

［二七］節　成化本此上有「節應曰」。

［二八］地　成化本無。

［二九］伊川言滿腔子是惻隱之心如何　成化本爲「滿腔子是惻隱之心」。

［三〇］能於此身知覺痛處見於應接　成化本爲「能於此身知有痛便見於應接」。

［三一］程子謂　成化本無。

［三二］成化本此下注曰：「池録作：『疾痛痾癢，舉切吾身，何處不有！』」

［三三］賀孫　成化本無。

［三四］臣　成化本作「君」。
［三五］當　此字原缺，據成化本補。
［三六］來　成化本作「在」。
［三七］直卿　成化本作「幹」。
［三八］居仁　成化本作「寓」。
［三九］此條夔孫録成化本載於卷六。
［四〇］此條洽録成化本載於卷六。
［四一］爲　成化本作「時」。
［四二］此條成化本載於卷六。
［四三］此條成化本作爲注，附載於卷六淵録尾，參下條。
［四四］硬　成化本作「實」。
［四五］夏　成化本此下有「相似」。
［四六］礼　成化本無，但另有注曰：「一作『禮』。」
［四七］義智　成化本爲「禮智」，且其下有注曰：「一作『義智』。」
［四八］成化本此下附有方子録，參上條。又，此條成化本載於卷六。
［四九］又　成化本作「乃」。
［五〇］是　成化本作「者」。
［五一］此條柄録成化本載於卷六。

〔五二〕孟子　成化本無。

〔五三〕則爲　成化本爲「便是」。

〔五四〕成化本此下注有「季札」。

〔五五〕蔡丈　成化本無。

〔五六〕何　成化本此下注曰：「此處疑有闕誤。」

〔五七〕道夫　成化本無。

〔五八〕人皆有不忍人之心一章　成化本無。

〔五九〕禮智義　成化本爲「義禮智」。

〔六〇〕是　成化本作「此」。

〔六一〕此條可學録成化本載於卷六。

〔六二〕有　成化本作「是」。

〔六三〕此條可學録成化本載於卷六。

〔六四〕往　成化本作「時」。

〔六五〕性純是性　成化本爲「性是統言」。

〔六六〕如　成化本此上有「性」。

〔六七〕生　此字原缺，據成化本補。

〔六八〕此條道夫録成化本載於卷六。

〔六九〕禮義智信　成化本爲「禮智義信」。

［七〇］此條閎祖録成化本載於卷六。

［七一］公晦　成化本作「佐」，且此條載於卷六。

［七二］如　成化本作「則」。

［七三］此條大雅録成化本載於卷六。

［七四］敷　成化本爲「專指」。

［七五］公晦　成化本作「佐」，且此條載於卷六。

［七六］且　成化本爲「其中」。

［七七］惡己之入惡　成化本爲「惡人之惡」。

［七八］端　成化本此下有「猶」。

［七九］此條文蔚録成化本載於卷六。

［八〇］賀孫　成化本無。

［八一］會　成化本此下有「恁地」。

［八二］其　成化本作「他」。

［八三］是　成化本作「有」。

［八四］冬　成化本此下有「是」。

［八五］此條明作録成化本載於卷六。

［八六］萬正純　成化本作「正淳」。

［八七］此條大雅録成化本載於卷六。

［八八］好　成化本此上有「好問」。
［八九］故　成化本此下有「知」。
［九〇］此條大雅録成化本載於卷六。
［九一］曰　成化本爲「仁禮是陽，故曰亨」。
［九二］此條夔孫録成化本載於卷六。
［九三］此條成化本載於卷五十八。
［九四］得　成化本無。
［九五］成化本此下注有「文蔚」。
［九六］時舉　成化本無。
［九七］潘植録　成化本無。
［九八］問　成化本此上有「劉居之」。
［九九］某切　成化本爲「寬夫」。
［一〇〇］此是　成化本爲「只此便是」。
［一〇一］繼之者善……各正性命　成化本無。
［一〇二］關紐　成化本爲「綱紐」。
［一〇三］不廣充之耳　成化本爲「不能廣充耳」。
［一〇四］看　成化本作「有」。
［一〇五］如暴戾愚狠……羞惡之心　成化本爲「如暴戾愚狠便是發錯了羞惡之心」。

［一〇六］公謹　成化本爲「方子」。按李公謹，字文子，方子之弟。
［一〇七］周先生季儼同過考亭　成化本無。
［一〇八］周　成化本爲「周季儼」。
［一〇九］只　成化本無。
［一一〇］樂　成化本作「懼」。
［一一一］賀孫　成化本無。
［一一二］其是非　成化本爲「真是真非」。
［一一三］如　成化本爲「必如」。
［一一四］淳義剛同　成化本爲「義剛」。
［一一五］充　成化本此上有「此」。
［一一六］如　成化本無。
［一一七］推　成化本此下注曰：「吐雷反。」
［一一八］節　成化本無。
［一一九］是　成化本此下有「自」。
［一二〇］知在　成化本作「見」。
［一二一］孟子　成化本無。
［一二二］只是人自不去推之於一國　成化本爲「只是人自不能充滿其量所以推不去或能推之於一家而不能推之於一國」。

〔一二三〕實　成化本無。

〔一二四〕成化本此下注有「賜」。

〔一二五〕節　成化本無。

〔一二六〕把　成化本此上有「心」。

〔一二七〕即　成化本此上有「性」。

〔一二八〕不　成化本此上有「又」。

〔一二九〕情　成化本作「性」。

〔一三〇〕爲其所可傷　成化本爲「惟有所可傷」。

〔一三一〕恰似　成化本此下有「火相似，自去打滅了」。

〔一三二〕以下集義　成化本無。

〔一三三〕孟子曰　成化本無。

〔一三四〕此條人傑録成化本無。

〔一三五〕書　成化本爲「遺書」。

〔一三六〕節　成化本無。

〔一三七〕節　成化本無。

〔一三八〕痒痛則覺得　成化本爲「痒則覺得痒痛則覺得痛」。

〔一三九〕節　成化本無。

〔一四〇〕而流　此二字原缺，據成化本補。

［一四一］流　成化本此下有「到灘石之地，有以觸之則其勢必動，動則有可見之端。如仁之體存之於心」。

［一四二］愛　成化本此上有「若」。

［一四三］此條卓録成化本卷五十三重複收入，但文字稍有差異，參成化本該卷「仁言惻隱之端……孺子入井之類是也」條。

［一四四］孟子曰　成化本無。

［一四五］而兼統四者所謂元者善之長也　成化本無。

［一四六］有是形斯與是形以生也　成化本爲「有是心斯具是形以生也」。

［一四七］孟子曰　成化本無。

［一四八］道夫　成化本無。

［一四九］成化本此下注有「道夫」。

［一五〇］孟子曰　成化本無。

［一五一］進不隱賢必以其道　成化本無。

［一五二］乃　成化本此下有「是隱賢」。

［一五三］不　成化本無。

［一五四］若　成化本此下有「善」。

［一五五］此條罃録成化本分爲兩條，其中「問柳下惠不恭……文字上呈堯夫」爲一條，「不屑去……屑字却是重」另爲一條。

［一五六］人傑同　成化本無。

［一五七］孟子曰……君子不由也　成化本無。

［一五八］周公謹同　成化本無。

卷五十四

〔一〕孟子曰　成化本無。

〔二〕孟子注　成化本爲「集注」。

〔三〕孟子　成化本此上有「問：『「孟子將朝王」，齊王託疾召孟子』」。

〔四〕師　成化本此下有「而況諸侯乎」。

〔五〕左傳　成化本此上有「王之爲都」。

〔六〕主　成化本作「廟」。

〔七〕廟　成化本此下注曰：「賀孫録云：『古人之廟不遷。』」

〔八〕周時　成化本無。

〔九〕是也　成化本無。

〔一〇〕如　成化本無。

〔一一〕成化本此下注曰：「賀孫云：『鎬京却無二王之廟。』」

〔一二〕太祖廟　成化本爲「太廟」。

〔一三〕非禮也　成化本此下注曰：「賀孫云：『問：「郡國有原廟否？」曰：「行幸處有之，然皆非禮也。」』」

〔一四〕月出衣冠遊之　成化本此下注曰：「賀孫云：『漢之原廟是藏衣冠之所。』」

［一五］又　成化本無。

［一六］下　成化本無。

［一七］漢明帝　成化本爲「明帝」。

［一八］明帝之事　成化本無。

［一九］之　成化本無。

［二〇］明　成化本爲「明帝」。

［二一］按賀孫録同……其廟猶不徙也　成化本爲「賀孫録同」。

［二二］有四　此二字原缺，據成化本補。

［二三］謨去僞同　成化本爲「去僞」。

［二四］者以此　成化本無。

［二五］也　成化本無。

［二六］爲此　成化本無。

［二七］脱　成化本此下有「他也看那兄弟不過」。

［二八］所以　成化本作「故」。

［二九］管叔蔡叔　成化本爲「管蔡」。

［三〇］那　成化本無。

［三一］周公當時亦看兄弟不過……性急便發　成化本爲「不知如何紂出得個兒子也恁地狡猾想見他當時日夜去炒那管叔説道周公是你弟今却欲篡爲天子汝是兄今却只恁地管叔被他炒得心熱他性又急所以便

發出這件事來」。

〔三二〕李文卿　成化本爲「堯卿」。

〔三三〕於　成化本作「爲」。

〔三四〕後　成化本無。

〔三五〕無　成化本作「毋」。

〔三六〕便是　成化本無。

〔三七〕乃　成化本作「是」。

〔三八〕作　成化本此下有「這是先被他害，所以當天下平定後更作此詩」。

〔三九〕却　成化本作「切」，屬上讀。

〔四〇〕恁地　成化本無。

〔四一〕黄問　成化本爲「義剛曰」。

〔四二〕恁地狡猾　成化本爲「狡獪」。

〔四三〕也　成化本無。

〔四四〕而今看時但不是　成化本爲「看來不是」。

〔四五〕了　成化本作「子」。

〔四六〕淳黄義剛同　成化本爲「義剛」。

〔四七〕銖　成化本爲「時舉」。

〔四八〕孟子去齊章充虞　成化本無。

[四九] 夫天未欲平治天下　成化本無。
[五〇] 云　成化本無。
[五一] 是　成化本此上有「舍我其誰」。
[五二] 天之未喪斯文也　成化本無。
[五三] 做了天事　成化本爲「做了天裏」。
[五四] 云　成化本作「言」。
[五五] 興　成化本作「盛」。
[五六] 程　成化本作「此」。
[五七] 此條賀孫録成化本載於卷三十六，而底本卷三十六重複載入。
[五八] 受　成化本作「授」。

卷五十五

［一］滕文公上下　成化本爲「滕文公篇上」。
［二］稟　成化本此下有「是偶然否」。
［三］性　成化本無。
［四］之　成化本無。
［五］之　成化本無。
［六］之　成化本無。
［七］他　成化本此下注曰：「池録作『憲宗也會用人』。」
［八］謨　成化本爲「去僞」，且此條載於卷七十四，而底本卷七十四重複載入。
［九］善　底本及成化本皆作「善」，但據下文朱子答「『性善』之『性』字實，『性之』之『性』字虚」，疑「善」爲「性」字之訛。
［一〇］此條節録成化本載於卷六十。
［一一］惡　成化本卷九十五此下有「但則是我要」。
［一二］此條銖録成化本分别重複載於卷五十九、卷九十五。
［一三］可學　成化本無。
［一四］可學　成化本無，且此條載於卷一百十八。

[一五] 孟子道性善言必稱堯舜　成化本無。
[一六] 於　成化本無。
[一七] 也　成化本作「如」，屬下讀。
[一八] 性善　成化本無。
[一九] 宋　成化本作「楚」。
[二〇] 問世子自楚反復見孟子章集注　成化本爲「問集注云云」。
[二一] 較　成化本作「已」。
[二二] 道夫　成化本無。
[二三] 滕世子見孟子……三子之事　成化本爲「三子之事」。
[二四] 聖　成化本爲「聖人」。
[二五] 此條閎祖録成化本無。
[二六] 問　成化本爲「或問」。
[二七] 便　成化本無。
[二八] 聞　成化本作「學」。
[二九] 故孟子載滕之父兄百官語曰吾宗國魯先君亦莫之行　成化本無。
[三〇] 輕　此字原缺，成化本亦缺，據上下文及賀本補。下一同。
[三一] 此條成化本載於卷八十六。
[三二] 此條德明録成化本無。

〔三三〕是　成化本無。

〔三四〕是　成化本無。

〔三五〕夏后五十而貢……百畝而徹　成化本爲「貢助徹」。

〔三六〕鄉　成化本此下注曰：「池録作『卿』。」

〔三七〕微　成化本此下注曰：「因論永嘉之學於制度名物上致詳。」

〔三八〕公謹　成化本爲「方子」。

〔三九〕此條淳録成化本以部分内容爲注，夾於卷九十義剛録中，參成化本該卷「堯卿問高爲穆之義……看他如何地」條。且成化本於録尾注有「淳録少異，作數條」，檢底本，淳録分爲五條，除此條外，其他四條分載各卷，參卷八十四「禮經難考……行之則大不然」條，卷八十六「向來君舉進制度説……與逐項破其説」條，卷八十六「淳問山林川澤三分去一……又如何三分去一」條，卷一百三十五「高祖初入關……定須做得好」條。

〔四〇〕謨去僞同　成化本爲「去僞」。

〔四一〕銖同　成化本無。

〔四二〕因　成化本此上有「不成」。

〔四三〕又從而振德之　成化本爲「振德」。

〔四四〕則　成化本作「先」。

〔四五〕謨去僞同　成化本爲「去僞」。

〔四六〕是　成化本作「具」。

[四七] 至　成化本無。

[四八] 天之生物一本而夷子二本　成化本無。

[四九] 問　成化本作「曰」。

[五〇] 是　成化本無。

[五一] 枉尺直尋利　成化本爲「枉尋直尺而利」。

[五二] 危死事者　成化本爲「危致命者」。

[五三] 此條可學録成化本作爲注，附於卷八十三璘録尾，參成化本該卷「因舉陳君舉説左傳……自然發出來處」條。

[五四] 齊景公田　成化本無。

[五五] 成化本此條下注「方子」。

[五六] 公孫衍張儀豈不誠大丈夫章　成化本爲「景春曰公孫衍張儀章」。

[五七] 這個　成化本爲「這」，下文同。

[五八] 面　成化本無。

[五九] 面　成化本無。

[六〇] 居天下之廣居……行天下之大道　成化本爲「廣居正位大道」。

[六一] 説　成化本此下注曰：「擇之云：『廣居就存心上説。』先生曰：『是。』」

[六二] 先生答劉居之……行天下之大道　成化本爲「居之問廣居正位大道」。

[六三] 擇之續云廣居　成化本無。

［六四］爵　成化本作「富」。
［六五］富　成化本作「爵」。
［六六］公孫丑問曰不見諸侯何義章　成化本爲「公孫丑問不見諸侯章」。
［六七］言　成化本無。
［六八］他　成化本無。
［六九］公孫丑孟子弟子也　成化本無。
［七〇］所以　成化本無。
［七一］看孟子　成化本無。
［七二］見　成化本作「看」。
［七三］毫過　此二字原缺，據成化本補。
［七四］成化本此下注有「至」。
［七五］此條謨録成化本無。
［七六］公都子曰外人皆稱夫子好辯章　成化本爲「公都子問好辯章」。
［七七］似　成化本作「久」。
［七八］楊朱墨翟　成化本爲「楊墨」。
［七九］渾　成化本無。
［八〇］也　成化本無。
［八一］時舉　成化本無。

[八二]　縱横　此二字原缺，據成化本補。
[八三]　當孟子之時　成化本爲「當時」。
[八四]　孟子人皆稱夫子好辯　成化本爲「好辯」。
[八五]　此三句即推先生意非全語　成化本無。
[八六]　當時　成化本無。
[八七]　黄敬之　成化本爲「敬之」。
[八八]　是　成化本作「蓋」。
[八九]　高　成化本爲「自高」。
[九〇]　則　成化本爲「則是」。
[九一]　説　成化本此上有「之」。
[九二]　時舉録少異　成化本無。
[九三]　探　成化本無。
[九四]　不會假借得許多……非凡人矣　成化本爲「作一處以至遺禍至今他初間也何嘗有啓狄亂華率獸食人之意只是本原不正義理不明其終必至於是耳或云若論其修身行己人所不及曰此亦是他一節好其他很厲偏僻招合小人皆其資質學問之差亦安得以一節之好而蓋其大節之惡哉吁可畏可畏」。按，據其上下文，底本此條或有脱文，或此部分文字出自他條。
[九五]　成化本此下注曰：「僩。論楊墨餘見盡心上及異端類。」
[九六]　録　成化本爲「淵源録」。

［九七］如梁武帝是時其低底被初入其中國也未在　成化本爲「如梁武帝是得其低底彼初入中國也未在」。

［九八］高　成化本此下有「新唐書贊李蔚説得好」，又於「好」下注有「南昇」，且此條載於卷一百二十五。

［九九］又　成化本作「反」。

［一〇〇］老子初間……那無狀來在　原爲「老子初間亦只是要放出那無狀來在」，「退未要放」四字原脱，據上下文及成化本補。

［一〇一］此條僩録成化本載於卷一百二十五。

［一〇二］肯　成化本作「胥」。

［一〇三］此條大雅録成化本載於卷一百二十五。

卷五十六

［一］孟子曰　成化本無。
［二］道揆法守　成化本爲「上無道揆則下無法守」。
［三］在　成化本作「一」。
［四］這個道理只是要　成化本爲「此理只要」。
［五］若信得及　成化本無。
［六］輩　成化本無。
［七］他　成化本無。
［八］教　成化本作「姦」。
［九］歎　此字原缺，據成化本補。
［一〇］僩同　成化本爲「僩録略」。
［一一］卓同　成化本無。
［一二］於君謂　成化本無。
［一三］恭與敬　成化本無。
［一四］即　成化本作「做」。
［一五］明　此字原缺，據成化本補。

［一六］然　成化本無。

［一七］僩　此字原缺，據成化本補。

［一八］卓同　成化本無。

［一九］孟子曰規矩方圓之至也章　成化本爲「規矩方圓之至章」。

［二〇］謨同　成化本無。

［二一］學　成化本此下注曰：「云云。已下見胡仁仲類。」

［二二］説性不可以善言……季隨至今守其家説　成化本無。按，據成化本所注「已下見胡仁仲類」，此部分內容作爲注，夾於卷一百一卓録中。參成化本該卷「因言久不得胡季隨諸人書……誠如其言」條、底本卷一百三「道二仁與不仁而已矣……誠如其言」條。

［二三］孟子曰愛人不親反其仁章　成化本爲「愛人不親章」。

［二四］范忠宣公　成化本爲「范忠宣」。

［二五］孟子曰天下有道章　成化本爲「天下有道章」，且此上有「爲政不難章」，並載佐録一條曰：「吴伯英問『不得罪於巨室』。曰：『只是服得他心。』」

［二六］孟子曰天下有道小德役大德章後注云　成化本無。

［二七］曰　成化本無。

［二八］得　成化本作「做」。

［二九］如此　成化本無。

［三〇］舜　成化本此下有「三代」。

[三一]之學　成化本爲「見識」。卓僩同　成化本爲「僩」。

[三二]天下無道　成化本無。

[三三]孟子曰自暴者不可與有言章　成化本爲「自暴者章」。

[三四]時舉問自暴自棄者之别　成化本爲「問自暴自棄之别」。

[三五]謂之自暴　成化本無。

[三六]言　成化本無。

[三七]則　成化本無。

[三八]賀孫　成化本無。按，「賀」原作「説」，據録尾所注「賀孫」改。

[三九]自棄　成化本無。

[四〇]自暴　成化本無。

[四一]孟子曰居下位不獲乎上章　成化本爲「居下位章」。

[四二]時舉　成化本無。

[四三]孟子曰　成化本無。

[四四]陳才卿　成化本爲「才卿」。

[四五]倚　成化本此下注曰：「文蔚録云：『「如此却是倚做一邊去。」文蔚曰：「他雖如此，又却不念舊惡。」曰：「亦不相似。」』」

[四六]於是　成化本無。

[四七]成化本此下注曰：「文蔚録意同。」

〔四八〕孟子曰　成化本無。

〔四九〕辟草萊任土地者次之　成化本無。

〔五〇〕若　成化本無。

〔五一〕孟子曰　成化本無。

〔五二〕淳于髡問男女授受不親章　成化本爲「淳于髡曰章」。

〔五三〕者　成化本此下有「曰」。

〔五四〕曰　成化本爲「先生曰」。

〔五五〕以　成化本無。

〔五六〕此條方子録成化本載於卷一百八，而底本卷一百八重複載入。

〔五七〕孟子曰人不足與適也章　成化本爲「人不足與適章」。

〔五八〕此條成化本以部分内容爲注，夾於卷七十九銖録中，並注爲人傑録，參下條。

〔五九〕或　成化本無。

〔六〇〕今人如言　成化本爲「如今人言」。

〔六一〕只　成化本無。

〔六二〕者　成化本此下注曰：「人傑録云：『如合格之「格」，謂使之歸于正也。』」

〔六三〕如繩愆糾繆　成化本無。

〔六四〕大人　成化本無。

〔六五〕扞　成化本爲「扞義」。

［六六］也　成化本此下注曰：「深淺之説未詳。」

［六七］此條銖録成化本載於卷七十九。

［六八］問　成化本作「或」。

［六九］成化本此下注曰：「可學録云：『問：「有不好君，如何格？」曰：「其精神動作之間亦須有以格之。要之，有此理在我，而在人者不可必。」』」底本以可學録另作一條，參底本下條。

［七〇］此條可學録成化本以部分内容爲注，附於謨録録尾。參上條。

［七一］政　成化本作「人」。

［七二］孟子謂樂正子曰章　成化本此上有「人之患章」，並收一條語録曰：「孟子一句者，如『人之患在好爲人師』之類，當時議論須多。今其所記者，乃其要語爾。」

［七三］孟子曰　成化本無。

［七四］苟賢之尊　成化本爲「尊賢之等」。

［七五］是　成化本無。

［七六］問王者必世而後仁……這個道理浸灌透徹　成化本無。

［七七］孟子云……從兄是也　成化本無。

［七八］柄謂　成化本無。

［七九］節　成化本無。

［八〇］處　成化本此下有「如何」。

［八一］方子同　成化本無。

［八二］節　成化本無。

［八三］而弗去如此則　成化本無。

［八四］節　成化本無。

［八五］孟子曰天下大悦而將歸已章　成化本爲「天下大悦章」。

［八六］得者……喻之於道　成化本無。

［八七］曰　成化本無。

［八八］卓　成化本作「僴」。

［八九］不得乎親不可以爲人不順乎親不可以爲子　成化本無。

卷五十七

〔一〕孟子曰　成化本無。

〔二〕成化本此下注有「僩同」。

〔三〕據成化本及其上下文，此條底本有錯訛。即「鄭之虎牢即漢之成臯也……或是偶然橋梁壞故」爲僩録，其下當有「故子産因用其車以渡人。然此類亦何必深考。孟子之意但言爲政者當務民之宜，而不徒以小惠耳」。而「養者……養不中之養字」爲節録，當屬「中也養不中章」之目。又，成化本五十七「中也養不中章」一目下所載節録略有不同，參成化本該卷「中也養不中……下以善養人同」條。

〔四〕此條僩録本當接上條「或是偶然橋梁壞故」後。又，成化本此條録尾注曰：「卓録云：『或問：「車輿豈可以涉水？」曰：「想有可涉處。」』聞人，秀州人。」

〔五〕孟子曰言人之不善章　成化本爲「言人之不善章」，且此上有「中也養不中章」一目。

〔六〕道夫　成化本無。

〔七〕切嘗因此以攷　成化本無。

〔八〕中　成化本無。

〔九〕孟子曰大人者不失其赤子之心者也章　成化本爲「大人者章」。

〔一〇〕曰　成化本無。

〔一一〕成化本此下注曰：「或録云：『只恁地白直做將去，無許多曲折。』又云：『坦然明白，事事理會得，都無許多奸巧。』」

［一二］成化本此下注曰：「夔孫録云：『大人之所以爲大人者，却緣是它存得那赤子之心。而今不可將大人之心只作通達萬變，赤子只作純一無僞説。蓋大人之心通達萬變而純一無僞，赤子之心未有所知而純一無僞。』」

［一三］此條謨録成化本無。

［一四］孟子曰養生者不足以當大事章　成化本爲「養生者章」。

［一五］孟子曰　成化本無。

［一六］君子深造之以道集注云　成化本無。

［一七］裹　成化本作「邊」。

［一八］孟注云　成化本無。

［一九］淺造　成化本爲「淺迫」。

［二〇］夫　成化本此下有「又下工夫」。

［二一］或問居之安……左右逢其原曰　成化本無。

［二二］人　成化本此上有「如」。

［二三］此條人傑録成化本無。

［二四］同　成化本作「略」。

［二五］潘子善　成化本爲「子善」。

［二六］他非人人都資助我底物事頭頭都撞着　成化本爲「他那個都是資助我底物事頭頭撞着」。

[二七]　源者　成化本爲「原頭」。

[二八]　如　成化本此下有「爲」。

[二九]　成化本此下注曰：「賀孫録疑同，見下。」參底本下條。

[三〇]　字　成化本作「方」。

[三一]　賀孫　成化本無。

[三二]　孟子曰　成化本無。

[三三]　此條節録成化本無。

[三四]　周本此下有將以反約説謂臨事時　成化本無。按「將以反約説」似當爲「將以反説約」。

[三五]　謨人傑同　成化本無。

[三六]　通貫　成化本爲「貫通」。

[三七]　仲尼亟稱於水章　成化本爲「徐子曰章」。

[三八]　大　成化本作「外」。

[三九]　孟子曰　成化本無。

[四〇]　問君子所以異於禽獸者幾希處　成化本無。

[四一]　謂　成化本此下有「之」。

[四二]　此條時舉録成化本作爲注，附於賀孫録尾，參成化本卷五十七「敬之問人之所以異於禽獸者……只争這些子」條。

[四三]　元昭　成化本爲「徐元昭」。

［四四］成化本此下注曰：「璘録別出。」且下條載璘録，參成化本卷五十七璘録「元昭問君子存之……元不曾存得」條。

［四五］明　成化本此上有「或問」。

［四六］謨去僞人傑同　成化本爲「去僞」。

［四七］舜　成化本無。

［四八］便　成化本無。

［四九］孟子曰　成化本無。

［五〇］時舉　成化本無。

［五一］此條人傑録成化本載於卷一百三十六。

［五二］道夫　成化本無。

［五三］之　成化本無。

［五四］之　成化本無。

［五五］之　成化本無。

［五六］之　成化本無。

［五七］先生曰　成化本無。

［五八］孟子曰王者之迹熄而詩亡章　成化本爲「王者之跡熄章」。

［五九］沈莊仲　成化本爲「莊仲」。

［六〇］孟子曰　成化本無。

［六一］可以與……死傷勇　成化本爲「可以取可以無取」。
［六二］林正卿　成化本爲「正卿」。
［六三］可以取……死傷勇　成化本爲「可以取可以無取云云」。
［六四］孟子曰　成化本無。
［六五］此條可學録成化本無。
［六六］時舉　成化本無。
［六七］天下之言性也　成化本無。
［六八］個無　成化本爲「無個」
［六九］性　成化本此上有「曰」。
［七〇］直　成化本作「且」。
［七一］天下之言性者則故而已矣　成化本無。
［七二］成化本此下注曰：「時舉録别出。」
［七三］天下之言性也者則故而已矣　成化本無。
［七四］植　成化本作「倪」。
［七五］天下之言性則故而已矣　成化本無。
［七六］是　成化本無。
［七七］天下之言性則故而已矣　成化本無。
［七八］殘忍　成化本此下注曰：「饒録作『忮害』。」

［七九］没　成化本作「滅」。
［八〇］曆象家　成化本爲「曆家」。
［八一］力行　成化本無。
［八二］孟子云……以利爲本　成化本無。
［八三］謨同　成化本無。
［八四］孟子曰　成化本無。
［八五］話　成化本無。
［八六］節　成化本無。
［八七］君子之所以異於人者……此是言存得心　成化本無。
［八八］却　成化本無。
［八九］同　成化本此下有「又問：『何謂處心？』曰：『以仁處於心，以禮處於心』」。此部分内容底本另作一條，參下條。
［九〇］别　成化本無。
［九一］成化本此下注有「節」。
［九二］成化本此下注曰：「君子存之。」
［九三］吕氏　成化本此下有「云」。
［九四］成化本作「事」。
［九五］變　成化本此下有「亦下二『以』字」。

〔九六〕孟子　成化本無。

〔九七〕成化本此下注有「閎祖」。

〔九八〕個　成化本無。

〔九九〕僩　成化本無。

〔一〇〇〕今有同室之人……往救之可也　成化本無。

〔一〇一〕以鄉鄰之鬭而　成化本無。

〔一〇二〕須只救得他　成化本無。

〔一〇三〕卓僩同　成化本作「僩」。

〔一〇四〕公都子曰康章通國皆稱不孝章　成化本爲「公都子問康章」。

〔一〇五〕父　成化本爲「父母」。

卷五十八

〔一〕 萬章問曰舜往于田章　成化本爲「問舜往于田章並下章」。
〔二〕 人　成化本無。
〔三〕 大要　成化本無。
〔四〕 胡叔器　成化本爲「叔器」。
〔五〕 萬章問曰　成化本無。
〔六〕 問　成化本爲「或問」。
〔七〕 成化本此下注曰：「賀孫。不知何氏録詳，别出。」且成化本下條載「仁與義相拗……無足觀者」條，但此條底本載於卷五十三，可參。
〔八〕 語云盛德之士　成化本無。
〔九〕 宿櫧州之驛舍　成化本無。
〔一〇〕 萬章問曰人有言至於禹而德衰章　成化本爲「問人有言章」。
〔一一〕 沈莊仲　成化本爲「莊仲」。
〔一二〕 是　成化本作「且」。
〔一三〕 成化本此下注曰：「夔孫録云：『問：「人或死於干戈，或死於患難。如比干之類，亦是正命乎？」曰：「固是正命。」問：「以理論之則謂之正命，以死生論之則非正命。」曰：「如何恁地説得！」』下同。」

[一四] 孟子　成化本無。

[一五] 年　成化本無。

[一六] 萬章問曰人有言　成化本作「問」。

[一七] 自　成化本無。

[一八] 先知覺覺後覺　成化本爲「先知覺後知先覺覺後覺」。

[一九] 思睿　成化本爲「思曰睿」。

[二〇] 或　成化本爲「或人」，且其上有「郭兄問莫不有以知……龜山此語極好又」，參底本卷十七卓録「郭兄問莫不有以知……是覺此理也」條。

[二一] 此條僩録成化本載於卷十七。卓同聞所録底本載於卷十七，參底本該卷「郭兄問莫不有以知……是覺此理也」條。

[二二] 孟子曰　成化本無。

[二三] 原之　成化本爲「厚之」。

[二四] 再　成化本無。

[二五] 受　成化本作「顧」。

[二六] 受　成化本作「顧」。

[二七] 顧　成化本作「視」。

[二八] 也如他任　成化本無。

[二九] 吾　成化本作「至」。

〔三〇〕其　成化本作「夫」。
〔三一〕始　成化本此下有「條理」。
〔三二〕一莖　成化本無。
〔三三〕一莖　成化本無。
〔三四〕時舉　成化本無。
〔三五〕一節云　成化本無。
〔三六〕子　成化本無。
〔三七〕人傑　成化本爲「時舉」。
〔三八〕只　成化本作「少」。
〔三九〕成化本此下注有「淳」。
〔四〇〕倪寬　成化本爲「兒寬」，且此上有「『金聲玉振』一章甚好。然某亦不見作樂時如何，亦只是想象説」。
〔四一〕云　成化本爲「亦云」。
〔四二〕倪寬　成化本爲「兒寬」。
〔四三〕必亦　成化本爲「亦必」。
〔四四〕此條㽦録成化本載於卷五十六。
〔四五〕一章云　成化本無。
〔四六〕得　成化本無。

［四七］倪寬　成化本爲「兒寬」。

［四八］謨去僞同　成化本爲「去僞」。

［四九］謨去僞同　成化本爲「去僞」。

［五〇］周室班爵禄也　成化本無。

［五一］不知孰是　成化本無。

［五二］地方百里　成化本爲「地非不足也」。

［五三］蓋君所自謂爲私用者　成化本爲「蓋君所得得爲私用者」。

［五四］何以知之　成化本無。

［五五］何心也　成化本無。

［五六］孟子曰仕非爲貧也章　成化本爲「仕非爲貧章」。

［五七］者　成化本作「看」，屬下讀。

［五八］道　成化本作「迸」。

［五九］萬章問曰不見諸侯章　成化本爲「萬章問士不託諸侯章」。

［六〇］此條成化本以部分内容爲注，附於賀孫録尾，並注爲至録，參下條。

［六一］目　成化本此下注曰：「至録云：『其中毫釐必辨。』」

［六二］云　成化本無。

［六三］鎰　成化本無。

［六四］這個則都有義　成化本爲「這個都有個則都有義」。

〔六五〕成化本此下注曰：「至録云：『孟子是義精，所以不放過。義是一柄利刀，凡事到面前便割成兩片，所以精之。集義者，蓋毫釐微細各有義。「精義入神，以致用也」，所以要「精義入神」者，蓋欲「以致用也」。』」

卷五十九

〔一〕告子上下　成化本爲「告子篇」。

〔二〕此條可學録成化本無。

〔三〕桮棬　成化本無。

〔四〕是　成化本此下有「言」。

〔五〕至　成化本無。

〔六〕者　成化本無。

〔七〕成化本此下注有「至」。

〔八〕生之謂性章　成化本此上有「性猶湍水章」之目，且此下載一條銖録，參成化本卷五十九「人性無不善……便是人欲奪了」條。

〔九〕成化本此下注有「同」。

〔一〇〕何　成化本此下有「者」。

〔一一〕告子言　成化本無。

〔一二〕是　成化本無。

〔一三〕然　成化本作「煞」。

〔一四〕是　成化本無。

［一五］也　成化本作「他」。
［一六］氣稟　成化本此下有「自氣稟」。
［一七］説　成化本此上有「若」。
［一八］□□　此二字缺，成化本作「某」。
［一九］□□　此二字缺，成化本作「某」。
［二〇］黠　成化本作「偈」。
［二一］時　成化本作「來」。
［二二］此條𥲤録成化本載於卷一百二十六。
［二三］閎祖　成化本爲「人傑」，且此條載於卷一百二十六。
［二四］舌　成化本無。
［二五］則　成化本無。
［二六］真實　成化本爲「真底」。
［二七］事　成化本作「争」。
［二八］此條僩録成化本載於卷一百二十六。
［二九］曾　成化本無。
［三〇］樣　成化本無。
［三一］只　成化本無。
［三二］個　成化本無。

[三三] 就　成化本作「説」。
[三四] 當　成化本作「常」。
[三五] 此條僩録成化本載於卷一百二十六。
[三六] 處　成化本無。
[三七] 節　成化本無。
[三八] 不　成化本作「本」。
[三九] 重聲言則字　成化本無。
[四〇] 則　成化本此上有「兩」。
[四一] 意　成化本此上有「之」。
[四二] 受　成化本此下注曰：「『受』字，饒本作『管』。」
[四三] 只是道　成化本爲「只道是」。
[四四] 在　成化本此上有「釋氏説」。
[四五] 成化本此下注有「植」。
[四六] 道　成化本無。
[四七] 砥　成化本無。
[四八] 履之　成化本作「砥」。按，據朱子語録姓氏：「劉砥，字履之。」
[四九] 是　成化本爲「便是」。
[五〇] 爲　成化本爲「能爲」。

［五一］此條人傑録成化本載於卷五，底本卷五重複載入。
［五二］受　成化本作「視」。
［五三］此條士毅録成化本無。
［五四］與　成化本此上有「理」。
［五五］先生集解説才字云　成化本爲「集注説」。
［五六］有　成化本此上有「人」。
［五七］蓋　成化本無。
［五八］大率如此　成化本無。
［五九］謨　成化本無。
［六〇］此條祖道録成化本載於卷八十七，底本卷八十七重複載入。
［六一］理也義也　成化本無。
［六二］意　成化本此上有「其」。
［六三］然　成化本此下有「不是虛字，當從上文看」。
［六四］人□以爲同然者　成化本無。
［六五］節　成化本無。
［六六］這　成化本無。
［六七］甚　成化本作「正」。
［六八］義理　成化本爲「理義」。

〔六九〕自　此字原缺，據成化本補。
〔七〇〕都　成化本此下有「是」。
〔七一〕嘗美矣　成化本無。
〔七二〕賀孫　成化本無。
〔七三〕日夜之所息平旦之氣　成化本無。
〔七四〕底　成化本此下有「是」。
〔七五〕此條泳録成化本無。
〔七六〕吳仁父　成化本爲「仁父」。
〔七七〕亡　成化本爲「不存」。
〔七八〕是　成化本無。
〔七九〕盡　成化本作「蓋」。
〔八〇〕却　成化本無。
〔八一〕未　成化本作「來」。
〔八二〕自因説心　成化本爲「自家良心」。
〔八三〕得　成化本此下有「好」。
〔八四〕頓　成化本此上有「若」。
〔八五〕一　成化本此上有「一個會盛」。
〔八六〕夜氣所存如何　成化本爲「或問夜氣旦氣如何」。

[八七] 孟子曰 成化本無。

[八八] 暮 成化本作「晝」。

[八九] 問夜氣一段 成化本爲「□卿問夜氣一章」，「卿」上缺一字。萬曆本爲「蓋卿問夜氣一章」。

[九〇] 涵 成化本作「會」。

[九一] 方 成化本此上有「夜氣」。

[九二] 爲 成化本作「違」。

[九三] 孟子 成化本無。

[九四] 與 成化本作「爲」。

[九五] 孟子 成化本無。

[九六] 如 成化本無。

[九七] 先生 成化本無。

[九八] 吴孟仁父 成化本爲「吴仁父」。

[九九] 擾 成化本無。

[一〇〇] 成化本此下注曰：「節録別出。」且下條爲節録。可參底本本卷節録「吴仁父問平旦之氣……只管去打便濁了」條。

[一〇一] 則其 成化本無。

[一〇二] 義 成化本作「善」。

[一〇三] 更 成化本無。

[一〇四] 息然　成化本爲「自然」。
[一〇五] 了　成化本作「子」。
[一〇六] 常　成化本作「當」。
[一〇七] 成化本此下注曰：「寓録别出。」且下條爲寓録。參底本本卷寓録「器之問孟子平旦之氣甚微小……只要心在這裏」條。
[一〇八] 生崖　成化本作「崖」。按，「崖」字原缺，據上下文及成化本補。
[一〇九] 復説第一義……崖將去底道理　成化本爲「復説第一義云如這個只有個進步捱將去底道理」。按，底本「違」似爲「這」之誤。
[一一〇] 義　成化本此上有「一」。
[一一一] 義　成化本無。
[一一二] 便説今日做不得　成化本爲「便又説今日做不得」。按，「做」字原缺，據成化本補。
[一一三] 是　此字原缺，據成化本補。
[一一四] 以　成化本爲「可以」。
[一一五] 於　成化本此上有「至」。
[一一六] 養　成化本作「長」。
[一一七] 然　成化本此下注曰：「章末所問疑有未盡。道夫。」
[一一八] 此條可學録成化本無。
[一一九] 操則存章　成化本無。

［一二〇］其　成化本無。

［一二一］出　成化本此下有「入」。

［一二二］無定所　成化本無。

［一二三］爾　成化本此下注曰：「接先生他語：『只操便存，只求便是不放。』」

［一二四］砥　成化本無。

［一二五］活　成化本爲「活物」。

［一二六］則　成化本爲「則是」。

［一二七］便　成化本爲「便是」。

［一二八］是　成化本爲「須是」。

［一二九］不但是破捉在這裏　成化本爲「但不是硬捉在這裏」。

［一三〇］賀孫　成化本爲「人傑」。

［一三一］在　成化本作「去」。湯泳　成化本作「泳」。

［一三二］這　成化本作「道」。

［一三三］彪居正問五峰胡仁仲……要在識之而已　成化本無。

［一三四］只　成化本爲「子昂」。

［一三五］有　成化本作「無」。

［一三六］亦　成化本無。

［一三七］無　成化本作「有」。

［一三八］是　成化本無。

［一三九］之　成化本無。

［一四〇］成化本此下注有「集義」。

［一四一］此條可學録成化本無。

［一四二］此條人傑録成化本無。

［一四三］用　成化本作「引」。

［一四四］讀孟子　成化本無。

［一四五］聞之　成化本無。

［一四六］純夫　成化本爲「淳夫」。

［一四七］謨去僞同　成化本爲「去僞」。

［一四八］生我所欲章　成化本爲「魚我所欲章」。

［一四九］句　成化本作「向」。

［一五〇］之時　成化本無。

［一五一］此條道夫録成化本載於卷六。

［一五二］致之　成化本爲「敬之」。

［一五三］答　成化本無。

［一五四］知　成化本作「却」。

［一五五］成化本此下注有「時舉」。

［一五六］聞　成化本作「問」。

［一五七］仁　成化本爲「此仁」。

［一五八］將放了心這重新收來　成化本爲「將放了底心重新收來」。

［一五九］不　成化本爲「看程先生所説文義自是如此意却不然只存此心便是不放」。

［一六〇］當　成化本作「常」。

［一六一］或　成化本作「幾」。

［一六二］此條恪録成化本無，但卷五十九另載一條同聞所録，參成化本該卷「或問求放心……只有些昏惰便是放」條。

［一六三］程先生　成化本爲「程子」。

［一六四］某　成化本無。

［一六五］求放心　成化本無。

［一六六］來　成化本此下有「自能尋向上去，下學而上達。池本下云：『看下二句，必不至空守此心，無所用也。』」

［一六七］是　成化本無。

［一六八］善　成化本此下注曰：「池本云：『四端備於吾心。心存然後能廣而充之。心放則顛冥莫覺，流入不善』云云。」

［一六九］謂　成化本作「爲」。

［一七〇］成化本此下注曰：「池本下云：『心不在焉亦是放。二説未嘗相礙。』」

［一七一］按他本……未常相礙幾字　成化本無。

［一七二］語　成化本此下有「云云」。

［一七三］者　成化本此下注曰：「池本作『便是反復入身來』。」

［一七四］只是教人　成化本爲「只要人」。

［一七五］底　成化本作「之」。

［一七六］則　成化本作「只」。

［一七七］廣而充之　成化本爲「充廣」。

［一七八］節　成化本無。

［一七九］黎季成　成化本爲「季成」。

［一八〇］因説　成化本無。

［一八一］某　成化本爲「可學」。

［一八二］只是　成化本無。

［一八三］切　成化本無。

［一八四］得　成化本爲「求得」。

［一八五］此條節録成化本無。

［一八六］公晦同　成化本無。

［一八七］問　成化本無。

［一八八］住　成化本作「在」。

［一八九］已是透了　成化本爲「早是遲了」。
［一九〇］元秉　成化本爲「夔孫」。
［一九一］又曰　成化本作「曰」，且此上有「或問『求放心』」。
［一九二］好　成化本此下有「知言中或問『求放心』，答語舉齊王見牛事。某謂不必如此説，不成不見牛時此心便求不得！若使某答之，只曰：『知其放而求之，斯不放矣。』『而求之』三字亦自剩了」。又，成化本此條録尾注有「學蒙」。
［一九三］孟子言　成化本無。
［一九四］至於心放而不求　成化本爲「有放心而不知求」。
［一九五］他　成化本無。
［一九六］是　成化本此下有「説」。
［一九七］力量既　此三字原缺，據底本卷十二及成化本卷十二補。
［一九八］此條敬仲録成化本載於卷十一，底本卷十二重複載入。
［一九九］令　成化本作「今」。
［二〇〇］爲　成化本無。
［二〇一］二　成化本作「三」。
［二〇二］賜同　成化本無。
［二〇三］用　成化本此下有「求」。
［二〇四］此條可學録成化本無。

[二〇五] 兼所愛　成化本無。

[二〇六] 倒音到　成化本無。

[二〇七] 鈞　成化本此上有「公都子問」。

[二〇八] 此條泳録成化本無。

[二〇九] 耳目之官　成化本無。

[二一〇] 然　成化本無。

[二一一] 且　成化本無。

[二一二] 恁地　成化本爲「任他」。

[二一三] 心　成化本此下注曰：「方子録云：『立者，卓然豎起此心。』」

[二一四] 孟子解　成化本爲「集注」。

[二一五] 得　成化本無。

[二一六] 某　成化本無。

[二一七] 某　成化本無。

[二一八] 爵　成化本爲「爵禄」。

[二一九] 邀　成化本作「要」。

[二二〇] 黄先之問盡心……又問修天爵從之章　成化本爲「黄先生問此章」。

[二二一] 家　成化本無。

[二二二] 而　成化本作「却」。

［二二三］相　成化本作「怕」。
［二二四］止　成化本作「正」。
［二二五］者　成化本無。
［二二六］此條文蔚録成化本載於卷六。
［二二七］滎陽　成化本此下有「間」。
［二二八］聞　成化本作「問」。
［二二九］儒有明經者通徹了　成化本爲「儒者明經若通徹了」。
［二三〇］者也　成化本無。
［二三一］禮與食孰重章　成化本爲「任人有問屋廬子章」。
［二三二］人皆可以爲堯舜章　成化本爲「曹交問曰章」。
［二三三］且　成化本無。
［二三四］只在此　成化本無。
［二三五］五　成化本作「三」。
［二三六］正　成化本作「立」。
［二三七］百姓　成化本無。
［二三八］管仲責楚　成化本無。
［二三九］所　成化本作「併」。
［二四〇］公　成化本作「分」。

[二四一] 自舜發於畎畝……明道謂　成化本無。

[二四二] 從經困貧　成化本爲「從貧困」。

[二四三] 覺　成化本此上有「心」。

[二四四] 微　成化本無。

卷六十

［一］由於　成化本爲「只爲」。

［二］彼　成化本作「往」。

［三］性　成化本此下有「非也」。

［四］知　成化本作「之」。

［五］者　成化本無。

［六］只　成化本此上有「知」。

［七］知　成化本作「先」。

［八］性之理　成化本無。

［九］之　成化本作「知」。

［一〇］牢　成化本作「字」。

［一一］則　成化本無。

［一二］集解中説　成化本無。

［一三］字　成化本此下有「義」。

［一四］裏　成化本作「事」。

［一五］做　成化本作「挨」。

［一六］人　成化本此上有「如今」。

［一七］賀孫　成化本無。

［一八］蔡季通　成化本爲「季通」。

［一九］偶　成化本作「鶻」。按，疑「偶」爲「愲」之誤。

［二〇］故　成化本無。

［二一］教　成化本無。

［二二］這　成化本無。

［二三］盡性　成化本此下注曰：「池録作『盡忠盡信』。」

［二四］過　成化本無。

［二五］話　成化本作「語」。

［二六］曰　成化本爲「先生云」。

［二七］盡　成化本作「存」。

［二八］其理曉然猶以無便未能及此　成化本無。

［二九］且　成化本無。

［三〇］是　成化本作「足」。

［三一］成化本此下注曰：「專論『盡心』。」

［三二］盡　成化本此上有「能」。

［三三］成化本此下注曰：「此段句意恐未真。」

［三四］誠意　成化本爲「意誠」。

［三五］爲　成化本爲「爲之」。

［三六］伯羽　成化本作「砥」。

［三七］留　成化本作「胸」。

［三八］成化本此下注有「道夫」。

［三九］敬之　成化本爲「黄敬之」。

［四〇］曰　成化本此下注曰：「倪録云：『知天是知源頭來處。』」

［四一］公共道理　成化本此下注曰：「倪録作『公共之本原』。」

［四二］矣　成化本此下注曰：「倪録此下云：『又問「存心養性」。曰：「存得父子之心盡，方養得仁之性；存得君臣之心盡，方養得義之性。」』」

［四三］南升同　成化本無。

［四四］曰　成化本無。

［四五］成化本此下注曰：「末二句恐誤。」

［四六］盡心謂事物之理……則知此理之自然　成化本無。

［四七］此條人傑録成化本載於卷六十四，而底本卷六十四重複載入。

［四八］公晦　成化本爲「方子」。此條成化本載於卷十二，底本卷十二重複載入。

［四九］存心養性所以事天也　成化本無。

［五〇］處　成化本無。

［五一］知性知天　成化本爲「知天知性」。
［五二］得　成化本無。
［五三］成化本此下注曰：「盡知存養。」
［五四］知　成化本此上有「孟子説」。
［五五］既　成化本此上有「敬之問『夭壽』至『命也』。曰」。
［五六］今　成化本無。
［五七］夭壽不貳章　成化本爲「夭壽不貳修身以俟之所以立命也壽夭是天命修身是順天命安於天理之正無一毫人欲計較之私而天命在我方始流行。」
［五八］貳　成化本爲「夭壽不貳」。
［五九］功　成化本此下有「『立命』一句更用通下章看」。
［六〇］問　成化本爲「又問」。
［六一］正　成化本此下有「若是人力所致者，如何是命」。
［六二］未　成化本作「不」。
［六三］有　成化本無。
［六四］既　成化本作「順」。
［六五］命　成化本此下有「或如比干剖心，又不可不謂之正命」。
［六六］因　成化本無。
［六七］時　成化本作「嘗」。

［六八］如　成化本爲「一似」。

［六九］時舉因問　成化本爲「子善問」。

［七〇］孟子之言命與今世俗之言命者正相反　成化本無。

［七一］殺　成化本作「死」。

［七二］如此　成化本無。

［七三］相似也　成化本爲「因舉横渠行同報異與氣遇等語伊川却道他説遇處不是又曰這一段文勢直是緊若精神鈍底真個趕他不上如龍虎變化直是捉搦他不住」。

［七四］時舉南升同　成化本爲「倪時舉略」。

［七五］横渠　成化本作「問」。

［七六］如何　成化本無。

［七七］張子云　成化本無。

［七八］成化本此下注有「集注」。

［七九］而　成化本無。

［八〇］則　成化本無。

［八一］道　成化本此下有「率性之謂道」。

［八二］賜　成化本爲「夔孫」。

［八三］個　成化本作「是」。

［八四］合虚字便説理合虚與氣所以有人　成化本爲「合虚與氣有性之名虚字便説理理與氣合所以有人」。

[八五] 是　成化本無。
[八六] 之　成化本無。
[八七] 言　成化本此上有「當」。
[八八] 則性　成化本無。
[八九] 一之　成化本作「寓」。
[九〇] 星　成化本此下注曰：「饒録無此七字。却云『盡心者，以其知性』。」
[九一] 正卿　成化本爲「學蒙。集義」。按，據朱子語録姓氏：「林學蒙，字正卿。」
[九二] 謨去僞同　成化本爲「去僞」。
[九三] 盡其心者知其性　成化本爲「或問」。
[九四] 玩　成化本作「味」。
[九五] 不盡　成化本爲「未體」。
[九六] 體物窮理　成化本爲「窮理體物」。
[九七] 心　成化本此下有「者」。
[九八] 性　成化本此下有「者」。
[九九] 問　成化本作「開」。
[一〇〇] 名　成化本作「老」。
[一〇一] 謨去僞人傑同　成化本爲「去僞」。
[一〇二] 性　成化本此下有「一段」。

［一〇三］處　成化本此下有「説」。

［一〇四］在人言之便有正有不正……便是不正之命　成化本爲「在人言之……便是不正之命」。

［一〇五］因問惠迪吉從逆凶之意　成化本爲「問莫非命也順受其正因推惠迪吉從逆凶之意」。

［一〇六］罪　成化本無。

［一〇七］這　成化本無。

［一〇八］亦　成化本無。

［一〇九］被　成化本無。

［一一〇］庚　成化本無。

［一一一］履孫　成化本作「砥」。按，據朱子語録姓氏，潘履孫字坦翁，劉砥字履之。

［一一二］地　成化本無。

［一一三］道夫　成化本無。

［一一四］者　成化本作「去」。

［一一五］看　成化本爲「窮看」。

［一一六］成化本此下有「集義」。

［一一七］夫訂頑一篇……其言曰　成化本爲「横渠曰」。

［一一八］與　成化本作「於」。

［一一九］謨人傑去僞同　成化本爲「去僞銖同」。

［一二〇］若　成化本無。

〔一二一〕謨去僞同　成化本爲「去僞」。

〔一二二〕道夫　成化本作「驤」。

〔一二三〕喫　成化本此下注曰：「夔孫録云：『纔見不恕時便須勉强，如飢便喫飯。』」

〔一二四〕元秉　成化本爲「儒用夔孫同」。

〔一二五〕此條祖道録成化本無。

〔一二六〕驩虞如也　成化本無。

〔一二七〕下　成化本此下有「至」。

〔一二八〕又謂所過者化所存者神　成化本無。

〔一二九〕只　成化本此上有「小補」。

〔一三〇〕所謂　成化本無。

〔一三一〕也　成化本作「化」。

〔一三二〕成化本此下注有「集義」。

〔一三三〕如　成化本無。

〔一三四〕設　成化本作「説」。

〔一三五〕所過者化所存者神　成化本無。

〔一三六〕處　成化本此下有「是否」。

〔一三七〕遠　成化本作「速」。

〔一三八〕伊川云　成化本無。

〔一三九〕謨去僞人傑略同　成化本爲「去僞」。
〔一四〇〕謨録同　成化本無。
〔一四一〕孟子荀子　成化本爲「孟荀」。
〔一四二〕無他　成化本無。
〔一四三〕道夫　成化本無。
〔一四四〕自　成化本爲「自是」。
〔一四五〕所　成化本無。
〔一四六〕淳　成化本爲「安卿」。又此條末「淳」成化本爲「義剛」。
〔一四七〕又　成化本爲「問仁義禮智根於心」。
〔一四八〕個　成化本無。
〔一四九〕也　成化本無。
〔一五〇〕個　成化本無。
〔一五一〕是　成化本無。
〔一五二〕入聲　成化本無。
〔一五三〕入聲　成化本無。
〔一五四〕利　成化本作「私」。
〔一五五〕道夫　成化本無。
〔一五六〕尋　成化本無。

［一五七］某　成化本無。

［一五八］中庸　成化本爲「時中」。

［一五九］子説　成化本爲「二説」。

［一六〇］此條人傑録成化本載於卷六十一。

［一六一］議同　成化本無。

［一六二］反之工　成化本爲「反之之工」。

［一六三］書武王則云　成化本爲「武王」。

［一六四］元秉　成化本爲「儒用」，且此條載於卷六十一。

［一六五］苟　成化本作「多」。

［一六六］歸　成化本作「命」。

［一六七］目　成化本無。

［一六八］士何事章　成化本爲「王子墊問曰章」。

［一六九］舜爲天子章　成化本爲「桃應問曰章」。

［一七〇］此條文蔚録成化本無。

［一七一］當事理　成化本爲「當事主一」。

［一七二］旁　成化本無。

［一七三］抑別有意耶　成化本無。

［一七四］別亦無意孟子只是言聖賢之心合下是如此權制　成化本爲「孟子只是言聖賢之心耳聖賢之心合

下是如此權制」。

［一七五］心　成化本此下有「底」。

［一七六］欲　成化本此上有「又」。

［一七七］天性也　成化本無。

［一七八］形色天性　成化本無。

［一七九］色只是　成化本無。

［一八〇］此條時舉録成化本以部分内容爲注，夾於南升録中，參成化本卷六十「敬之問形色天性……曰固是」條。

［一八一］個　成化本此上有「這」。

［一八二］即　成化本無。

［一八三］孟子形色天性也……何也　成化本爲「問形色天性下只説踐形而不云色何也」。

［一八四］謨人傑同　成化本爲「去僞」。

［一八五］形色天性也聖人然後可以踐形　成化本無。

［一八六］君子引而不發章　成化本爲「公孫丑曰道則高矣美矣章」。

［一八七］此條賀孫録底本卷三十四重複載入。

［一八八］從周人傑謨同　成化本爲「去僞」。

［一八九］知者無不知也章　成化本此上有「於不可已而已章」，且載有一條語録，曰：「『進鋭退速』，其病正在意氣方盛之時，已有易衰之勢，不待意氣已衰之後，然後見其失也。」

［一九〇］知者無不知也……急親賢之爲務　成化本無。

［一九一］且　成化本無。

［一九二］輔漢卿　成化本爲「漢卿」。

［一九三］是　成化本無。

［一九四］若　成化本作「非」。

［一九五］成化本此下注曰：「人傑録别出。」且下條爲人傑録，参本卷人傑録「問知者無不知也……則必不免沉滯之患矣」條。

卷六十一

〔一〕不如無書　成化本無。
〔二〕血流漂杵　成化本無。
〔三〕血流漂杵　成化本無。
〔四〕好名之人……簞食豆羹見於色　成化本無。
〔五〕蓋能　成化本無。
〔六〕徐　成化本無。
〔七〕徐　成化本無。
〔八〕旱乾水溢則變置社稷　成化本無。
〔九〕勾龍與棄誠……彼何罪焉　成化本無。
〔一〇〕二神……果可盡信否　成化本無。
〔一一〕謂　成化本作「其」。
〔一二〕賀孫　成化本爲「履孫」。
〔一三〕或問仁者人也……先生云　成化本無。
〔一四〕成化本此下注有「廣」。
〔一五〕孟子曰仁也者人也一章　成化本無。

[一六] 仁　成化本此下有「敬」。
[一七] 寓　成化本爲「榦以下兼論德」。
[一八] 淳　成化本無。
[一九] 稽大不理於口　成化本無。
[二〇] 孟子曰……文王也　成化本無。
[二一] 夫　成化本無。
[二二] 此大雅緜之八章所以言文王者如此　成化本爲「此緜之八章」。
[二三] 者　成化本無。
[二四] 若　成化本無。
[二五] 此則衛邶柏舟之詩也　成化本爲「此邶柏舟之詩」。
[二六] 孟子　成化本無。
[二七] 文　成化本作「又」。
[二八] 謨去僞同　成化本爲「集傳今有定說去僞」。
[二九] 故　成化本此下有「曰」。
[三〇] 口之於味　成化本無。
[三一] 仁之於父子　成化本無。
[三二] 孟子論性命章　成化本爲「不謂性命章」。
[三三] 正　成化本爲「學蒙」。按，據朱子語録姓氏：「林學蒙，字正卿。」底本「正」後似脱「卿」。

［三四］問　成化本此上有「堯卿」。

［三五］然　成化本無。

［三六］以感他厚　成化本爲「感他得他亦厚」。

［三七］胡　成化本爲「叔器」。

［三八］安卿　成化本作「淳」。按，據朱子語録姓氏，陳淳字安卿。

［三九］所謂天令之所謂命有兩般　成化本爲「所謂天令之謂命也然命有兩般」。

［四〇］之　成化本此下有「禀」。

［四一］君子不謂命　成化本爲「得之不得曰有命」。

［四二］如夫子之聖而不得位以行其道文王之囚羑里　成化本爲「仁之於父子如舜之遇瞽瞍義之於君臣如文王在羑里孔子不得位禮之於賓主如子敖以孟子爲簡智之於賢者如晏嬰智矣而不知孔子」。

［四三］蓋　成化本無。

［四四］自　成化本作「付」。

［四五］又曰　成化本爲「然又」。

［四六］也　成化本此下有「『仁之於父子』以下與集注不同，讀者詳之」。

［四七］前章　成化本爲「前一節」。

［四八］後章　成化本爲「後一節」。

［四九］章　成化本作「段」。

［五〇］章　成化本作「段」。

［五一］孟子言君子不謂性命　成化本無。
［五二］天　成化本作「夫」。
［五三］若夫　成化本無。
［五四］是　成化本無。
［五五］豈其然乎　成化本無。
［五六］之　成化本作「言」。
［五七］某又嘗疑此一節　成化本作「又」。
［五八］如　成化本無。
［五九］所以變者　成化本無。
［六〇］由　成化本無。
［六一］人傑　成化本爲「去僞」。
［六二］知　成化本作「之」。
［六三］以論　成化本爲「似語」。
［六四］云　成化本作「説」。
［六五］段　成化本作「般」。
［六六］看得　成化本無。
［六七］所爲　成化本爲「爲所」。
［六八］樂正子何人也章　成化本爲「浩生不害問曰章」。

〔六九〕此條人傑録成化本無。
〔七〇〕時舉　成化本無。
〔七一〕之　成化本作「他」。
〔七二〕個　成化本無。
〔七三〕便　成化本無。
〔七四〕惜　成化本作「借」。
〔七五〕女　成化本作「錢」。
〔七六〕又是一般　成化本無。
〔七七〕此只是　成化本作「只」。
〔七八〕學蒙　成化本爲「可學」。
〔七九〕謂　成化本無。
〔八〇〕如此則　成化本無。
〔八一〕之　成化本無。
〔八二〕之謂聖　成化本無。
〔八三〕謨同　成化本無。
〔八四〕成化本此下注曰：「僴録云：『「二之中，四之下」，未必皆實有諸己者，故不免有失錯處。』」
〔八五〕成化本此下注有「集注」。
〔八六〕説　成化本此下有「只是説善人信人」。

[八七] 如　成化本無。

[八八] 否　成化本此下有「曰：『皆是。』又問：『只自善推去否』」。據其下文，底本此處似有脱文。

[八九] 自善信推將去　成化本無。

[九〇] 具　成化本作「真」。

[九一] 物　成化本作「般」。是　成化本此下有「大凡諸人解義理只知求向上去，不肯平實放下去求。惟程子説得平實，然平實中其義自深遠。如中庸中解『動則變，變則化』，只是就外面説。其他人解得太高。蓋義理本平易，却被人求得深了。只如『明則誠矣，誠則明矣』，横渠皆説在裏面。若用都收入裏面，裏面却没許多節次，安着不得。若要强安排，便須百端撰合，都没是處」。

[九二] 此條人傑録　成化本無。

[九三] 此條人傑録成化本無。

[九四] 審如是言　成化本爲「如是」。

[九五] 可欲又自　成化本無。

[九六] 常　成化本作「當」。

[九七] 金録止此　成化本無。

[九八] 充實而有光輝之謂大　成化本無。

[九九] 某竊謂　成化本無。

[一〇〇] 如　成化本作「始」。

[一〇一] 高　此字原缺，據成化本補。

〔一〇二〕大成　成化本爲「大能成性」。

〔一〇三〕去僞同　成化本爲「集義」。

〔一〇四〕便　成化本作「硬」。

〔一〇五〕道夫　成化本無。

〔一〇六〕人皆有所不忍人皆有所不爲一章　成化本爲「此章」。

〔一〇七〕問　成化本此上有「叔器」。

〔一〇八〕不能不使不仁加乎其身　成化本爲「不能使不仁者不加乎其身」。

〔一〇九〕夔孫　成化本爲「義剛」。

〔一一〇〕無所往而不爲義也　成化本無。取　成化本此下有「之」。

〔一一一〕士未可以言……以不言餂之也　成化本無。

〔一一二〕道　成化本作「頭」。

〔一一三〕開　成化本無。

〔一一四〕堯舜性者也　成化本無。

〔一一五〕養心莫善於寡欲　成化本無。

〔一一六〕注　成化本爲「集注」。

〔一一七〕是　成化本作「走」。

〔一一八〕元　成化本作「此」。

〔一一九〕犬　成化本作「獒」。

〔一二〇〕看　成化本此下有「他」。

〔一二一〕成化本此條下注「義剛」。

〔一二二〕是如此　成化本無。

〔一二三〕成化本此下注有「集注」，且此條賀孫録載於卷二十九。

〔一二四〕此條僩録成化本載於卷四十三。

〔一二五〕成化本此下注有「畓」。

〔一二六〕性　成化本作「民」。

〔一二七〕此條雉録成化本載於卷四十七。

〔一二八〕亦　成化本作「如」。

〔一二九〕謨人傑同　成化本無。

卷六十二

〔一〕成化本此下注曰：「夔孫録云『中庸之書如個卦影相似，中間云云』」。

〔二〕至　成化本無。

〔三〕曰　成化本無。

〔四〕成化本此下注曰：「以下論名篇之義。」

〔五〕説　成化本無。

〔六〕黄直卿　成化本爲「直卿」。

〔七〕其　成化本無。

〔八〕乃是緣　成化本爲「緣是」。

〔九〕按至之録……亦不相似　成化本無。

〔一〇〕成化本此下注曰：「與上條蓋同聞。」且此上一條爲至録，參本卷至録「至問中庸名篇之義……又説君子之時中」條。

〔一一〕成化本此下注有「僩」。

〔一二〕定　成化本爲「定理」。

〔一三〕中庸　成化本作「中」。

〔一四〕成化本此下注曰：「與廣録蓋聞同。」

［一五］中　成化本無。

［一六］高明中庸　成化本爲「中庸高明」。

［一七］也　成化本此下注曰：「方子録云：『問：「中庸既曰『中』，又曰『誠』，何如？」曰：「此古詩所謂『横看成嶺側成峰』也。」』」

［一八］謙　成化本爲「德明」。

［一九］這　成化本作「道」。

［二〇］是　成化本無。

［二一］蔡季通　成化本爲「季通」。

［二二］道　成化本作「人」。

［二三］栬　成化本爲「一栬」。

［二四］人　成化本作「日」。

［二五］人心道心　成化本無。

［二六］理　成化本爲「義理」。

［二七］明道云　成化本無。

［二八］要　成化本無。

［二九］去　成化本此下有「看」。

［三〇］後　成化本無。

［三一］開　成化本此下有「其開」。

〔三二〕成化本此下注曰：「夔孫録同。」
〔三三〕而　成化本無。
〔三四〕其　成化本爲「以其」。
〔三五〕之　成化本無。
〔三六〕此條伯羽録成化本載於卷四。
〔三七〕字　成化本作「是」。
〔三八〕言　成化本爲「自言」。
〔三九〕者　成化本無。
〔四〇〕這　成化本作「此」。
〔四一〕上　成化本無。
〔四二〕這　成化本作「此」。
〔四三〕如　成化本無。
〔四四〕這　成化本作「此」。
〔四五〕之　成化本無。
〔四六〕説得是了　成化本作「是」。
〔四七〕此條淳録部分内容底本卷六十三重複載入，參底本該卷「問鳶有鳶之性……曰是」條。
〔四八〕性　成化本作「氣」。
〔四九〕道　成化本此上有「又曰」。

[五〇] 淳義剛録同　成化本爲「義剛」。

[五一] 個　成化本爲「一個」。

[五二] 盡　成化本此下注曰：「所舉或問非今本。」

[五三] 如　成化本作「若」。

[五四] 謂　成化本作「以」。

[五五] 道　此字原缺，據上下文及成化本補。

[五六] 從　成化本無。

[五七] 公　成化本爲「公共」。

[五八] 前聖人之道古今共底言也　成化本爲「十方常住者而言也」。

[五九] 録　成化本無。

[六〇] 妖夭　成化本爲「夭殀」。按，據禮記王制：「不殺胎，不殀夭。」

[六一] 謨去僞録同　成化本爲「去僞」。

[六二] 問修道之謂教……是生知學知否曰　成化本爲「自誠明謂之性」。

[六三] 教是學知　成化本爲「自明誠謂之教此教字是學之也」。

[六四] 之　成化本爲「二字」。

[六五] 此條嘗録成化本載於卷六十四。

[六六] 可學　成化本爲「木之」。

[六七] 是　成化本作「謂」。

〔六八〕高　成化本此下注曰：「今按，『可離非道』云『瞬息不存便是邪妄』，與章句、或問説不合。更詳之。」

〔六九〕劉黻　成化本作「黻」。

〔七〇〕就　成化本作「説」。

〔七一〕你　成化本無。

〔七二〕食飲　成化本爲「飲食」。

〔七三〕是　成化本無。

〔七四〕神通　成化本此下有「妙用」。

〔七五〕禪者　成化本爲「禪老」。

〔七六〕影　成化本無。

〔七七〕在　成化本爲「便在」。

〔七八〕處　成化本作「上」。

〔七九〕戒謹其所不睹恐懼其所不聞　成化本無。

〔八〇〕便是　成化本無。

〔八一〕不　成化本此上有「所」。

〔八二〕便　成化本作「只」。

〔八三〕只是凡事　成化本爲「凡萬事」。

〔八四〕使　成化本作「常」。

[八五] 所 成化本無。

[八六] 寓問 成化本爲「寓録云問」。

[八七] 徐寓録 成化本無。

[八八] 戒謹乎其所不睹恐懼乎其所不聞 成化本無。

[八九] 中庸之言必有深旨幸先生發明之 成化本無。

[九〇] 戒謹 成化本無。

[九一] 李丈 成化本此上有「先生召諸友至卧内……便做將去」，此部分内容底本另作一條，載於卷一百十五，可參。

[九二] 行 成化本此下有「此語如何」。

[九三] 須 成化本此下有「得將」。

[九四] 重 成化本此下有「也不是恁地驚恐」。

[九五] 那個 成化本作「這」。

[九六] 了 成化本無。

[九七] 去 成化本此下注曰：「義剛録作：『恁地兢謹把捉去，不成便恁地驚恐。學問只是要此心常存。』」

[九八] 聖人也 成化本無。

[九九] 息 成化本此下注曰：「義剛録此下云：『良久，復問安卿：「適來所説天理、人欲，正謂如何？」對曰：「天下事事物物，無非是天理流行。」曰：「如公所説，只是想像個天理流行，却無下面許多工夫。」』」

［一〇〇］淳　成化本無，且此條載於卷一百十七，而底本分爲六條，載於本卷及卷一百十五，除此條外，參底本卷一百十五「先生召諸友至卧内……便做將去」條、「子思説尊德性……依舊都是錯了」條、「又曰吾友僻在遠方……粗底放在一邊」條、「又曰胡文定答曾吉甫書……如何樣做方好始得」條、「又曰今且將平日看甚書……若有酒醴則辭」條。

［一〇一］此條德明録成化本載於卷一百三。

［一〇二］明　成化本作「別」。

［一〇三］寓　成化本爲「閎祖」。

［一〇四］寓義剛録同　成化本爲「義剛」。

［一〇五］如此　成化本無。

［一〇六］謂　成化本作「以」。

［一〇七］如　成化本無。

［一〇八］此條成化本無。

［一〇九］胡　成化本爲「胡亂」。

［一一〇］在　成化本作「是」。

［一一一］成　成化本此下有「個」。

［一一二］陽　成化本此下有「無物不是陰陽」。

［一一三］得　成化本無。

［一一四］成化本此下附有可學録，參底本本卷可學録「謹獨已見於用……又論畫前之易」條。

[一一五] 此條卓録成化本無。

[一一六] 㬷 成化本此下有「略是個敬模樣如此。然道著『敬』字已是重了」。

[一一七] 略 成化本此上有「只」。

[一一八] 呼 成化本此上有「纔」。

[一一九] 成化本此下注有「人傑録云：漢卿問……而慎守之也」。此部分人傑録底本另作一條，參下條。

[一二〇] 又曰 成化本爲「『戒慎』一節當分爲兩事」。

[一二一] 此條端蒙録成化本另作一條。

[一二二] 問戒謹不睹……是惟精惟一工夫 成化本爲「漢卿問云云」。

[一二三] 此條人傑録成化本作爲注，附於廣録尾，參上條。

[一二四] 止 成化本作「只」。

[一二五] 邵康節 成化本爲「康節」。

[一二六] 此條可學録成化本作爲注，附於寓録尾。參本卷寓録「問謹獨是念慮初萌處否……其理則具」條。

[一二七] 得 成化本無。

[一二八] 莫見乎隱……解云 成化本無。

[一二九] 只管 成化本無。

[一三〇] 人傑 成化本無。

[一三一] 腦頭 成化本作「頭腦」。

[一三二] 腦頭 成化本作「頭腦」。

［一三三］夫　成化本無。

［一三四］及　成化本爲「及其」。

［一三五］人傑　成化本無。

［一三六］是　成化本爲「則是」。

［一三七］其　成化本作「某」。

［一三八］喜怒哀樂未發謂之中是言在中之義　成化本爲「未發之中是在中之義」。

［一三九］何　成化本此下注曰：「寓録云：『不知此處是已發未發？』」

［一四〇］此條淳録成化本卷五重複載入。

［一四一］按徐寓録同而略……行動則自若　成化本爲「寓録云其形體之行動則自若」。

［一四二］此條淳録成化本載於卷五。

［一四三］有　成化本此上有「心」。

［一四四］成化本此下注曰：「義剛同。」

［一四五］中　成化本無。

［一四六］孟子蓋謂心欲審之意　成化本爲「孟子蓋謂心欲審輕重度長短甚於權度他便謂凡言心者便能度輕重長短權度有所不及尤非孟子之意」。

［一四七］倒　成化本作「側」。

［一四八］爲　成化本作「謂」。

［一四九］好　成化本此下注曰：「德明録云：『伊川不破此説。』」

［一五〇］思　此字原缺，據成化本補。

［一五一］多　成化本爲「多是」。

［一五二］究　成化本此下有「演而伸」。

［一五三］之　成化本無。

［一五四］聖賢　成化本無。

［一五五］否　成化本作「意」。

［一五六］只　成化本無。

［一五七］只　成化本無。

［一五八］具　成化本無。

［一五九］成化本此下注曰：「以下中和。」

［一六〇］且　成化本作「具」。

［一六一］成化本此下注有「僩」。

［一六二］道夫　成化本無。

［一六三］之　成化本作「而」。

［一六四］恁　成化本無。

［一六五］這　成化本此上有「這個心纔有這事便有」。

［一六六］成化本此下注有「閎祖」。

［一六七］到　成化本此上有「便」。

［一六八］二常在一字上立地　成化本爲「一一常在十字上立地」。

［一六九］只　成化本爲「久久」。

［一七〇］以　成化本作「收」。

［一七一］若　成化本無。

［一七二］未　成化本無。

［一七三］着　成化本作「中」。

［一七四］在　成化本作「就」。

［一七五］是　成化本作「始」。

［一七六］此條與上條成化本合爲一條。

［一七七］何自　成化本爲「安得」。

［一七八］此條淳録成化本無。

［一七九］此條人傑録成化本無。

［一八〇］歸仁　成化本爲「以仁歸之」。

［一八一］而　成化本作「時」。

［一八二］不知　成化本無。

［一八三］與　成化本作「有」。

［一八四］或問中有曰　成化本無。

卷六十三

〔一〕前　成化本作「頭」。

〔二〕或問君子之中庸也……做得個恰好底事又　成化本無。

〔三〕非所以　成化本爲「不可以」。

〔四〕或問君子之中庸也……又無所忌憚也　成化本無。

〔五〕第三章無　成化本無。

〔六〕此條銖録成化本無。

〔七〕第五至第七章無　成化本無。按，成化本有「第六章」，且其下凡十三條語録。底本「第八章」以下共載十一條語録，其中有十條成化本置於「第六章」下（其中至録「問章句云……好問好察邇言」條成化本無）。

〔八〕録　成化本無。

〔九〕説　成化本作「端」。

〔一〇〕合　成化本作「恰」。

〔一一〕厚　成化本無。

〔一二〕常　成化本作「當」。

〔一三〕言　成化本作「語」。

［一四］程伊川　成化本爲「伊川」。
［一五］中庸集注　成化本作「注」。
［一六］此條至録成化本無。
［一七］陳才卿　成化本爲「才卿」。
［一八］十　成化本作「一」。
［一九］兩　成化本此上有「而」。
［二〇］成化本此下附以他録爲注，曰：一作：「才卿問：『或問以程子執把兩端，使民不行爲非。而先生所謂「半折之」，上一端爲過，下一端爲不及，而兩者之間爲中，悉無以異於程説。』曰：『非是如此。隱惡揚善，惡底固不問了，就衆説善者之中，執其不同之極處以量度之。如一人云長八尺，一人云長九尺，又一人云長十尺，皆長也，又皆不同也。不可便以八尺爲不及，十尺爲過，而以九尺爲中也。蓋中處或在十尺上，或在八尺上，不可知。必就三者之説子細量度，看那説是。或三者之説皆不是，中自在七尺上，亦未可知。然後有以見夫上一端之爲過，下一端之爲不及，而三者之間爲中也。「半折」之説誠爲有病，合改』云云。」
［二一］成化本此下注曰：「愚按：定説在後。」
［二二］方子廣録同　成化本爲「賀孫」。
［二三］遷轉　成化本爲「變遷」。
［二四］如　成化本此上有「和而不流，中立而不倚」。便　成化本爲「便自」。
［二五］成化本此下注曰：「本録云：『柔弱底中立則必欹倚，若能中立而不倚方見硬健處。』」此部分内容底本另作一條，參底本下條。又，疑成化本「本録云」爲「一本録云」之誤。

〔二六〕當初説中立了又説而不倚思之　成化本無。

〔二七〕此條至録成化本無。

〔二八〕此條文蔚録成化本卷五十六以部分内容爲注，附於僩録中，參底本卷五十六僩録「陳才卿問伯夷是中立而不倚……此可以見其不倚也」條。

〔二九〕注云云　成化本無。

〔三〇〕國有道不變塞焉　成化本無。

〔三一〕此條義剛録成化本無。

〔三二〕及其至也……聖人有所不能　成化本無。

〔三三〕一之寓録同　成化本作「寓」。

〔三四〕及其至也聖人有不知不能之説如何　成化本爲「聖人不知不能」。

〔三五〕此條道夫録成化本載於卷一百三十八。

〔三六〕又曰　成化本無。

〔三七〕金　成化本爲「去僞」。

〔三八〕去僞録同　成化本無。

〔三九〕云云　成化本無此注，另有大字爲「一段」。

〔四〇〕只　成化本此上有「恐」。

〔四一〕亦　成化本無。

〔四二〕漳州王遇　成化本爲「子合」。

〔四三〕語　成化本無。

〔四四〕問　成化本此上有「問率性通人物……曰是又」，參底本卷六十二「問率性通人物……説得是了」條。

〔四五〕此條淳録成化本載於卷六十二，底本卷六十二重復載入。

〔四六〕撥撥　成化本爲「潑潑」。

〔四七〕成化本此下注有「德明」。

〔四八〕成化本此下注曰：「閎祖録云：『「事地察」、「天地明察」，「上下察」、「察乎天地」、「文理密察」，皆明著之意。』」此條閎祖録底本另作一條，載於卷八十二。

〔四九〕罻亞夫　成化本爲「亞夫」。

〔五〇〕十二章　成化本無。

〔五一〕道　成化本無。

〔五二〕時舉　成化本無。

〔五三〕君子以人治人改而止横渠謂　成化本無。

〔五四〕間　成化本無。

〔五五〕夜　成化本此上有「曾子所言……便拖泥帶水又云」，此部分内容底本另作一條載於卷二十七，參底本該卷「曾子所言……便拖泥帶水」條。

〔五六〕此條僩録成化本載於卷二十七，底本卷二十七重複載入，參底本該卷「夜來説忠恕……須自看教有許多等級分明」條。

[五七] 或　成化本無。

[五八] 工夫　成化本爲「下工夫」。

[五九] 諸　成化本作「於」。

[六〇] 成化本此下注有「賀孫」，且此條載於卷二十七，底本卷二十七重複載入。

[六一] 閎祖　成化本無。

[六二] 此條節録成化本無。

[六三] 此條僩録成化本置於「第十四章」下。

[六四] 第十四十五章無　成化本無，但有「第十四章」，其下載一條僩録。參底本上條。

[六五] 此條升卿録成化本無。

[六六] 莫是感格否　成化本爲「似亦是感格意思是自然如此」。

[六七] 賜　成化本爲「夔孫」。

[六八] 中庸十六章初説　成化本無。

[六九] 至　成化本作「盛」。

[七〇] 卒　成化本無。

[七一] 這是人之死氣也　成化本爲「是人之死氣」。

[七二] 章句中所謂鬼神之爲德猶言性情功效者　成化本爲「性情功效」。

[七三] 因讀鬼神之德一章　成化本無。

[七四] 章句云猶言性情功效云爾　成化本爲「性情功效」。

[七五] 魂 成化本無。
[七六] 及 成化本作「又」。
[七七] 中 成化本無。
[七八] 生死 成化本爲「死生」。
[七九] 物 成化本爲「萬物」。
[八〇] 個 成化本無。
[八一] 是 成化本無。
[八二] 是 成化本無。
[八三] 然終久亦必消了 成化本無。
[八四] 便 成化本無。
[八五] 是 成化本無。
[八六] 成化本此下注有「廣」。
[八七] 節 成化本無。
[八八] 篤字何謂 成化本無。
[八九] 此條賀孫録成化本以部分内容爲注，附於廣録中，參底本下條。
[九〇] 也 成化本此下注曰：「賀孫録云：『漢卿問：「栽培傾覆，以氣至、氣反説。上言德而受福，而以氣爲言，何也？」』」
[九一] 他 成化本作「也」。

〔九二〕思　成化本此下注曰：「賀孫録云：『上面雖是疊將來，此數語却轉得意思好。』」

〔九三〕成化本此下注曰：「賀孫録同。」

〔九四〕上祀先公以天子之禮先公謂組紺以上　成化本無。

〔九五〕蓋　成化本無。

〔九六〕道　成化本作「追」。

〔九七〕鷩冕諸侯之服　成化本無。

〔九八〕此條底本以廣録爲主録，而賀孫録爲附録。成化本則以賀孫録爲主録，取廣録部分内容爲注，附於廣録之中。

〔九九〕中庸云三年之喪　成化本爲「三年之喪父母之喪」。

〔一〇〇〕段　成化本作「般」。

〔一〇一〕周衰末亂　成化本爲「周末衰亂」。

〔一〇二〕禮　成化本此下注曰：「方子録云：『左氏定禮皆當時鄙野之談，據不得。』」

〔一〇三〕分曉　成化本爲「没分曉」。

〔一〇四〕時　成化本作「者」。

〔一〇五〕左氏　成化本此下有「不是」。

〔一〇六〕重　成化本此下注曰：「廣録云：『只是説得忒煞鄭重滯泥，正如世俗所謂山東學究是也。』」

〔一〇七〕舉　成化本此下有「公羊」。

〔一〇八〕孔父謂其　成化本爲「謂孔父」。

〔一〇九〕謂其　成化本無。

〔一一〇〕謂其　成化本無。

〔一一一〕是　成化本無。

〔一一二〕成化本賀孫録尾注曰：「賀孫。廣録同，方子録略。」

〔一一三〕些　成化本作「闊」。

〔一一四〕中庸集注略載……求神於幽也　成化本爲「楊氏曰玉幣以交神明祼鬯以求神於幽」。

〔一一五〕而祼鬯交人神則以　成化本無。

〔一一六〕章句云酬導飲也　成化本無。

〔一一七〕御史　成化本爲「鄉吏」。

〔一一八〕執事者　成化本無。

〔一一九〕一　成化本此上有「執事」。

〔一二〇〕後　成化本此上有「徹」。

〔一二一〕時　成化本作「特」。

〔一二二〕起　成化本作「廢」。

〔一二三〕箱　成化本作「廂」。下一同。

卷六十四

［一］中庸言　成化本無。
［二］節　成化本無。
［三］思修身……不可以不知天　成化本無。
［四］譬如卓子……便自見得不相疑　成化本無。
［五］智　成化本此下有「仁」。
［六］此條賜録成化本以部分内容作爲注，附於夔孫録尾，參成化本卷六十四「問中庸以生知安行爲知……著力去做底是勇」條。
［七］德明　成化本爲「道夫」。
［八］人　成化本無。
［九］淳　成化本無。
［一〇］個　成化本無。
［一一］謹　王本作「近」。
［一二］局　成化本作「包」。
［一三］如何　成化本無。
［一四］須　成化本無。

［一五］此條時舉録成化本載於卷五十六。

［一六］此條泳録成化本載於卷五十六。

［一七］何　成化本爲「如何」。

［一八］然　成化本無。

［一九］思目　成化本無。

［二〇］脚都不用動　成化本爲「都不用動脚」。

［二一］成化本此下注曰：「夔孫録云：『問：「『舜大知』章是行底意多，『回擇中』章是知底意多？」曰：「是。」又問：「『擇』字，舜分上莫使不得否？」曰：「好問好察，執其兩端，豈不是擇？嘗見諸友好論聖賢等級，這都不消得，它依舊是這道理。且如説聖人生知、安行，只是行得較容易，如千里馬云云，只是他行得較快爾，而今且學他如何動脚。」』」

［二二］所引　成化本爲「或問引」。

［二三］學　成化本此下有「論」。

［二四］之　成化本此下有「之」。

［二五］成化本此下注曰：「以下專論知。」且此條載於卷九。

［二六］人一能之己百之人十能之己千之　成化本爲「人一己百人十己千」。

［二七］成化本此下注曰：「廣録意同，別出。」

［二八］序　成化本此下有「如此」。

［二九］又直得如此縝密　成化本爲「其次序又直如此縝密」。

〔三〇〕 向　成化本爲「向有」。

〔三一〕 人之性　成化本爲「其性」。

〔三二〕 人　成化本作「仁」。

〔三三〕 可　成化本作「有」。

〔三四〕 成化本此下注曰「枅録别出。」且下條爲枅録，參成化本卷六十四「問至誠盡性盡人盡物……故於事事物物無不盡也」條。

〔三五〕 乘得　成化本爲「可乘」。

〔三六〕 此條人傑録底本卷六十重複載入。

〔三七〕 然　成化本此下有「却」。

〔三八〕 有　成化本此上有「蓋天下事」。

〔三九〕 本　成化本爲「大本」。

〔四〇〕 按集賀孫録同　成化本爲「賀孫録」。按，底本「集賀孫」之「集」似爲「葉」之誤。

〔四一〕 贊天地之化育與知天地之化育　成化本爲「贊化育與知化育」。

〔四二〕 立天下之大本……天理之流行矣　成化本爲「云云」。

〔四三〕 正　此字原缺，據成化本補。

〔四四〕 其次　成化本無。

〔四五〕 與　成化本作「是」。

〔四六〕 與　成化本作「是」。

〔四七〕纔遇着曲處便與它推致　成化本爲「人能一一推之以致乎其極則能貫通乎全體矣」。

〔四八〕友弟　成化本爲「恭敬」。

〔四九〕面　成化本無。

〔五〇〕林子武問曲能有誠……有這實理所以有　成化本無。

〔五一〕其次　成化本無。

〔五二〕有　成化本無。

〔五三〕動　成化本此下有「他」。

〔五四〕第二十四章無　成化本無。按，成化本有「第二十四章」，且其下載一條銖録，參成化本卷六十四「問至誠之道……却不能見也」條。

〔五五〕此條僩録成化本無。

〔五六〕某　成化本無。

〔五七〕但　成化本作「得」。

〔五八〕賜　成化本爲「夔孫」。

〔五九〕曰　成化本無。

〔六〇〕答　成化本無。

〔六一〕黄直卿　成化本爲「直卿」。

〔六二〕淳　成化本無，且此條載於卷一百一，底本卷一百三重複載入。

〔六三〕物之終始謂從頭起到結尾　成化本爲「從頭起至結局」。

［六四］更　成化本作「便」。

［六五］頭　成化本此下有「着一些急不得。又曰：『有一尺誠便有一尺物，有一寸誠便有一寸物』」。

［六六］方子　成化本作「高」。按，朱子語録姓氏有名「舒高」者。

［六七］丄人而言　成化本無。按，「丄」似爲「目」即「以」之誤。

［六八］以人而言　成化本爲「不誠」。

［六九］賀孫　成化本爲「人傑」。

［七〇］是　成化本此下注曰：「今按，『無物』謂不能聞見是物，及『以爲無便無』，皆與章句不合。姑存之。」

［七一］或問誠者物之終始……曰　成化本無。

［七二］誕　成化本作「誕」。

［七三］卓録同　成化本無。

［七四］者　成化本作「有」。

［七五］戾　成化本無。

［七六］成化本此下附閎祖録爲注，參底本閎祖録「不誠雖有物猶無物……如不祭一般」條。

［七七］而往者　成化本無。

［七八］此條閎祖録成化本作爲注，附於大雅録尾，參本卷「問誠者物之終始……爲祭祀之事物矣」條。

［七九］成化本此下有「若做到九分，這一分無誠意便是這一分無功」。

［八〇］傳　成化本無。

［八一］成　成化本此上有「故」。
［八二］故　成化本作「蓋」。
［八三］此條僴録成化本無。
［八四］至誠無息不息則久　成化本無。
［八五］再　成化本無。
［八六］久　成化本作「遠」。
［八七］不　成化本作「無」。
［八八］成化本此下注有「閎祖」。
［八九］中庸二十六章中　成化本無。
［九〇］所　成化本此上有「則」。
［九一］則　成化本此下有「其勢」。
［九二］則　成化本此下有「其精」。
［九三］今夫　成化本無。
［九四］公晦　成化本爲「方子」。
［九五］成化本此下注有「學蒙」。
［九六］有一二事闕着説也不妨　成化本爲「有一二事差也不妨」。
［九七］甚　成化本無。
［九八］此條成化本載於卷八十七。

［九九］是　成化本無。

［一〇〇］是　成化本無。

［一〇一］處謙録同　成化本無。

［一〇二］侵　成化本作「慢」。

［一〇三］尊德性而道問學　成化本無。

［一〇四］此條升卿録成化本無。

［一〇五］極　成化本無。

［一〇六］道　成化本無。

［一〇七］成化本此下注有「淳」。

［一〇八］成化本此下注有「廣」。

［一〇九］義剛　成化本無。

［一一〇］廣大高明　成化本無。

［一一一］賜　成化本爲「夔孫」。

［一一二］處謙録同　成化本無。

［一一三］是　成化本作「始」。

［一一四］居　成化本此上有「『尊德性而道問學』一句是綱領。此五句，上截皆是大綱工夫，下截皆是細密工夫，『尊德性』故能『致廣大、極高明、温故、敦厚』。『温故』是温習此，『敦厚』是篤實此。『道問學』，故能『盡精微、道中庸、知新、崇禮』。其下言」。底本以此另作一條，參下條。

〔一一五〕故　成化本無。

〔一一六〕此條與上條閎祖録成化本合爲一條。參上條。

〔一一七〕節　成化本無。

〔一一八〕程伊川　成化本爲「伊川」。

〔一一九〕之　成化本無。

〔一二〇〕可　成化本爲「可以」。

〔一二一〕問中庸二十七章　成化本無。

〔一二二〕此　成化本作「與」。

〔一二三〕處　成化本此下注曰：「賀録云：『漢卿看文字忒快。如今理會得了，更要熟讀方有汁水。某初看中庸，都理會不得云云。只管讀來讀去，方見得許多章段分明。』」

〔一二四〕圖　成化本此下注曰：「賀孫録云：『經許多人不與他思量出。自某逐一與他思索，方見得他如此精密。』」

〔一二五〕否　成化本此下注曰：「賀孫録云：『亦如前人恁地用心否？』」

〔一二六〕此條廣録成化本以部分賀孫録爲注，夾於其中。賀孫録底本另作一條，參底本本卷賀孫録「漢卿問衣錦尚褧章……方見得它如此精密」條。

〔一二七〕個　成化本無。

〔一二八〕文蔚　成化本無。

〔一二九〕個　成化本無。

[一三〇] 陳安卿　成化本爲「安卿」。

[一三一] 個　成化本爲「一個」。

[一三二] 擴充　成化本爲「充擴」。

[一三三] 睿知聰明　成化本爲「聰明睿知」。

[一三四] 又　成化本此上有「又曰『天生聰明』」。

[一三五] 底　成化本作「地」。

[一三六] 悉　成化本此下有「處」。

[一三七] 詳　成化本作「謹」。

[一三八] 成化本此下注曰：「賀孫録云：『賀孫云：「到此方還得他本体？」曰：「然。」』」賀孫録底本另作一條，參底本下條。

[一三九] 此條賀孫録成化本以部分内容爲注，分别附於兩條廣録録尾，參本卷廣録「問中庸二十七章……知其用功如是之至否」條，與廣録「問衣錦尚絅章……直説到無聲無臭則至矣」條。

[一四〇] 林子武　成化本爲「子武」。

[一四一] 見　成化本此上有「自」。

[一四二] 按　成化本無。

[一四三] 自　成化本爲「自然」。

[一四四] 住　成化本無。

[一四五] 黄録此下有云　成化本爲「義剛録云」。

〔一四六〕且　成化本無。

〔一四七〕在　成化本無。

〔一四八〕賀孫　此二字成化本置於「不是都無也」後，黄義剛録語之前。

〔一四九〕義剛録同　成化本無。

〔一五〇〕先生檢中庸諸先生知風之自説　成化本爲「先生檢知風之自諸説」。

〔一五一〕言　成化本無。

〔一五二〕淳　成化本爲「義剛」。

〔一五三〕正卿　成化本爲「學蒙」。

〔一五四〕領　成化本作「斂」。

〔一五五〕今　成化本無。

〔一五六〕成化本此下注有「大雅」。且此條底本卷三十六重複載入。

〔一五七〕意　成化本此下有「如何分别」。

〔一五八〕底　成化本此下有「一般」。

〔一五九〕成化本此下注曰：「賀孫録别出。」

卷六十五

［一］成化本此下注有「文蔚」。

［二］峙　成化本作「待」。

［三］如　成化本無。

［四］恪按黄義剛録同　成化本爲「義剛」，且其下附方子録爲注。底本以方子録另作一條，參本卷「陰陽論推行底……兩儀立焉」條。又，底本卷九十四載夔孫同聞所録，參底本該卷「陰陽有個流行底……則伸爲魂屈爲魄」條。

［五］皆　成化本無。

［六］推行底……兩儀立焉　成化本無。

［七］唤　成化本此上有「方其有陽，那裏知道有陰？有乾卦，那裏知道有坤卦？天地間只是一個氣，自今年冬至到明年冬至是他地氣周匝。把來折做兩截時，前面底便是陽，後面底便是陰。又折做四截也如此，便是四時。天地間只有六層陽氣，到地面上時地下便冷了。只是這六位陽，長到那第六位時極了無去處，上面只是漸次消了。上面消了些個時，下面便生了些個，那便是陰。這只是個嘘吸。嘘是陽，吸是陰」。

［八］便見周先生……無一物無陰陽　成化本爲「方見得無一物無陰陽」。此部分内容底本另作一條，參本卷「天地間只是一個氣……嘘是陽吸是陰」條。

［九］淵　成化本爲「佐淵同」。

〔一〇〕有個局定底……四時是推行底　成化本所録有異，云「然天地間有個局定底，如四方是也；有個推行底，如四時是也。理都如此。元亨利貞只就物上看亦分明。所以有此物便是有此氣，所以有此氣便是有此理。故易傳只説『元者萬物之始，亨者萬物之長，利者萬物之遂，貞者萬物之成』，不説氣只説物者，言物則氣與理皆在其中。伊川所説四句自動不得，只爲『遂』字、『成』字説不盡，故某略添字説盡」。此部分内容底本另作一條載於卷六十八，參底本該卷方子録「元亨利貞只就物上看……故某略添幾個字説教盡」條。

〔一一〕方子　成化本作「高」。

〔一二〕天　成化本此上有「方其有陽，那裏知道有陰？有乾卦，那裏知道有坤卦」。

〔一三〕氣　成化本爲「地氣」。

〔一四〕底　成化本無。

〔一五〕天地　成化本無。

〔一六〕面　成化本爲「面上」。

〔一七〕只是這六位陽長到底那第一位極了　成化本爲「只是這六位陽長到那第六位時極了」。

〔一八〕即　成化本作「只」。

〔一九〕去　成化本作「了」。

〔二〇〕去　成化本作「了」。

〔二一〕只　成化本此上有「這」。

〔二二〕陰　成化本此下有「喚做一氣，固是如此。然看他日月男女牝牡處，方見得無一物無陰陽，如至微之物也有個背面。若説流行處，却只是一氣」，此部分内容底本另作一條，參本卷「喚做一氣……却只是一氣」條。

［二三］淵　成化本爲「佐淵同」。

［二四］所謂消是理其來無窮　成化本爲「所謂消息之理其來無窮」。

［二五］歲　成化本作「賊」。

［二六］暑　成化本此下有「晝夜」。

［二七］此條方子録成化本無。

［二八］楊至之　成化本爲「至之」。

［二九］使　成化本作「便」。

［三〇］陳淳録同　成化本無。

［三一］甘節同　成化本無。

［三二］這　成化本無。

［三三］蔡季通　成化本爲「季通」。

［三四］節録同　成化本無。

［三五］鄭氏　成化本作「鄭」。

［三六］九數之爲洛書驗也　成化本爲「九數爲洛書之一驗也」，且「也」下注曰：「賀孫録云：『他那時已自把九疇作洛書看了。』」

［三七］此條廣録成化本載於卷八十八。

［三八］爲　成化本無。

［三九］一節録同　成化本無。按，據底本本卷其他淵録後所注，皆爲「節録同」，疑「一節」之「一」爲「甘」之誤。

［四〇］丙辛合丁壬合　成化本爲「丙丁合、辛壬合」。

［四一］是　成化本爲「便是」。

［四二］節録同　成化本無。

［四三］按㬇淵録同　成化本無。

［四四］便　成化本作「地」。

［四五］素　成化本作「牽」。

［四六］便是五生數了亦去不得　成化本無。

［四七］節淵同但無注　成化本作「淵」。

［四八］志　成化本作「智」。

［四九］此條淳録成化本以部分内容爲注，夾於卷六十六載義剛録中，參底本卷六十六義剛録「或問易解伊川之外誰説可取……蓋是得土之象」條。

［五〇］有言　成化本無。

［五一］伏羲八卦　成化本無。

［五二］個　成化本無。

［五三］節淵同　成化本作「淵」。

[五四] 驤　成化本無。

[五五] 道夫　成化本作「驤」。

[五六] 間斷　成化本爲「前後」。

[五七] 淳　成化本作「安卿」。

[五八] 何　成化本爲「何謂」。

[五九] 按黄本以上自作一段　成化本無。

[六〇] 問　成化本爲「又問」。

[六一] 何也　成化本無。

[六二] 按黄本以上又自作一段　成化本無。

[六三] 黄本此下有壬字　成化本無。

[六四] 黄本此下有癸字　成化本無。

[六五] 離納己坎納戊巽納辛震納庚兑納丁艮納丙　成化本爲「艮納丙兑納丁震納庚巽納辛離納壬坎納癸」。

[六六] 成化本此下有「又曰：『乾之一爻屬戊，坤之一爻屬己。留戊就己方成坎離。蓋乾坤是大父母，坎離是小父母』」。

[六七] 淳義剛録同但分作三條　成化本爲「義剛」。

[六八] 位　成化本爲「位次」。

[六九] 日　成化本作「十」。

〔七〇〕乾　成化本作「坤」。
〔七一〕觀　此字原缺，據成化本補。
〔七二〕謨　成化本無。
〔七三〕十一月之卦　成化本無。
〔七四〕十二月之卦　成化本無。
〔七五〕正月卦　成化本無。
〔七六〕二月卦　成化本無。
〔七七〕三月卦　成化本無。
〔七八〕五月卦　成化本無。
〔七九〕六月卦　成化本無。
〔八〇〕七月卦　成化本無。
〔八一〕八月卦　成化本無。
〔八二〕九月卦　成化本無。
〔八三〕於　成化本此上有「又」。
〔八四〕蜀本脱此十五字　成化本無。按，底本「蜀」上「春分合在泰卦之下於遯卦之下書曰秋分」十五字爲小字。
〔八五〕中　成化本無。
〔八六〕此條僩録成化本無。

卷六十六

［一］之　成化本作「人」。

［二］其　成化本此下有「變而玩其」。

［三］便是利意　成化本無。

［四］之　成化本無。

［五］亨　成化本此下有「以正」。

［六］作　成化本爲「分作」。

［七］之説　成化本無。

［八］易繫云　成化本無。

［九］然於其間又却　成化本爲「於其間」。

［一〇］看　成化本無。

［一一］看　成化本無。

［一二］而今　成化本無。

［一三］成均之屬重　成化本爲「成均之屬樣恁地重」。

［一四］説個陰陽消長　成化本爲「大概只是説個陰陽因陰陽之消長」。

［一五］一是陽二是陰　成化本爲「一便是陽二便是陰」。

［一六］得　成化本無。
［一七］類　成化本此下注曰：「淳録云：『公謂卜筮之書便如今火珠林樣。』」
［一八］陳安卿　成化本爲「安卿」。
［一九］晝　成化本此下注曰：「淳録云：『較自然。』」
［二〇］截　成化本此下注曰：「淳録云：『圓圖作兩段來拗曲。』」
［二一］個　成化本無。
［二二］個　成化本無。
［二三］事　成化本此下注曰：「淳録云：『不覺成來却如此齊整。』」
［二四］見一個物事子　成化本爲「見個物事」。
［二五］因卦以發　成化本爲「因以發底」。
［二六］時　成化本此下注曰：「淳録作『求師親賢』。」
［二七］人説道明理　成化本爲「而今人便説道解明理」。
［二八］矣　成化本此下注曰：「淳録云：『彼九二、六四無頭無面，何以見得如此？亦只是在人用得也。』」
［二九］黄本止此　成化本無。
［三〇］胡叔器　成化本爲「叔器」。
［三一］食　成化本此下有「我又卜瀍水東，亦惟洛食」。
［三二］按陳淳録同而略……亦只是士人用得也　成化本爲「淳録略」。
［三三］萬物　成化本爲「陰陽」。

［三四］故爻卜出去　成化本爲「故爻中出此」。
［三五］砥　成化本作「礪」。
［三六］又曰　成化本無。
［三七］似　成化本無。
［三八］南升　成化本爲「可學」。
［三九］乾　成化本爲「大畜」。
［四〇］南升　成化本爲「可學」。
［四一］明　成化本此下有「居則玩其占，有不待占而占自顯者」。
［四二］先生論易云　成化本無。
［四三］些小　成化本爲「些子」。
［四四］要便　成化本爲「便要」。
［四五］好　成化本無。
［四六］成化本此下注曰：「僩録詳。」
［四七］此條淵録成化本無。
［四八］此條蓋卿録成化本無。
［四九］易坤六二爻　成化本爲「坤六二」。
［五〇］着　成化本作「錯」。
［五一］矣　成化本此下注曰：「池録云：『如過劍門相似，須是驀直擳過，脱得劍門了，卻以之推説易之道

理，横説竪説都不妨。若纔挨近兩邊觸動那劍，便是攧不過，便非易之本意矣。』」

［五二］本是如此　成化本爲「本是作如此用」。

［五三］好　成化本此下注曰：「池録云：『只是無情理。』」

［五四］成化本此下注曰：「蜀録析爲三，池録文差略。」據比勘，成化本此條僩録底本析爲三條，分別載於卷六十六、六十七。另參底本卷六十七僩録「今人未曾明得乾坤之象……發明誨人之理也」條，及卷六十七僩録「又曰文王之心……又不知後人以爲如何」條。

［五五］中　成化本作「占」。

［五六］則　成化本此上有「只」。

［五七］按潘植録同而有詳略今附云　成化本爲「植録云」。

［五八］始　成化本無。

［五九］這説話　成化本爲「説這話」。

［六〇］者　成化本無。

［六一］此條與上條賀孫録，成化本合爲一條。

［六二］易之書大率如此　成化本無。

［六三］按林夔孫録同而略無初九以下止利見大人　成化本無。

［六四］如　成化本無。

［六五］成化本此下注有「學履」。

［六六］彼　成化本此下有「之」。

［六七］出　成化本無。

［六八］此條僩録成化本載於卷六十八。

［六九］之後之事　成化本爲「後事」。

［七〇］斬　成化本無。

［七一］庚　成化本此條載於卷八十三。

［七二］看　成化本作「着」。

［七三］按甘節録同　成化本無。

［七四］得　成化本無。

［七五］少陽老陰亦如此　成化本爲「少陽占第三位便含個七老陰占第四位便含個六」。

［七六］個　成化本無。

［七七］此條成化本作爲注，附於卷六十五義剛録尾，但注爲至録，參成化本該卷義剛録「問理與數……都遏他不住」條。

［七八］按燾淵録同　成化本爲「淵同」。

［七九］節按燾淵録同　成化本作「淵」。

［八〇］此條學蒙録成化本無，但卷六十六以學履録爲注，附於賀孫録尾，其内容與此相吻合，參底本下條。又，林學履乃林學蒙之弟。

［八一］成化本此下注曰：「學履録云：『變者，下至上而止。不變者，下便是不變之本，故以之爲主。』」

［八二］胡叔器　成化本爲「叔器」。

〔八三〕內一乾是貞　成化本爲「內體皆乾是一貞」。

〔八四〕外八卦是悔　成化本爲「外體八卦是八悔」。

〔八五〕按陳淳録同　成化本無。

〔八六〕砥　成化本作「礪」。

〔八七〕請　成化本無。

〔八八〕那　成化本無。

〔八九〕此條方子録成化本以部分內容爲注，附於卷七十二淵録尾，參底本卷七十二「利用遷國……遷來鼎州」條。

〔九〇〕方子淵録同　成化本作「淵」。此條成化本載於卷七十二。

〔九一〕有個病子　成化本爲「有箇病」。

〔九二〕象　成化本無。

〔九三〕則　成化本作「只」。

〔九四〕聖人始假　成化本爲「若聖人姑假」。

〔九五〕據　成化本爲「只得」。

〔九六〕恁地說則成鑿了　成化本此上有「若恁地說則成穿鑿了」。

〔九七〕學蒙　成化本爲「學履」。

〔九八〕爻　成化本作「象」。

〔九九〕上　成化本作「順」。

〔一〇〇〕學蒙　成化本爲「學履」。

〔一〇一〕常　成化本作「至」。

〔一〇二〕其　成化本無。

〔一〇三〕學　成化本無。

〔一〇四〕者　成化本無。

〔一〇五〕砥　成化本作「礪」。

〔一〇六〕柎　成化本作「相」。

〔一〇七〕按陳蔚同而略　成化本爲「文蔚同」。按，底本「陳蔚」當爲「陳文蔚」之誤。

卷六十七

〔一〕成化本此下注曰：「道夫録云：『「利貞」、「貞吉」，文王説底方是教人「隨時變易以從道」。』」底本以道夫録另作一條，參下條。
〔二〕上古之易只是利用厚生周易始有正德意　成化本無。
〔三〕此條道夫録成化本以部分内容爲注，附於閎祖録尾，參上條。
〔四〕至　成化本無。
〔五〕方得　成化本無。
〔六〕成化本此下附以壯祖録，底本以壯祖録（底本注爲「處謙」）另作一條。參本卷「凡人看易須是將伏羲畫卦……無牴牾處也」條。
〔七〕自　成化本無。
〔八〕之　成化本無。
〔九〕爲此也　成化本無。
〔一〇〕早是非　成化本爲「早不是」。
〔一一〕自家之福　成化本爲「己德」。
〔一二〕若　成化本無。
〔一三〕自家之德　成化本爲「己德」。

［一四］ 若　成化本無。

［一五］ 自家之德　成化本爲「己德」。

［一六］ 以　成化本此上有「故得」。

［一七］ 此條僩録成化本載於卷六十六，且其録尾注曰「蜀録析爲三」。據比勘，成化本此條僩録底本析爲三條，分別載於卷六十六、六十七。參底本卷六十六僩録「用之問易坤六二爻……此類可見」條，卷六十七僩録「又曰文王之心……又不知後人以爲如何」條。

［一八］ □□□曰用字無許多二字而理上有道字　成化本無。

［一九］ 林無此字　成化本無。

［二〇］ 林作見　成化本無。

［二一］ 林作奉　成化本無。

［二二］ 林此處有他意二字　成化本無。

［二三］ 林此處有但假托事神而説一句　成化本爲「林録云但假托事神而説」。

［二四］ 林無此二字有今也須三字　成化本無。

［二五］ 林無此字　成化本無。

［二六］ 林無此三字有處字　成化本無。

［二七］ 林無此四字有解者二字　成化本無。

［二八］ 林自底以下九字但曰未爲不是　成化本無。

［二九］ 林無此二字　成化本無。

［三〇］是　成化本無。

［三一］林無與字有爲他二字　成化本無。

［三二］林無那字有事神二字　成化本無。

［三三］林自了以下至此皆無但曰方及那處　成化本無。

［三四］林無道字　成化本無。

［三五］自易以占筮止此與林録同　成化本無。

［三六］求　成化本作「來」。

［三七］便　成化本作「使」。

［三八］遯世無悶……潛龍也　成化本無。

［三九］了　成化本作「來」。

［四〇］按易以占筮作以下下至衮説了與林夔孫同　成化本無。

［四一］凡人看易須是　成化本作「須」。

［四二］此條處謙録成化本作爲注，附於淵録録尾（成化本注爲「壯祖録」）。參本卷「須是將伏羲畫底卦做一樣看……纔一畫時畫畫都具」條。

［四三］説自家　成化本爲「自説」。

［四四］而已　成化本無。

［四五］之易　成化本無。

［四六］説　成化本此上有「自」。

〔四七〕其所以説易之説　成化本爲「故其説易」。

〔四八〕横　成化本作「様」。

〔四九〕伏義八卦那裏有許多言語在……又不知後人以爲如何　成化本録不同，作「『如此則善，如此則惡，未有許多言語。又如舜命夔教冑子，亦只是説個「寬而栗，柔而立」之法，教人不失其中和之德而已，初未有許多道理。所謂「民可使由之，不可使知之」，亦只要你不失其正而已，不必苦要你知也。』又曰：『某此説，據某所見且如此説，不知後人以爲如何。』因笑曰：『東坡注易畢，謂人曰「自有易以來，未有此書也」』」。

〔五〇〕此條僩録成化本載於卷六十六，且其録尾注曰：「蜀録析爲二。」據比勘，成化本此條僩録底本析爲三條，分别載於卷六十六、六十七。參底本卷六十六僩録「用之問易坤六二爻……此類可見」條，卷六十七僩録「今人未曾明得乾坤之象……發明誨人之理也」條。

〔五一〕數　成化本無。

〔五二〕時　成化本無。

〔五三〕砥　成化本作「礪」。此條成化本載於卷一百。

〔五四〕淵池本注云此條有謨可詳之　成化本爲「此條有誤可詳之淵」。按，疑「有謨」或爲「有謨録」、或爲「有誤」之訛。

〔五五〕數説　成化本爲「説數」。

〔五六〕天一地二　成化本小字僅有「天地」二字，而「二」作大字。

〔五七〕成化本此下注曰：「高録略。」

〔五八〕用之　成化本此上有「伊川之學於大體上瑩徹，於小小節目上猶有疏處。康節能盡得事物之變，却於大體上有未瑩處」。

〔五九〕説易極好　成化本爲「善談易」，並於「易」下注曰：「一作『説易極好』。」

〔六〇〕然伊川不服他常忽其説　成化本爲「然伊川又輕之」。

〔六一〕一柬　成化本作「簡」。

〔六二〕康節　成化本爲「堯夫」。

〔六三〕言　成化本作「説」。

〔六四〕理　成化本無。

〔六五〕此　成化本此下注有「僩。廣同」。

〔六六〕用之云　成化本爲「或言」。

〔六七〕人如何似他　成化本爲「如何得似他」。

〔六八〕他　成化本爲「它是」。

〔六九〕此條僩録成化本分爲兩條，皆載於卷一百，其中「伊川之學於大體……觀孔子便不如此」爲一條，「或言康節心胸如此快活……是甚麽樣做工夫」爲一條。

〔七〇〕人　成化本無。

〔七一〕砥　成化本作「礪」。

〔七二〕一本云自然無自是以下一句　成化本爲「一本云：『不能得如此自然。』」

〔七三〕程氏　成化本無。

［七四］個　成化本無。
［七五］縱看數家底被惑　成化本爲「縱看數家反被其惑」。
［七六］須　成化本無。
［七七］辛　成化本無。
［七八］銖　成化本無。
［七九］只説道理處極好看　成化本爲「只説道理極處好看」。
［八〇］繫辭　成化本爲「繇辭」。
［八一］兩　成化本此上有「一生兩」。
［八二］康節　成化本此上有「程子之意只云三畫上疊成六畫，八卦上疊成六十四卦，與邵子説誠異。蓋」。
［八三］説　成化本此上有「他」。
［八四］兩　成化本無。
［八五］爾　成化本此下有「因問：『序所謂「自本而幹，自幹而支」是此意否？』曰：『是』」。
［八六］鬼神之神説得粗此神又是説妙用也者　成化本爲「鬼神之神此神字説得粗」。
［八七］繫辭　成化本此上有「如」。
［八八］鬼　成化本無。
［八九］又　成化本無。
［九〇］也　成化本此下有「仁義禮智猶言春秋夏冬也」。
［九一］耶　成化本此下有「抑天地是形，所以爲天地乃道耶」。

［九二］天　成化本此上有「伊川此句，某未敢道是」。底本以此句置於録尾，參下文。
［九三］之　成化本無。
［九四］或　成化本作「雖」。
［九五］有形者　成化本爲「形而下者」。
［九六］成化本此下注曰：「淳録：『問：「程子曰『天，專言之則道也，天且弗違是也』，又曰『天地者，道也』，此語何謂？」曰：「程子此語，某亦未敢以爲然。『天且弗違』，此只是上文。」曰：「『知性則知天』，此『天』便是『專言之則道』者否？」曰：「是。」』」又，此條銖録成化本分爲三條，分別載於卷六十七、六十八。其中「問易傳如何看……以下數句皆極精」爲一條，載於卷六十七；「問元亨利貞……且謾説耳」爲一條，載於卷六十八；「又問天專言之則道也……便只是指形而下者言」爲一條，亦載於卷六十八。
［九七］辭　成化本無。
［九八］義剛録小異今附云　成化本爲「義剛録云」。
［九九］伊川求之便是太深……只作得三百八十四般用了　成化本爲「伊川求之便是太深云云」。
［一〇〇］學蒙　成化本爲「學履」。
［一〇一］輩　成化本作「事」。
［一〇二］此條賀孫録成化本分爲二條，分別載於卷六十七、一百三十六。其中「伊川易煞有重疊處」爲一條，載於卷六十七；「孔明出師表……又却得他兵衆來使」爲一條，載於卷百三十六。
［一〇三］易　底本無，據成化本補。
［一〇四］邵康節　成化本爲「康節」。

[一〇五] 易傳序　成化本無。

[一〇六] 就　成化本無。

[一〇七] 聚　成化本作「會」。

[一〇八] 劃　成化本作「騞」。

[一〇九] 其　成化本作「具」。

[一一〇] 只　成化本此上有「典禮」。

[一一一] 朱子易本義易學啓蒙　成化本爲「朱子本義啓蒙」。

[一一二] 易　成化本無。

[一一三] 砥　成化本作「礪」。

[一一四] 統體　成化本爲「體統」。

[一一五] 淵録同而略今附云　成化本爲「淵録云」。

[一一六] 障却　成化本爲「障了」。

[一一七] 着　成化本作「看」。

[一一八] 時舉云　成化本作「曰」。

[一一九] 先生云　成化本作「曰」。

[一二〇] 未知如此見得否　成化本無。

[一二一] 此便是死法……惡則凶　成化本無。

[一二二] 難底事　成化本爲「難理會底物事」。

〔一二三〕文言雜卦彖象之類　成化本爲「彖象繫辭文言雜卦之類」。

〔一二四〕當初只是個卜筮之書耳　成化本無。

〔一二五〕教　成化本作「管」。

〔一二六〕便　成化本作「更」。

〔一二七〕以上答萬人傑問金去僞問　成化本爲「一作平易求其義」。

〔一二八〕又曰　成化本無。

〔一二九〕卷　成化本作「篇」。

〔一三〇〕去　成化本作「了」。

〔一三一〕却　成化本無。

〔一三二〕此讀書之常法也　成化本爲「如此便是」。

〔一三三〕謨　成化本爲「去僞」。此條謨録成化本分爲兩條，且皆注爲去僞所録，分載於卷六十七、卷十九。其中「問易如何讀……其他書亦然」爲一條，載於卷六十七；「人讀書不得攙前去……如此便是」爲一條，載於卷十九。

〔一三四〕是　成化本爲「皆是」。

〔一三五〕説　成化本爲「纔説」。

〔一三六〕便是　成化本爲「便非是」。

〔一三七〕翼　成化本此下有「中」。

〔一三八〕至　成化本無。

[一三九] 個　成化本無。

[一四〇] 個　成化本無。

[一四一] 此條淵録成化本無。

[一四二] 成化本此下注曰：「佐録云：『是不沾着一個物事。』」

[一四三] 學蒙　成化本爲「學履」。

[一四四] 按沈僩録同而少異今附於下云　成化本爲「僩録云」。

[一四五] 看易須是看他未畫卦以前……都是自然如此　成化本無。

[一四六] 成化本此下注曰：「燾録云：『未畫以前便是寂然不動、喜怒哀樂未發之中，只是個至虛静而已。忽然在這至虛至静之中有個象，方説出許多象數吉凶道理，所以禮記曰「潔静精微，易教也」。蓋易之爲書是懸空做出來底。謂如書，便真個有這政事謀謨方做出書來。詩，便真個有這人情風俗方做出詩來。易卻都無這已往底事，只是懸空做底。未有爻畫之先，在易則渾然一理，在人則渾然一心。既有爻畫，方見得這爻是如何，這爻又是如何。然而皆是就這至虛至静中做許多象數道理出來，此其所以靈。若是似而今説得來恁地拖泥合水，便都没理會處了。』」

[一四七] 實　成化本爲「事實」。

[一四八] 如　成化本作「知」。

[一四九] 便　成化要作「硬」。

[一五〇] 已　成化本作「言」。

[一五一] 成化本此下注有「蓋卿」。

〔一五二〕砥　成化本作「礪」。

〔一五三〕細　成化本爲「子細」。

〔一五四〕砥　成化本作「礪」。

〔一五五〕張欽夫　成化本爲「欽夫」。

〔一五六〕佛　成化本此上有「或問『井以辨義』之義。曰：『「井居其所而遷」，又云「井，德之地也」，蓋井有定體不動，然水却流行出去不窮，猶人心有持守不動而應變則不窮也。「德之地也」，地是那不動底地頭。』一本云：『是指那不動之處。』又曰」。

〔一五七〕有三包　成化本無。

〔一五八〕句　成化本此下有「也」。

〔一五九〕説得將出去　成化本爲「説將去」。

〔一六〇〕句　成化本此下有「也」。

〔一六一〕復　成化本此下有「其」。

〔一六二〕之句　成化本爲「而爲言」。

〔一六三〕學蒙　成化本作「僩」。

〔一六四〕乂　此乃「叉」之異體字。詳參黄征敦煌俗字典「叉」字條。

〔一六五〕學蒙　成化本爲「學履」。

〔一六六〕答　成化本無。

〔一六七〕云先生謂　成化本爲「先生説」。

［一六八］學蒙　成化本爲「學履」。
［一六九］砥　成化本作「礪」。
［一七〇］卦　成化本作「乾」。
［一七一］見　成化本此下注曰：「本義繫辭上第六章。」
［一七二］天之包内皆天之氣　成化本爲「天所覆内皆天之所」，且作小字。
［一七三］似　成化本此下有「正如扇之運風，甑之蒸飯。扇甑是坤，風與蒸則乾之氣也」。
［一七四］僩　成化本爲「僩録略」。
［一七五］分明　成化本爲「分曉」。
［一七六］如　成化本無。
［一七七］學蒙　成化本爲「學履」。
［一七八］砥　成化本作「礪」。
［一七九］蔡季通　成化本爲「季通」。
［一八〇］淳義剛録同而無注　成化本爲「義剛」。
［一八一］下　此字原缺，據成化本補。
［一八二］大　此字原缺，據成化本補。
［一八三］十　此字原缺，據成化本補。
［一八四］卦　此字原缺，據成化本補。
［一八五］此條成化本以部分内容爲注夾於一語録中，參成化本卷六十七「問乾坤大過頤坎離中孚小過八

卦……三十六與六十四同」條。又，「學」下缺一字，成化本則注爲學蒙録，疑此條爲學蒙或學履所録。

〔一八六〕他本無這自以下十四字　成化本無。

〔一八七〕時舉　成化本無。

〔一八八〕其共又　成化本爲「共父」

〔一八九〕乎　成化本無。

〔一九〇〕不責善　成化本爲「則不中」。

〔一九一〕言　成化本作「無」。

〔一九二〕方　成化本作「驕」。

〔一九三〕成化本此下注有「賀孫」。

〔一九四〕時則　成化本無。

〔一九五〕説　成化本無。

〔一九六〕他　成化本無。

〔一九七〕砥　成化本作「礪」。

〔一九八〕文蔚林椿録同……福州劉砥信説　成化本無。

〔一九九〕成化本此下注曰：「文蔚録作：『「險而能忍則爲需，險而不能忍則爲訟」，劉砥信説。福唐人。』」

〔二〇〇〕砥　成化本作「礪」。

〔二〇一〕成化本此下注有「淵」。

〔二〇二〕半　成化本此上有「亦」。

[二〇三] 爻　成化本無。

[二〇四] 此條方子録成化本無。

[二〇五] 其　此字原缺，據成化本補。

[二〇六] 是　成化本作「具」。

[二〇七] 影裏　成化本爲「影象」。

[二〇八] 成化本此下有「人問康節：『庭前樹算得否？』康節云：『也算得，須是待他動時方可。』須臾，一葉落，他便就這裏算出這樹是甚時生，當在甚時死」。

[二〇九] 夔孫　成化本爲「賀孫」。

[二一〇] 庚　成化本無。

[二一一] 此條閎祖録成化本無。

[二一二] 在　成化本此下注曰：「方録作『於』。」

[二一三] 成化本此下注曰：「方録云：『先生云：「此不可曉。其實見而未形有無之間爲象，形則爲器也。」』」

[二一四] 胡先生　成化本無。

[二一五] 番　成化本無。

[二一六] 此　成化本此下注曰：「學履録云：『他自是一家説，能誤人，其説未是。』」

[二一七] 此條成化本以部分内容爲注，附於謨録中，但注爲學履録，參上條。

[二一八] 郭先生　成化本爲「譙先生」。

〔二一九〕緣爲是易　成化本爲「緣易是」。
〔二二〇〕大　成化本無。
〔二二一〕辭　成化本無。
〔二二二〕則　成化本作「用」。
〔二二三〕後來又如何　成化本無。
〔二二四〕長長　成化本作「長」。
〔二二五〕侍郎　成化本無。
〔二二六〕先生言　成化本無。
〔二二七〕乃是　成化本無。
〔二二八〕象　成化本作「義」。
〔二二九〕本謂注假書　成化本爲「是假書」。
〔二三〇〕砥　成化本作「礪」。

卷六十八

［一］何如　成化本爲「如何」。

［二］成化本此下注曰：「以下總論乾坤。」

［三］而　成化本無。

［四］而　成化本無。

［五］而　成化本無。

［六］如　成化本無。

［七］此條僴録底本卷七十四重複載入。

［八］此條方子録成化本以部分内容爲注，附於淵録録尾，參下條。

［九］成化本此下注曰：「方子録云：『以卦氣言之，四月是純陽，十月是純陰，然又恁地執定不得。』」

［一〇］又曰　成化本無。

［一一］雖至微至隱……子細推之皆可見　成化本爲「雖至微至隱纖毫之物亦無有無者子細推之皆可見」。

［一二］此條方子録成化本無。

［一三］成化本此下注曰：「以下易傳語。」

［一四］此條淳録成化本作爲注，附於卷六十九銖録尾，參成化本該卷「又問天專言之則道也……便只是指形而下者言」條。

〔一五〕説　成化本無。

〔一六〕人　成化本作「之」。

〔一七〕帝　成化本此下注曰：「池本云：『問：「今郊祀也祀太乙。」曰：「而今都重了。」』」

〔一八〕又有天市便有權衡　成化本爲「又有天市亦有帝座處便有權衡秤斗星」。

〔一九〕盡　成化本此下注曰：「僩録作『到』。」

〔二〇〕沈録止此　成化本無。

〔二一〕而　成化本無。

〔二二〕按沈僩録同而略　成化本爲「僩同」。

〔二三〕情性　成化本爲「性情」。

〔二四〕轉運　成化本爲「運轉」。

〔二五〕成化本此下注曰：「方子録云：『天惟健，故不息，不可把不息做健。』下同。」

〔二六〕一　成化本無。

〔二七〕成化本此下注曰：「方子録云：『天地，形而下者。天地，乾坤之皮殼；乾坤，天地之性情。』」此部分方子録底本另作一條載於卷七十五，參底本該卷「天地形而下者……而天地之性情」條。

〔二八〕天者天之形體　成化本無。

〔二九〕卓按沈僩録同　成化本作「僩」。

〔三〇〕此條人傑録成化本無。

〔三一〕此條㽦録成化本無。

[三二] 再　成化本無。
[三三] 以　原闕，據成化本補。
[三四] 到　成化本無。
[三五] 道　成化本無。
[三六] 元　成化本此上有「氣無始無終，且從元處説起，元之前又是貞了。如子時是今日，子之前又是昨日之亥，無空闕時。然天地間有個局定底，如四方是也；有個推行底，如四時是也。理都如此」。此部分内容底本另作一條載於卷六十五，參底本該卷「氣無始無終……四時是推行底」條。
[三七] 看　成化本此下有「亦分明」。
[三八] 都在這裏　成化本無。
[三九] 伊川元者萬物之始四句自動不得　成化本爲「故易傳只説元者萬物之始亨者萬物之長利者萬物之遂貞者萬物之成不説氣只説物者言物則氣與理皆在其中伊川所説四句自動不得」。
[四〇] 添幾個字説教盡　成化本爲「添字説盡」。
[四一] 方子　成化本作「高」。
[四二] 氣無始無終且從元處説起元之前又是貞了　成化本無。
[四三] 道夫　成化本無。
[四四] 夫　成化本作「未」。
[四五] 是　成化本無。
[四六] 是　成化本無。

〔四七〕禮智義　成化本爲「義禮智」。
〔四八〕成化本此下注有「佐」，且此條載於卷六。
〔四九〕伏羲易自是伏羲易……自是孔子易　成化本無。
〔五〇〕學蒙　成化本爲「學履」。
〔五一〕占者　成化本此下有「當之」。
〔五二〕如　成化本無。
〔五三〕勿視聽言動而有非禮　成化本爲「非禮勿視聽言動」。
〔五四〕此條淵録成化本以部分内容附於砥録中，參下條。
〔五五〕沈此下云　成化本爲「僩録云」，且此上又有「淵録云：『發得此意極好』」。
〔五六〕書　成化本爲「爲書」。
〔五七〕按沈僩録同　成化本爲「僩録同」。
〔五八〕因論易傳　成化本無。
〔五九〕昔嘗　成化本無。
〔六〇〕不知可以如此説否　成化本無。
〔六一〕看　成化本作「易」。
〔六二〕謨去僞録同　成化本爲「去僞」。
〔六三〕乾卦　成化本無。
〔六四〕此條節録成化本無。

[六五] 定　成化本作「它」。
[六六] 歐陽公　成化本爲「歐公」。
[六七] 砥　成化本作「礪」。
[六八] 龍　成化本無。
[六九] 無討頭　成化本爲「無頭」。
[七〇] 本義　成化本無。
[七一] 學　成化本作「文字」。
[七二] 陽　成化本此下有「六乃老陰，取變爻也。古人遇乾之坤，即以『見群龍無首，吉』爲占」。
[七三] 爲坤　成化本爲「『見群龍無首』却是變乾爲坤」。
[七四] 道夫　成化本無。
[七五] 象　成化本無。
[七六] 收斂　成化本無。
[七七] 百心　成化本爲「一息」。
[七八] 則　成化本作「只」。
[七九] 節録同　成化本無。
[八〇] 所以　成化本作「能」。
[八一] 則是　成化本作「然只是」。
[八二] 學蒙　成化本爲「學履」。

［八三］割斷　成化本爲「剖析」。
［八四］成化本此下注有「方子」。
［八五］砥　成化本作「礪」。
［八六］個　成化本無。
［八七］起　成化本無。
［八八］情性　成化本爲「性情」。
［八九］有　成化本作「又」。
［九〇］節　成化本無。
［九一］動　成化本作「其」。
［九二］以　成化本作「矣」。
［九三］僩録同　成化本無。
［九四］天　成化本此下注曰：「饒録作『乾』。」
［九五］砥　成化本作「礪」。
［九六］此條方子録成化本以部分内容附於蓋卿録尾，參本卷蓋卿録「符兄問以情性言之謂之乾……今只於地信得他是斷然不息」條。
［九七］此條成化本以部分内容附於一語録之尾，參成化本卷六十八「乾重卦……此所以爲地勢坤」條。又，據成化本所載及上下文意，疑底本「乾卦有兩乾，是兩天也」之「是兩天」爲「非是兩天」之誤。
［九八］儉　成化本爲「儉德」。

［九九］德　成化本作「健」。

［一〇〇］此條淵録成化本載於卷六十九。

［一〇一］了　成化本作「子」。

［一〇二］一　成化本無。

［一〇三］伊川分別言乾之時與言乾之義　成化本爲「伊川分乾之時乾之義」。

［一〇四］砥　成化本作「礪」。此條成化本載於卷六十九。

［一〇五］賜録同　成化本無。

［一〇六］中　成化本無。

［一〇七］得　成化本無。

［一〇八］畚　成化本作「僩」。

［一〇九］元者善之長也亨者嘉之會也　成化本無。

［一一〇］夫　成化本作「物」。

［一一一］此　成化本此下有「他物不如此」。

［一一二］文　成化本此下有「字」。

［一一三］則　成化本此上有「蓋禮樂之文」。

［一一四］學諭　成化本作「施」。

［一一五］先生指在坐云如何説某云義乃利之和處　成化本無。

［一一六］有　成化本無。

〔一一七〕是　成化本爲「蓋是」。

〔一一八〕成化本此下注有「僩」。

〔一一九〕砥　成化本作「礪」。

〔一二〇〕人傑去僞録同　成化本爲「去僞」。

〔一二一〕也　成化本作「者」。

〔一二二〕成化本此下注曰：「砥録云『義則和矣，義則無不利矣。然義，其初截然，近於不和不利，其終則至於各得其宜』云云。」又，底本卷九十六所載淳録與此條文字略有差異，參該卷「問程子曰義安處便爲利……義則和而無不利矣」條。

〔一二三〕此條節録成化本無，但載曼淵同聞所録，參成化本卷六十八「體仁如體物相似……却覺得未是」條。

〔一二四〕長人　成化本無。

〔一二五〕學蒙　成化本爲「學履」。

〔一二六〕長人　成化本無。

〔一二七〕否　成化本無。

〔一二八〕學蒙　成化本爲「學履」。

〔一二九〕氣　成化本作「義」。

〔一三〇〕也　成化本此下有「好」。

〔一三一〕無利則義乃有慘殺不和　成化本爲「無利則義有慘殺而不和」。

〔一三二〕又 成化本無。

〔一三三〕曰義便有分别 原爲「便有分别」，據成化本補「曰義」二字。

〔一三四〕君 成化本此下有「臣得其所以爲臣」。

〔一三五〕父 成化本此下有「子得其所以爲子」。

〔一三六〕使 成化本爲「便須」。

〔一三七〕守 成化本爲「固守」。

卷六十九

［一］伊川　成化本無。
［二］如　成化本無。
［三］而今　成化本無。
［四］此條僩録成化本載於卷六十八。
［五］乾之　成化本無。
［六］下　成化本無。
［七］辛　成化本無。
［八］乾　成化本無。
［九］德學　成化本爲「修德」。
［一〇］不易乎世……潛龍也　成化本爲「不易乎世不成乎名至潛龍也」。
［一一］蓋　成化本作「又」。
［一二］而　成化本此下有「安」。
［一三］乾乾不息　成化本爲「乾乾惕息恐懼」。
［一四］徐本無此便以下七字　成化本爲「寓録無此七字」。
［一五］徐本此下有這處進退不由我了八字　成化本爲「這處進退不由我了八個大字」。

[一六] 亦　成化本無。

[一七] 離　成化本此上有「已」。

[一八] 天上　成化本爲「上天」。

[一九] 徐有自在二字　成化本爲「自在二個大字」。

[二〇] 徐無不得以下六字　成化本無。按，「下」字原缺，據上下文補。

[二一] 天時了　成化本爲「天矣」。

[二二] 徐此下却有九三是伊周地位已自離了十一字　成化本爲「寓録云九三是伊周地位已自離了」。

[二三] 徐無到上九以下六字　成化本無。

[二四] 徐此下云　成化本爲「寓録云」。

[二五] 寓録同略　成化本爲「寓同」。

[二六] 節録同　成化本無。

[二七] 乾卦如個創業之君坤卦如個守成之君　成化本爲「乾如創業之君坤如守成之君」。

[二八] 又曰且如人占得九五……則彼爲主而我爲賓　成化本無。

[二九] 此條賀孫録成化本載於卷十。

[三〇] 德　成化本無。

[三一] 學蒙　成化本爲「學履」。

[三二] 此條學蒙録成化本無。

[三三] 意　成化本作「個」。

［三四］之　成化本作「二」。

［三五］去　成化本此下注曰：「寓録云：『硬立脚做去。』」

［三六］斂　成化本此下注曰：「寓録云：『恁地收斂做去。』」

［三七］此條寓録成化本以部分内容爲注，附於淳録中。參上條。

［三八］所以居業者　成化本作「以居業」。

［三九］者　成化本無。

［四〇］然亡　成化本無。

［四一］此條伯羽録成化本分爲兩條，分載於卷六十九、卷五十九，其中「履之問忠信進德……擇善而後可固執也」爲一條，載於卷六十九；「某嘗謂……自是他勢恁地」爲一條，載於卷五十九。

［四二］學蒙　成化本爲「學履」。

［四三］學蒙　成化本爲「學履」。

［四四］道夫　成化本無。

［四五］自今觀之　成化本無。

［四六］至　成化本作「知」。

［四七］終　成化本作「行」。

［四八］恐　成化本作「將」。

［四九］今　成化本作「令」。

［五〇］此條成化本載於卷六十一。

[五一] 又　成化本無。
[五二] 忠信所以進德也　成化本無。
[五三] 似　成化本此下注曰：「池録云：『本義説見於事者。』」
[五四] 事　成化本作「意」。
[五五] 崇效天卑法地　成化本無。
[五六] 也　成化本此下注曰：「池録云：『進謂日見其新，居謂常而不厭。』」
[五七] 實　成化本此上有「又曰」。
[五八] 云云　成化本無。
[五九] 以　成化本此下有「進德」。
[六〇] 他這裏　成化本無。
[六一] 乾九三文言曰　成化本無。
[六二] 出　成化本無。
[六三] 人　成化本作「又」。
[六四] 故　成化本此下有「其德」。
[六五] 信　成化本爲「有信」。
[六六] 學蒙　成化本爲「學履」。
[六七] 是　成化本無。
[六八] 得　成化本此下有「到」。

〔六九〕見是個　成化本爲「是見個」。
〔七〇〕學蒙　成化本爲「學履」。
〔七一〕繼　成化本作「健」。
〔七二〕去　成化本無。
〔七三〕字　成化本此下注曰：「壯祖録云：『「知終終之」是居業意。「修辭立其誠」，今日也只做此事，明日也只做此事，更無住底意，故曰「可與存義」也。』」
〔七四〕至　成化本爲「至之」。
〔七五〕地　成化本爲「地頭」。
〔七六〕砥　成化本作「礪」。
〔七七〕禮　成化本作「權」。砥　成化本作「礪」。
〔七八〕知至至之可與幾也　成化本無。
〔七九〕知終終之可與存義也　成化本無。
〔八〇〕問　成化本此上有「林」。
〔八一〕與　成化本無。
〔八二〕都　成化本此上有「人」。
〔八三〕故曰知至至之　成化本無。
〔八四〕故曰知終終之　成化本無。
〔八五〕此條處謙録成化本以部分内容爲注，附於淵録中，參本卷淵録「知至至之主在至上……義是那業上底道理」條。

［八六］是　成化本無。

［八七］是　成化本無。

［八八］學蒙僩録同　成化本作「僩」。

［八九］如　成化本無。

［九〇］如　成化本無。

［九一］個　成化本無。

［九二］所以　成化本此上有「言」。

［九三］至　成化本無。

［九四］群　成化本此下有「成一大群」。

［九五］葉味道　成化本爲「味道」。

［九六］段　成化本作「節」。

［九七］猶　成化本無。

［九八］如羞惡即是羞惡……這一件事爲是爲非　成化本爲「羞惡辭遜是非」。

［九九］得　成化本無。

［一〇〇］見赤子　成化本爲「孺子」。

［一〇一］足　成化本爲「慊足」。

［一〇二］無欠闕　成化本爲「無少欠闕也」。

［一〇三］如　成化本無。

［一〇四］若火始然泉始達　成化本無。

［一〇五］則　成化本無。

［一〇六］海　成化本此下有「即掉了『廣』字，只説『充』字」。

［一〇七］蓋　成化本無。

［一〇八］不能自已　成化本爲「自不能已」。

［一〇九］才發　成化本爲「始然」。

［一一〇］此條植録成化本分爲兩條，載於卷六十九、五十三，其中「味道問聖人於文言只把做道理説……伊川作兩意未穩」爲一條，注爲植録，載於卷六十九；「劉居之問人皆有不忍人之心……便涓涓流而不絶」爲一條，注爲時舉録，載於卷五十三。

［一一一］砥　成化本作「礪」。

［一一二］砥　成化本作「礪」。

［一一三］這　成化本此上有「到」。

［一一四］只　成化本此上有「此性情」。

［一一五］問　成化本此上有「正淳」。

［一一六］是　成化本此下有「與元亨」。

［一一七］本體　成化本此下注曰：「人傑録云：『性情猶情性，是説本體。』」

［一一八］成　成化本此下有「問『復見天地心』」。

［一一九］又　成化本無。

［一二〇］冬　成化本爲「經冬」。

［一二一］逐　成化本作「遂」。

［一二二］成化本此下注曰：「人傑録少異。」

［一二三］這　成化本無。

［一二四］都　成化本作「者」。

［一二五］成化本此下注有「淵」。

［一二六］位　成化本作「地」。

［一二七］又　成化本無。

［一二八］舊時家嘗養雞時舉時爲兒童　成化本爲「家間養雞時舉爲兒童」。

［一二九］底　成化本作「這」。

［一三〇］淵　成化本無。

［一三一］是坤卦到東南則好到西北實是喪朋　成化本爲「是坤卦到西南則好到東北實是喪朋」。

［一三二］乃終有慶　成化本無。

［一三三］池本時間至此無有坤之所生四字　成化本爲「池本云坤之所生」。

［一三四］又曰　成化本無。

［一三五］砥　成化本作「礪」。

［一三六］坤卦西南得朋乃與類行　成化本無。

〔一三七〕沈録此下云言乃終有慶也　成化本無。

〔一三八〕水　成化本爲「急水」。

〔一三九〕於　成化本此上有「喪朋」。

〔一四〇〕文蔚録同　成化本爲「文蔚」。

〔一四一〕那　成化本無。

〔一四二〕底　成化本無。

〔一四三〕砥　成化本作「礪」。

〔一四四〕自前　成化本爲「目前」。

〔一四五〕砥　成化本作「礪」。

〔一四六〕不是陰便積著便陽合下具足　成化本爲「不是陰便積着陽便合下具足」。

〔一四七〕那　成化本無。

〔一四八〕學蒙　成化本爲「學履」。

〔一四九〕盡　成化本爲「盡得」。

〔一五〇〕處　成化本作「上」。

〔一五一〕學蒙　成化本爲「學履」。

〔一五二〕六五　成化本無。

〔一五三〕坤六五　成化本無。

〔一五四〕女媧氏　成化本爲「女媧」。

[一五五] 看來　成化本作「若」。

[一五六] 學蒙　成化本爲「學履」。

[一五七] 時舉　成化本無。

[一五八] 其　成化本作「俱」。

[一五九] 畓　成化本無。

[一六〇] 則　成化本此上有「坤」。

[一六一] 僩録同而無言始以下六字　成化本無。

[一六二] 按陳淳録同　成化本無。

[一六三] 德明方疑是齊　成化本爲「方疑是齊德明」。

[一六四] 敬以直内義以方外　成化本無。

[一六五] 成化本此下注曰：「必大録云：『敬而無義則做出事來必錯了，只義而無敬則無本，何以爲義？皆是孤也。』」

[一六六] 若是敬義立　成化本爲「須是敬義立方不孤」。

[一六七] 伊川　成化本此下有「謂」。

[一六八] 之説　成化本無。

[一六九] 立　成化本爲「立己」。

[一七〇] 與　成化本作「亦」。

[一七一] 於　成化本作「以」。

［一七二］得　成化本無。

［一七三］道夫　成化本無。

［一七四］有　成化本無。

［一七五］成化本此下注有「道夫」。

卷七十

［一］此條淵録成化本無。

［二］砥　成化本作「礪」。

［三］不可　成化本爲「方可」。

［四］又　成化本無。

［五］而　成化本無。

［六］乃　成化本作「力」，屬上讀。

［七］正易　成化本爲「平易」。

［八］之　成化本無。

［九］學蒙　成化本爲「學履」。

［一〇］此條節録成化本無。

［一一］又　成化本無。

［一二］要須　成化本爲「須要」。

［一三］以某觀之　成化本無。

［一四］砥　成化本作「礪」。

［一五］説　成化本爲「别説」。

〔一六〕處　成化本作「得」。
〔一七〕砥　成化本作「礪」。
〔一八〕師六五象曰長子帥師以中行也　成化本無。
〔一九〕傳　成化本爲「程傳」。
〔二〇〕説師卦　成化本無。
〔二一〕則若　成化本爲「若是」。
〔二二〕得　成化本作「取」。
〔二三〕成化本此下注有「學履」。
〔二四〕比　原空一行，據此下語録内容及成化本補。
〔二五〕李兄　成化本作「李」。
〔二六〕學蒙　成化本爲「學履」。
〔二七〕既已　成化本爲「已既」。
〔二八〕比卦後夫凶先生云　成化本無。
〔二九〕砥　成化本作「礪」。
〔三〇〕又問比之匪人一爻　成化本爲「問比之匪人」。
〔三一〕者　成化本作「意」。
〔三二〕足　成化本作「須」。
〔三三〕上人　成化本爲「上之人」。

[三四]使人　成化本爲「而自然」。
[三五]砥　成化本作「礪」。
[三六]又問云　成化本作「問」。
[三七]嘗　成化本無。
[三八]不知　成化本無。
[三九]學蒙　成化本爲「學履」。
[四〇]温　成化本作「濕」。
[四一]學蒙　成化本爲「學履」。
[四二]小畜　成化本無。
[四三]成化本此下注有「礪」。
[四四]又　成化本無。
[四五]便見得　成化本無。
[四六]小蓄　成化本無，且成化本此條下注有「時舉」。
[四七]陽　成化本作「復」。
[四八]如　成化本無。
[四九]則　成化本無。
[五〇]云　成化本無。
[五一]砥　成化本作「礪」。

［五二］卦　成化本無。
［五三］砥　成化本作「礪」。
［五四］易履卦象曰　成化本無。
［五五］則　成化本無。
［五六］之　成化本作「他」。
［五七］砥　成化本作「礪」。
［五八］又　成化本無。
［五九］學蒙　成化本爲「學履」。
［六〇］一本此下有至大至小事皆是固是十字　成化本爲「有至大至小事皆是固是」，且此十字皆爲大字。
［六一］而聖人之所能以贊天地之化育　成化本爲「而聖人能之所以贊天地之化育」。
［六二］一　此字原缺，據成化本補。
［六三］學蒙　成化本爲「學履」，且其下注曰：「燾録作『天地閉塞，萬物不生，聖人亦無所施其力』。」
［六四］泰九二　成化本無。
［六五］砥　成化本作「礪」。
［六六］泰卦　成化本無。
［六七］字　成化本作「句」。
［六八］東坡　成化本無。
［六九］砥　成化本作「礪」。

[七〇] 諭　成化本作「喻」。

[七一] 砥　成化本作「礪」。

[七二] 學蒙　成化本爲「學履」。

[七三] 只是他陽可以有爲　成化本爲「只緣他是陽故可以有爲」。

[七四] 砥　成化本作「礪」。

[七五] 義　成化本此下注曰：「學履録作『助陽之意』。」

[七六] 地　成化本無。

[七七] 僩録止於略發此意學蒙則止於爲福　成化本爲「學履録略」。

[七八] 常存危亡　成化本爲「常存得危亡之心」。

[七九] 砥　成化本作「礪」。

[八〇] 利　成化本作「一」。

[八一] 以　成化本無。

[八二] 致　成化本此下有「其同」。

[八三] 其　成化本爲「此其」。

[八四] 學蒙　成化本爲「學履」。

[八五] 此條淵録成化本以部分内容夾注於銖録中，參成化本卷七十銖録「問六二與九五……亦可以無悔也」條。

[八六] 同人　成化本此下有「三四」。

［八七］陰　成化本爲「一陰」。
［八八］有可反剛底一道理　成化本爲「有反底道理」。
［八九］又問同人于郊一爻　成化本爲「問同人于郊」。
［九〇］大有卦　成化本無。
［九一］砥　成化本作「礪」。
［九二］蓋卿　成化本無。
［九三］天休命　成化本爲「如此而爲順天休命」。
［九四］大有　成化本無。
［九五］學蒙録同而少異　成化本無。
［九六］又　成化本無。
［九七］謙象曰……害盈而福謙　成化本爲「謙象云云」。
［九八］夫　成化本無。
［九九］是　成化本無。
［一〇〇］此條僩録成化本載於卷七十九。
［一〇一］卦　成化本無。
［一〇二］不　成化本爲「不是」。
［一〇三］學蒙　成化本爲「學履」。
［一〇四］故云解象云　成化本爲「故某解其象云」。

[一〇五] 不違則是不違法則　成化本無。砥　成化本作「礪」。

[一〇六] 九　成化本作「六」。

[一〇七] 謙上六云鳴謙利用行師征邑國象曰志未得也　成化本爲「謙上六象曰志未得也」。

[一〇八] 用之　成化本無。

[一〇九] 砥　成化本作「礪」。

[一一〇] 此條學蒙録成化本無。

[一一一] 又　成化本無。

[一一二] 豫先王以作樂崇德　成化本爲「作樂崇德」。

[一一三] 曰　成化本無。

[一一四] 砥　成化本作「礪」。

[一一五] 卦　成化本無。

[一一六] 持　成化本作「恃」。

[一一七] 此條從周録成化本無。

[一一八] 成化本此下注有「淵」。

[一一九] 隨　成化本無。

[一二〇] 砥　成化本作「礪」。

[一二一] 然　成化本無。

[一二二] 此條時舉録成化本載於卷七十二。

［一二三］亂　成化本此下有「之極」。
［一二四］砥　成化本作「礪」。
［一二五］成化本此下注曰：「必大録云：『上頭底只管剛，下頭底只管柔，又只巽順，事事不向前，安得不蠱！舊聞趙德莊如此説。』」
［一二六］此條伯豐録成化本作爲注，附於淵録尾，參上條。
［一二七］又　成化本無。
［一二八］先生説　成化本無。
［一二九］道　成化本作「送」。
［一三〇］見　成化本此下有「龜山在朝與陳幾叟書，及有一人卦召請教於龜山」。
［一三一］調　成化本作「謂」。
［一三二］分　成化本無。
［一三三］臨卦臨字　成化本作「臨」。
［一三四］學蒙　成化本爲「學履」。
［一三五］砥　成化本作「礪」。
［一三六］謂　成化本作「爲」。
［一三七］觀　成化本無。
［一三八］愛君子兮不敢言　成化本爲「思公子兮未敢言」。
［一三九］學蒙　成化本爲「學履」。

[一四〇] 觀　成化本無。

[一四一] 又　成化本無。

[一四二] 又　成化本無。

[一四三] 學蒙　成化本爲「學履」。

[一四四] 砥　成化本作「礪」。

卷七十一

〔一〕嗑 成化本無。

〔二〕分 成化本此下注曰：「洽録云：『分，猶均也。』」

〔三〕義 成化本此下注曰：「洽録云：『「剛柔分」，語意與「日夜分」同。』」

〔四〕當 成化本無。

〔五〕按自又問以下沈僩録同 成化本爲「洽同」。

〔六〕同 成化本作「般」。

〔七〕學蒙 成化本爲「學履」。

〔八〕噬嗑 成化本無。

〔九〕雖 成化本此下有「是」。

〔一〇〕這 成化本無。

〔一一〕學蒙 成化本爲「學履」。

〔一二〕賁象辭 成化本無。

〔一三〕砥 成化本作「礪」。

〔一四〕此條僩録成化本無。

〔一五〕離下艮上 成化本無。

[一六] 此與山上有火……正相似而相反　成化本爲「此與旅相似而相反」。

[一七] 艮下離上　成化本無。

[一八] 僩　成化本無。

[一九] 山下有火賁　成化本無。

[二〇] 以　成化本無。

[二一] 學蒙　成化本爲「學履」。

[二二] 賁君子以明庶政　成化本爲「明庶政」。

[二三] □而言之　成化本爲「粗言之」。

[二四] 一　成化本此上有「此」。

[二五] 砥　成化本作「礪」。

[二六] 賁　成化本無。

[二七] 學蒙　成化本爲「學履」。

[二八] 底　成化本此下注曰：「學履作『務農尚本之義』。」

[二九] 賁六五　成化本無。

[三〇] 義　成化本此下有「否」。

[三一] 若是　成化本爲「似若」。

[三二] 約　成化本爲「儉約」。

[三三] 砥　成化本作「礪」。

〔三四〕東帛戔戔吝終吉　成化本無。

〔三五〕先生曰　成化本無。

〔三六〕説　成化本無。

〔三七〕義　成化本作「意」。

〔三八〕字　成化本無。

〔三九〕人傑按周謨沈僩録同　成化本爲「去僞」。

〔四〇〕此條語録成化本夾注於淵録中，但引爲學履所録。參本卷淵録「賁于丘園……兩句是兩意」條。

〔四一〕則説又近　成化本爲「則此説似近」。

〔四二〕學蒙　成化本爲「學履」。

〔四三〕賁卦　成化本無。

〔四四〕示人□□　成化本爲「之説教人解」。

〔四五〕如　成化本此上有「宅」。

〔四六〕砥　成化本作「礪」。

〔四七〕剥卦上九云　成化本無。

〔四八〕剥　成化本作「變」。

〔四九〕考　成化本作「推」。

〔五〇〕交　成化本無。

〔五一〕三日便三分四日便四分　成化本無。

〔五二〕賀孫　成化本無。

〔五三〕反　成化本無。

〔五四〕以所見　成化本無。

〔五五〕其旨　成化本無。

〔五六〕上　成化本此上有「剥」。

〔五七〕即　成化本作「積」。

〔五八〕且　成化本爲「且如」。

〔五九〕葉味道　成化本爲「味道」。

〔六〇〕是　成化本無。

〔六一〕陽生時處逐分旋生　成化本爲「陽生時逐旋生」。

〔六二〕不解　成化本無。

〔六三〕一氣不頓虧　成化本爲「一氣不頓進一形不頓虧」。

〔六四〕陰　成化本爲「陰陽」。

〔六五〕成化本此下注曰：「賀孫録見下。」

〔六六〕且　成化本無。

〔六七〕十　成化本作「半」。

〔六八〕成化本此下注曰：「植問：『不頓進是漸生，不頓虧是漸消。陰陽之氣皆然否？』曰：『是。』」

〔六九〕此條植録成化本以部分内容附注於賀孫録尾，參上條。

［七〇］又云　成化本無。

［七一］一卦六畫……三十日遂成一畫　成化本爲「云云」。

［七二］學蒙　成化本爲「學履」。

［七三］此條語録成化本以部分内容夾於僩録中，但引爲劉礪所録，參底本本卷僩録「問朋來无咎……則其凶甚矣」條。

［七四］又　成化本無。

［七五］學蒙　成化本無。

［七六］長　成化本此下注曰：「礪録云：『必竟是陽長，將次並進。』」

［七七］有災眚……以其國君凶　成化本無。

［七八］具　成化本此上有「夫」。

［七九］寓　成化本無。

［八〇］復卦　成化本無。

［八一］其　成化本無。

［八二］成化本此下注曰：「與上條同聞。」且上條亦爲寓録。

［八三］前日　成化本爲「明日」。

［八四］却是　成化本作「都」。

［八五］邵堯夫　成化本爲「康節」。

［八六］道夫　成化本無。

[八七] 復卦　成化本無。
[八八] 道　成化本無。按，「道」當爲「道夫」之誤。
[八九] 成化本此下注曰：「廣録見下。」且下條爲廣録，參成化本卷七十一廣録「問康節所謂一陽初動後……體用一源顯微無間」條。
[九〇] 周濂溪程先生　成化本爲「周程」。
[九一] 學蒙　成化本爲「賀孫」。
[九二] 按甘節録止接物方見　成化本無。
[九三] 今人乍見孺子將入井之時　成化本爲「今人乍見孺子將入於井因發動而見其惻隱之心未有孺子將入井之時」。
[九四] 説　成化本無。
[九五] 林無三字　成化本無。
[九六] 林無也有字作亦字　成化本無。
[九七] 林無時節字　成化本無。
[九八] 林無之復矣字作爾字　成化本無。
[九九] 按林學蒙録同而略　成化本無。
[一〇〇] 生　成化本爲「方生」。
[一〇一] 學蒙　成化本爲「學履」，且此下注曰：「饒録作『雖小而衆惡却遏他不得』。」
[一〇二] 這　成化本無。

［一〇三］所以不同　成化本無。

［一〇四］爻　成化本爲「卦爻」。

［一〇五］董銖　成化本爲「叔重」。

［一〇六］復卦　成化本無。

［一〇七］不遠復　成化本無。

［一〇八］言　成化本此下有「三年」。

［一〇九］砥　成化本作「礪」。

［一一〇］无妄　成化本無。

［一一一］邪　成化本爲「邪心」。

［一一二］淳按鄭可學録楊墨下止有便是二字　成化本爲「義剛」，且此條載於卷九十五。

［一一三］卦　成化本無。

［一一四］忽　成化本爲「忽然」。

［一一五］是　成化本此下有「禍」。

［一一六］无妄六三　成化本無。

［一一七］如　成化本作「此」。

［一一八］砥　成化本作「礪」。

［一一九］言　成化本作「云」。

［一二〇］緣只要　成化本爲「是要」。

〔一二一〕易爻　成化本爲「易之六爻」。

〔一二二〕咎　成化本作「吝」。

〔一二三〕坤六四爻不止言大臣事……雖凶無咎　成化本無，但此處另有注曰：「必大録此下云：『如春秋時南蒯占得坤六五爻，以爲大吉，示子服、惠伯。惠伯曰「忠信之事則可，不然必敗」一段，説得極好。蓋南蒯所占雖得吉爻，然所爲却不黄裳，即是大凶。』」

〔一二四〕此爻不是聖人説占得如此　成化本爲「只是聖人説占得此爻」。

〔一二五〕按甘節録同　成化本無。

〔一二六〕砥　成化本作「礪」。

〔一二七〕者　成化本作「皆」。

〔一二八〕學蒙　成化本爲「學履」。

〔一二九〕此條義剛録成化本以部分内容附注於學履録尾，參底本下條學蒙録。

〔一三〇〕頤作　成化本無。

〔一三一〕學蒙　成化本爲「學履」，且此下注曰：「義剛録云：『下三爻是資人以養己，養己所以養人也。』」

〔一三二〕砥　成化本作「礪」。

〔一三三〕頤　成化本無。

〔一三四〕棟橈利有攸往亨　成化本無。

〔一三五〕也　成化本此下有「大抵彖傳解得卦辭直是分明」。

〔一三六〕學蒙　成化本爲「學履。洽同」。

［一三七］伊川　成化本無。

［一三八］授　成化本作「受」。

［一三九］當　成化本此上有「適」。

［一四〇］義　成化本無。

［一四一］林死且恁以下止此　成化本無。按，此注似誤。「死」似當作「無」。

［一四二］林此下資却且恁平善做去七字　成化本無。「資」似當作「有」。

［一四三］林此下有受禪二字　成化本無。

［一四四］按林録同而少異　成化本無。

［一四五］大過　成化本無。

［一四六］砥　成化本作「礪」。

［一四七］過　成化本爲「小過」。

［一四八］行出來　此三字原缺，據賀本補。

［一四九］是　成化本無。

［一五〇］云　成化本爲「亦云」。

［一五一］二陰　成化本爲「二陽」。砥　成化本作「礪」。

［一五二］大過　成化本無。

［一五三］無咎　成化本無。

［一五四］象曰　成化本無。

[一五五] 某謂　成化本無。

[一五六] 賜　成化本爲「夔孫」。

[一五七] 砥　成化本作「礪」。

[一五八] 砥　成化本作「礪」。

[一五九] 用缶納約自牖如何　成化本爲「納約自牖」。

[一六〇] 艱難　成化本爲「艱險」。

[一六一] 九五　成化本無。

[一六二] 如　成化本無。

[一六三] 他　成化本作「也」。

[一六四] 砥　成化本作「礪」。

[一六五] 學蒙　成化本爲「學履」。

[一六六] 砥　成化本作「礪」。

[一六七] 砥　成化本作「同」。

[一六八] 猶云水洊至習坎　成化本無。

[一六九] 若　成化本此上有「曰」。

[一七〇] 離　成化本無。

[一七一] 非明兩爲作離也　成化本爲「非以明兩爲句也」。

[一七二] 學蒙淵同　成化本爲「學履」。

〔一七三〕成化本此下有「其來如」。

〔一七四〕又問離九四突如其來如焚如死如棄如曰　成化本無。

〔一七五〕學蒙　成化本爲「學履」。

〔一七六〕此條人傑録成化本無。

〔一七七〕離六五……離王公也　成化本無。

〔一七八〕金此下云　成化本爲「金録云」。

〔一七九〕不　成化本爲「恐不」。

〔一八〇〕金自所以至此皆無　成化本無。

〔一八一〕按金去僞録同而差略　成化本爲「去僞同」。

卷七十二

［一］見　成化本爲「言之」。

［二］砥　成化本作「礪」。

［三］其　成化本無。

［四］砥　成化本作「礪」。

［五］咸卦　成化本無。

［六］此條德明録成化本以部分内容夾注於可學録中，參下條。

［七］字　成化本作「自」。

［八］意　成化本此下注曰：「德明禄云：『如暑往寒來，日往月來，皆是常理。只着個「憧憧」字便鬧了。』」

［九］此　成化本無。

［一〇］感出也　成化本爲「出感入也」。

［一一］感入也　成化本爲「入感出也」。

［一二］趙致　成化本爲「趙致道」。

［一三］憧憧　成化本無。

［一四］寓問　成化本無。

［一五］伊川易傳……所應復爲感　成化本爲「易傳言有感必有應」。

［一六］皇帝　成化本無。
［一七］求　成化本作「素」。
［一八］名易簡邵人　成化本無。
［一九］是如何　成化本無。
［二〇］問　成化本此下有「所謂天下之理無獨必有對便是這話否曰」十七字，底本脱。
［二一］意　成化本無。
［二二］以　成化本作「少」。
［二三］程子　成化本此上有「問」。
［二四］謂　成化本作「説」。
［二五］是感應　成化本無。
［二六］好和　成化本爲「和好」。
［二七］坐　成化本無。
［二八］則　成化本作「即」。
［二九］那是個　成化本爲「那個是」。
［三〇］惠人及　成化本爲「惠及人」。
［三一］王文正公　成化本爲「王文正」。
［三二］李文穆公　成化本爲「李文穆」。
［三三］用　成化本無。

［三四］智　成化本爲「意智」。

［三五］謂　成化本作「請」。

［三六］淳　成化本作「淵」。

［三七］童録此下有云……他正是論　成化本無。童録無此曰字　成化本無。

［三八］易　成化本作「通」。

［三九］按童伯羽録同　成化本無。

［四〇］恒卦初六　成化本無。

［四一］其　成化本無。

［四二］學蒙　成化本爲「學履」。

［四三］何如　成化本爲「如何」。

［四四］爻　成化本作「方」。

［四五］砥　成化本作「礪」。

［四六］與　成化本此上有「此」。

［四七］砥　成化本作「同」。

［四八］砥　成化本作「礪」。

［四九］□　成化本作「遯」。

［五〇］身　成化本無。

［五一］砥　成化本作「礪」。

〔五二〕約　成化本無。
〔五三〕砥　成化本作「礪」。
〔五四〕字　成化本爲「一句」。
〔五五〕學蒙　成化本爲「學履」。
〔五六〕問大壯卦先生曰　成化本無。
〔五七〕一個　成化本無。
〔五八〕遮個　成化本爲「這個」。
〔五九〕晉卦　成化本無。
〔六〇〕道　成化本作「得」。
〔六一〕解　成化本作「説」。
〔六二〕先生　成化本無。
〔六三〕孟子助長之　成化本無。
〔六四〕云只　成化本作「只云」。
〔六五〕孟子　成化本此上有「看助長説，曰」。
〔六六〕與　成化本無。
〔六七〕勿　成化本此上有「『勿正』與」。
〔六八〕氣　成化本無。
〔六九〕力　成化本此下有「得」。

［七〇］此條僴録成化本分爲二條，其中「看伯豐與廬陵問答……獨云於正道爲吝也」爲一條，載於卷七十二；「看助長説……如何用功」爲一條，載於卷五十二。

［七一］之　成化本無。

［七二］此條學蒙録成化本無，但卷四十八載陳淳録，參成化本卷四十八陳淳「問三仁皆出於至誠惻怛之公……而心却守得定」條。

［七三］學蒙　成化本爲「學履」。

［七四］此條語録，成化本卷七十二以部分内容爲注，附於燾録尾，但注爲學履録，曰：「問『風自火出』。曰：『謂如一爐火，必有氣衝上去，便是『風自火出』。然此只是言自内及外之意。』燾。學履録云：『是火中有風，如一堆火在此，氣自薰蒸上出。』」

［七五］此條大雅録成化本無。

［七六］只　成化本無。

［七七］睽　成化本無。

［七八］學蒙　成化本爲「學履」。

［七九］此條方子録成化本無。

［八〇］略記當時語意如此　成化本無。

［八一］方子㬚淵録同　成化本作「淵」。

［八二］又云　成化本無。

［八三］説　成化本作「曰」。

［八四］學蒙　成化本爲「學履僩同」。
［八五］砥　成化本作「礪」。
［八六］蹇九五　成化本無。
［八七］學蒙按沈僩録同而下文連上段潘謙之説　成化本爲「學履僩同」。按，所謂「上段潘謙之説」，即「又云潘謙之書説……便全不同」條。
［八八］謨按金去僞録同　成化本爲「去僞」，且此條載於卷九十七。
［八九］是得　成化本作「始得」。
［九〇］二上爻則　成化本爲「二與上二爻則曰」。
［九一］與　成化本作「立」。
［九二］學蒙　成化本爲「學履」。
［九三］此條成化本無。
［九四］此條從周録成化本無，但卷七十二載淵録曰：「『或益之十朋之龜』爲句。」又，此條淵録與下條砥録，成化本皆置於「損」下。
［九五］是　成化本無。
［九六］三　成化本此上有「下」。
［九七］砥　成化本作「礪」。
［九八］九　成化本此下有「好」。
［九九］李録止此　成化本無。

［一〇〇］按李方子録同而略　成化本無。且此條淵録置於「損」下。

［一〇一］了　成化本此下有「壞了」。

［一〇二］成化本此下注曰：「以下總論。」且此條寓録載於卷二十四。

［一〇三］益卦　成化本無。

［一〇四］卦金作　成化本無。

［一〇五］卦　成化本此上有「是」。

［一〇六］人傑按金去僞周謨録並同　成化本爲「去僞」。

［一〇七］先生言　成化本無。

［一〇八］李録心有以下九字作　成化本爲「僩用録云」。

［一〇九］自又曰以下至此李録並無　成化本無。

［一一〇］按李僩用録同而略　成化本爲「僩用同」。

［一一一］益卦　成化本無。

［一一二］又曰遷善字輕改過字重　成化本無。

［一一三］此條文蔚録成化本載於卷七十一。

［一一四］方子按晏子淵同　成化本作「淵」。

［一一五］鼎州　成化本此下注曰：「後平楊么有功。」

［一一六］成化本此下注曰：「方子録云『守蔡州』。」

［一一七］聖人於君子道消之時……亦必如此戒懼　成化本爲「聖人於陰消陽長之時亦如此戒懼」。

〔一一八〕自 成化本此上有「不用如此説」。

〔一一九〕無時不然 成化本無。

〔一二〇〕用 成化本作「淵」。

〔一二一〕夬 成化本無。

〔一二二〕砥 成化本作「礪」。

〔一二三〕按李方子録同 成化本無。

〔一二四〕方子按㬊淵録同 成化本作「淵」。

〔一二五〕紅 成化本此下注曰：「淵禄云：『其物難乾。』」

〔一二六〕學蒙 成化本爲「學履」。

〔一二七〕此條淵録成化本以部分内容附於學履録尾，參上條。

〔一二八〕此條淵録成化本無。

〔一二九〕學蒙 成化本爲「學履」。

〔一三〇〕是 成化本此下注曰：「此條未詳。」

〔一三一〕之意 成化本爲「立義」。

〔一三二〕精神邪 此三字原脱，據上下文及成化本補。

〔一三三〕是 成化本此下有「復」。

〔一三四〕義 成化本此下有「邪」。

〔一三五〕都是 成化本爲「曰坎固是」。

〔一三六〕學蒙　成化本爲「學履」，且此條載於卷七十三。

〔一三七〕一握　成化本無。

〔一三八〕萃　成化本無。

〔一三九〕有位　成化本無。

〔一四〇〕學蒙　成化本爲「學履」。

〔一四一〕砥　成化本作「礪」。

〔一四二〕君子以順德積小以高大　成化本無。

卷七十三

［一］用之説困卦先生曰　成化本無。
［二］此　成化本作「困」。
［三］幾　成化本作「數」。
［四］蹇卦剥卦否卦睽卦　成化本爲「蹇剥否睽」。
［五］卦　成化本此下注曰：「林録云：『却不好得分明，故易曉。』」
［六］困卦　成化本此下注曰：「林云：『雖是極不好卦。』」
［七］難曉　成化本此下注曰：「林録云：『所以卦辭亦恁地不好，難曉。』」
［八］只是　成化本無。
［九］使　成化本作「便」。
［一〇］按林録惟自如寐止亦可見矣　成化本無。
［一一］按林學蒙同而略　成化本爲「學履録略」。
［一二］中　成化本無。
［一三］又一本詳云　成化本爲「池本云」。
［一四］澤無水困君子以致命遂志　成化本無。
［一五］此條淵録成化本無。

［一六］説　成化本無。

［一七］學蒙　成化本爲「學履」。

［一八］是　成化本無。

［一九］困　成化本此上有「而」。

［二〇］事　成化本此下有「在」。

［二一］學蒙　成化本爲「學履」。

［二二］成化本此下注有「學履」。

［二三］汔至略作一句看　成化本爲「汔至作一句」。

［二四］未綆　成化本爲「綆未」。

［二五］學蒙　成化本爲「學履」。

［二六］井　成化本無。

［二七］每日早晨　成化本爲「每晨」。

［二八］水　成化本此下注曰：「池本作『皆潮水珠』。」

［二九］密室中亦如此　成化本爲「密室亦然」。

［三〇］也　成化本此下注曰：「池本云：『或云：「嘗見野老説，芋葉尾每早亦含水珠，須日出照乾則無害。若太陽未照，爲物所挨落，則芋實焦枯無味，或生蟲。此亦菖蒲潮水之類爾。」曰：「然。」』」

［三一］又　成化本無。

［三二］木上有水井　成化本無。

［三三］異　成化本作「預」。

［三四］那　成化本無。

［三五］如井也　成化本爲「如此」。

［三六］井　成化本無。

［三七］林學蒙　成化本作「學履」。

［三八］木　成化本作「禾」。

［三九］學蒙　成化本無。

［四〇］錮鏴　成化本爲「錮鑑」。

［四一］粗　成化本此下有「些」。

［四二］反　成化本作「又」。

［四三］此條成化本作爲注，附於胡泳録尾，且注爲僩所録。參成化本卷七十三胡泳録「或問大人虎變是就事上變……只説着教人歡喜」條。

［四四］學蒙　成化本爲「學履」。

［四五］學蒙　成化本爲「學履」。

［四六］革　成化本無。

［四七］底　成化本爲「底物」。

［四八］某謂　成化本無。

［四九］按李方子録同　成化本無。

［五〇］學蒙　成化本爲「學履」。

［五一］鼎　成化本此上有「用之解」。

［五二］與　成化本此下有「他」。

［五三］本　成化本此上有「此」。

［五四］盛　成化本作「或」。

［五五］心　成化本爲「心術」。

［五六］底　成化本此上有「須是先理會個光明正大」。

［五七］個　成化本無。

［五八］便　成化本此上有「便先要治國、平天下；　未曾理會自己上事業」。

［五九］可與權　成化本爲「可與立未可與權」。

［六〇］涅便是緇　成化本爲「纔涅便緇」。

［六一］陳説　成化本爲「陳法」。

［六二］求流　成化本爲「末流」。

［六三］鼎九三　成化本無。

［六四］移動　成化本爲「則動移」。

［六五］學蒙　成化本爲「學履」。

［六六］震卦　成化本無。

［六七］也　成化本無。

〔六八〕以　成化本作「已」。
〔六九〕砥　成化本作「礪」。
〔七〇〕串　成化本此下有「説」。
〔七一〕砥　成化本作「礪」。
〔七二〕也　成化本此下注曰：「從周録云：『極解得好。』」
〔七三〕且　成化本爲「且是」。
〔七四〕便唤　成化本爲「使曉」。
〔七五〕宫　成化本作「官」。
〔七六〕此　成化本作「性」。
〔七七〕無　成化本無。
〔七八〕理　成化本無。
〔七九〕要　成化本此上有「這個」。
〔八〇〕成化本此下注曰：「方子録云：『性本是無，却是實理。心似乎有影像，然其體却虚。』」且分此條學蒙録爲兩條，其中「因説不獲其身……只爲不見身方能如此」爲一條，注爲學履録，載於卷七十三；「或問心性之别……要人自體察始得」爲一條，注爲學蒙録，載於卷五。
〔八一〕止　成化本此下注曰：「池本『行固非止』。」
〔八二〕正　成化本此下注曰：「池本作『理』。」
〔八三〕所謂　成化本爲「所以爲」。

［八四］學蒙　成化本爲「學履」。
［八五］吉　成化本此下注曰：「礪録云：『居八卦之上，凡上九爻皆好。』」
［八六］此條砥録成化本無。
［八七］伊川　成化本無。
［八八］艮卦　成化本無。
［八九］得　成化本作「是」。
［九〇］道　成化本作「近」。
［九一］好自用己意解得不是虚心去熟看安得自見　成化本爲「好自用己意解得不是若是虚心去熟看便自見」。
［九二］間　成化本無。
［九三］大遷　成化本此上有「卜」。
［九四］卦　成化本無。
［九五］專　成化本爲「專爲」。
［九六］多　成化本此上有「古字」。
［九七］官　成化本爲「人臣」。
［九八］成化本此下注曰：「人傑録見下。」成化本此下爲人傑録，參下條人傑録。
［九九］便　成化本爲「便是」。
［一〇〇］又　成化本無。

［一〇一］易云　成化本無。
［一〇二］見　成化本爲「可見」。
［一〇三］按此段即上段而記有詳略故今併存之　成化本無。
［一〇四］此條從周録成化本無，但卷七十三從周録尾所附㬎淵録與此内容相近。參底本本卷從周録「艮其背不獲其身……後人解得皆過高了」條。
［一〇五］於　成化本作「放」。
［一〇六］爲　成化本無。
［一〇七］仁　成化本此下有「不知下面道如何，只是我當止於仁」。
［一〇八］己　成化本此下注曰：「李録云：『也不知是疼，不知是痛，不知是利，不知是害。』」
［一〇九］痛痾　成化本爲「痛痒」。
［一一〇］道　成化本爲「道理」。
［一一一］道　成化本爲「道理」。
［一一二］㬎本自皆是以下無　成化本無。
［一一三］置　成化本此下注曰：「李録云：『只見道理，不見那人。』」
［一一四］李四　成化本此下注曰：「䥴録云：『但見義理之當止，不見吾之身。但見義理之當爲，不知爲張三李四。』」
［一一五］至問　成化本作「問」。
［一一六］㬎本無此一字　成化本無。

〔一一七〕伊川先生　成化本無。

〔一一八〕自伊川説至此㬇本無　成化本無。

〔一一九〕術　成化本此下注曰：「龔録云：『凡可欲者皆置在背後之意。「外物不接、内欲不萌之際」，欽夫謂當去「之際」二字。』今按易傳已無『之際』二字。」

〔一二〇〕吕東萊　成化本爲「伯恭」。

〔一二一〕自吕東萊下㬇本無　成化本無。

〔一二二〕與易傳同否　成化本爲「是程子之意否」。

〔一二三〕曰　成化本此下注曰：「李録有『不然』字。」

〔一二四〕意　成化本此下注曰：「李録云：『温公解云：「『不見可欲』是防閑民使之不見，與上文『不貴難得之貨』相似。」』」

〔一二五〕欲　成化本此下注曰：「李録云：『是使之無思算，無計較。』」

〔一二六〕飽　成化本此下注曰：「李録云：『是使之充飽無餒。』」

〔一二七〕争　成化本此下注曰：「李録『要得』並作『使之』。」

〔一二八〕按㬇本此下却有一段云……按㬇淵録同而略　成化本録異，云「從周。李録云：『温公之説止於如此，後人推得太高。此皆是言聖人治天下事，與易傳之言不同。』㬇録云：『通書云「背非見也」亦似伊川説，「止非爲也」亦不是易本意。語録中有云：「周茂叔謂『看一部華嚴經，不如看一艮卦』，下面注云『各止其所』。他這裏却看得『止』字好。」』方子、淵、蓋卿録互有詳略」。

〔一二九〕此條方子録成化本無。

［一三〇］伊川　成化本無。

［一三一］自　成化本無。

［一三二］□□　成化本爲「無思無欲」。

［一三三］云云　成化本爲「如此解」。

［一三四］按李方子以下録亦皆與竇從周同恐一時所共聞賀孫　成化本爲「賀孫亦與上條同聞」。

［一三五］却是　成化本無。

［一三六］當其所止了　成化本爲「當其所而止矣」。

［一三七］所　成化本無。

［一三八］多是人　成化本爲「人多是」。

［一三九］則　成化本無。

［一四〇］學蒙　成化本爲「學履」。

［一四一］曰　成化本無。

［一四二］之　成化本無。

［一四三］某　成化本無。

［一四四］某　成化本無。

［一四五］某　成化本無。

［一四六］文　成化本此下注曰：「『艮其止』便是引『艮其背』，經文或『背』字，誤作『止』字，或『止』字誤作『背』字，或以『止』字解『背』字。不可知。」此注底本作爲大字，置於「『艮其背』恐當只如此説」下，参

下文。

〔一四七〕惟止之爲得其所而已　成化本爲「惟止之各於其所而已」。

〔一四八〕艮其止便是艮其背……不可知　成化本作爲注，置於「此便是釋『艮其背』之文」後。

〔一四九〕自家　成化本無。

〔一五〇〕雖　成化本作「即」。

〔一五一〕學蒙　成化本爲「學履」。

〔一五二〕學蒙　成化本爲「學履僩同」。

〔一五三〕此條僩録成化本無。

〔一五四〕紹聖　成化本爲「崇寧」。

〔一五五〕九四　此二字原缺，據成化本補。

〔一五六〕是　成化本無。

〔一五七〕之大　成化本爲「高大到於天際」。

〔一五八〕蔽障闔　成化本爲「却只是自蔽障闔或作自是自障礙」。

〔一五九〕淵　成化本爲「學蒙淵同」。

〔一六〇〕九　成化本作「六」。

〔一六一〕好　成化本爲「甚好」。

〔一六二〕也　成化本此下有「又曰：『而今只如這小小文義，亦無人去解析得。』」

〔一六三〕丁嚀　此二字缺。據成化本卷七十三僩録尾所附學履録補。

［一六四］　此條學蒙録成化本無，但卷七十三僩録尾所附學履録内容與其相似。參下條。

［一六五］　以申命　成化本無。

［一六六］　如何　成化本無。

［一六七］　巽是重卦　成化本無。

［一六八］　故曰重巽　成化本無。

［一六九］　成化本此下注曰：「學履録云：『如命令之丁寧告戒，無所不至也。』」

［一七〇］　自　成化本此上有「九二」。

［一七一］　三　成化本作「四」。

［一七二］　安也　成化本此下有「六四是自二往居四，未爲得位，以其上同於五，所以爲得位。象辭如此説，未密。若云六四上應上九爲上同，恐如此跳過了不得。」文公易説卷六則曰：「六三是自二往居三，未爲得位，以其上同於四所以爲得位。象辭如此説，未密。若云六三上應上九爲上同，恐如此跳過了不得。」

［一七三］　也即是　成化本爲「此亦是」。

［一七四］　終是不若三居二之爲得位　成化本爲「終是不見得四來居二之爲安，二之於四爲得位」。文公易説卷六曰：「終是不見得三來居二之爲安，二之於三爲得位。」

［一七五］　涣卦　成化本無。

［一七六］　學蒙　成化本爲「學履」。

［一七七］　五　成化本作「三」。

［一七八］　話　成化本爲「説話」。

[一七九] 節卦大體　成化本爲「節卦大抵」。「卦」字原缺，據成化本補。

[一八〇] 云　成化本作「問」。

[一八一] 這　成化本作「節」。

[一八二] 三　成化本爲「三爻」。

[一八三] 未　成化本此上有「是」。

[一八四] 學蒙　成化本爲「學履」。

[一八五] 按林恪同　成化本無。

[一八六] 魚　成化本爲「豚魚吉」。「豚」、「吉」二字原脱，據成化本補。

[一八七] 個　成化本無。

[一八八] 中孚　此二字原脱，據成化本補。

[一八九] 否　成化本無。

[一九〇] 那　成化本無。

[一九一] 某　成化本此上有「曰」。

[一九二] 中孚　成化本無。

[一九三] 所　此字原脱，據成化本補。

[一九四] □□□□　成化本爲「今人説都打」。

[一九五] 了　成化本此下注曰：「胡泳録云：『讀易如水面打毬，不沾着水方得，若着水便不活了。今人都要按從泥裏去，如何看得！』」

［一九六］得　成化本無。

［一九七］飛鳥　成化本此下有「遺音」。

［一九八］如鵬鳥賈誼之類是也　成化本爲「如賈誼鵩鳥」。

［一九九］學蒙　成化本爲「學履」。

［二〇〇］來　成化本此下有「是小過之義」。

［二〇一］聲　成化本爲「放聲」。

［二〇二］爲小過　成化本無。

［二〇三］學蒙　成化本爲「學履」。

［二〇四］畫　成化本無。

［二〇五］此條學履録成化本分爲兩條，「初六飛鳥以凶……不是取『遺音』之義」爲一條，「中孚有卵之象……所以次中孚也」另爲一條，且皆注爲學蒙録。

［二〇六］□　成化本作「疑」。

［二〇七］□録同而略……猶言加意待之也　成化本無。

［二〇八］小過　成化本無。

［二〇九］常　成化本作「當」。

［二一〇］得　此字原脱，據成化本補。

［二一一］今　成化本爲「今日」。

［二一二］此　此字原脱，據成化本補。

[二一三] 成化本此下有「又曰：『若將濟，便只是不好去了。』」

[二一四] 凶　成化本此下有「如『箕子之明夷利貞』，『帝乙歸妹』，皆恐是如此。」

[二一五] 問既濟上三爻皆漸漸不好去　「皆」上原有六字脱，成化本爲「問既濟上三爻」。

[二一六] 袽　此字原脱，據成化本補。

[二一七] 不美之　成化本爲「不好底」。

[二一八] 殺牛則已　此處原有四字脱，據成化本補。

[二一九] 先生曰然時運到那裏都過了　「先」與「到」之間原有五字脱，成化本無「先」，另有「曰然時運」四字。據上下文及成化本補「生曰然時運」五字。

[二二〇] 爲　此字原脱，據成化本補。

[二二一] 濟所　此兩字原脱，據成化本補。

[二二二] 便　成化本此上有「謂之『未濟』」。

[二二三] 而　成化本此上有「但尚遲遲，故謂之『未濟』」。

[二二四] 道　此字原脱，據成化本補。

[二二五] 卦同　此兩字原脱，據成化本補。

[二二六] 濟　此字原脱，據成化本補。

[二二七] 中　成化本爲「坎中」。

[二二八] 乎　此字原脱，據成化本補。

[二二九] 成化本此下注曰：「本注云：『士毅本記此段尤詳，但今未見黄本。』」

［二三〇］未濟彖辭　成化本無此四字。「彖」字原脱，據文公易説卷七補。

［二三一］相接　成化本無。

［二三二］不　成化本此上有「蓋」。

［二三三］學蒙　成化本爲「學履」。

［二三四］是那日中衙府　「府」前原有五字脱，成化本爲「是那日中衙晡」。

［二三五］初　此字原脱，據成化本補。

［二三六］意思　此兩字原脱，據成化本補。

［二三七］便説　此兩字原脱，據成化本補。

［二三八］上説　此兩字原脱，據成化本補。

［二三九］他這個　此三字原脱，據成化本補。

［二四〇］他　成化本無。

［二四一］那　成化本無。

［二四二］要　成化本無。

［二四三］爲　此字原脱，據成化本補。

［二四四］未　此字原缺，據成化本補。

［二四五］其　成化本無。

［二四六］説　此字原脱，據成化本補。

［二四七］孔子解云　此四字原脱，據成化本補。

[二四八] 敢　此字原脱，據成化本補。

[二四九] 砥　成化本作「礪」。

[二五〇] 與　此字原脱，據成化本補。

[二五一] 是畏那寒了　此五字原脱，據成化本補。

[二五二] 濡其尾亦不知極也　「濡其尾亦不」五字原脱。成化本爲「亦不知極也」，據周義傳義附録卷九補「濡其尾亦不」五字。

[二五三] 敬字　此二字原脱，據成化本補。

[二五四] 今且　此二字原脱，據成化本補。

[二五五] 問居未濟之時　此六字原脱，據成化本補。

[二五六] 初　成化本此下有「六」。

[二五七] 守　成化本此下有「而輕進」。

[二五八] 二陽中正故有曳輪之吉　成化本爲「九二陽剛得中得正曳其輪而不進所以正吉」。

[二五九] 進　成化本爲「進用」，且其下又有「『濡尾曳輪』皆是此意」。

[二六〇] 六　成化本爲「上九」。

[二六一] 人　此字原脱，據成化本補。

[二六二] 彖辭　成化本爲「彖象」。

[二六三] 只是似這處頗費分疏所以有是説　「費」字原脱。成化本爲「而今也著與孔子分疏」，且其下注曰：「一本云：『只是似這處頗費分疏，所以有是説。』」據成化本所注，補「費」字。

〔二六四〕未濟　此二字原脱，據成化本補。

〔二六五〕反不善者　此四字原脱，據成化本補。

〔二六六〕竊謂　此二字原脱，據成化本補。

〔二六七〕九　此字原脱，據成化本補。

〔二六八〕居　此字原脱，據成化本補。

〔二六九〕皆當静守　「皆當」、「守」三字原脱，據成化本補。

〔二七〇〕如此　「此」字原脱。成化本爲「是如此」。據成化本補。

〔二七一〕學蒙　成化本爲「學履」。

卷七十四

［一］那　成化本無。

［二］五國　此二字原脱，據成化本補。

［三］下　此字原脱，據成化本補。

［四］人做　此二字原脱，據成化本補。

［五］如今看面前　「如」、「前」二字原脱，據成化本補。

［六］便是他　「便」、「他」二字原脱，據成化本補。

［七］繫辭　成化本無。

［八］楊氏説得深了　「氏」、「説」、「了」三字原脱，據成化本補。

［九］是説　此二字原脱，據成化本補。

［一〇］定乾坤　此三字原脱，據成化本補。且成化本此條語録尾注有「𠷎」。

［一一］天尊地卑至變化見矣　「至」字原脱。成化本爲「『天尊地卑』章」。文公易説卷九爲「『天尊地卑』至『變化見矣』」，據補「至」字。

［一二］言　成化本爲「而言」。

［一三］而　成化本無。

［一四］而　成化本無。

［一五］然　成化本無。

［一六］母　此字原脱，據成化本補。

［一七］父　成化本此下有「兼一家亦只容有一個尊長，不容並」。

［一八］此條僩録成化本載於卷六十八，底本卷六十八重複載入。

［一九］易　此字原脱，據成化本補。

［二〇］砥　成化本作「礪」，且其下注曰：「人傑録云：『方，猶事也。』」

［二一］字　成化本爲「『方』字」。

［二二］在天成象在地成形　「在」、「天」、「成」、「象」、「在」、「地」六字原脱，據成化本補。

［二三］易之變　此三字原脱，據成化本補。

［二四］易中陰陽二爻變化　成化本爲「是易中陰陽三爻之變化」。

［二五］故　成化本爲「故曰」。

［二六］退之象　此三字原脱，據成化本補。

［二七］坤而　此二字原脱，據成化本補。

［二八］説　成化本此下注曰：「學履録云：『問：「不知是變以成象，化以成形，爲將是『變化』二字同在象、形之間。」曰：「不必如此分。」』」

［二九］中　此字原脱，據成化本補。

［三〇］變通　此二字原脱，據成化本補。

［三一］象也　此二字原脱，據成化本補。

［三二］變　此字原脱，據成化本補。

［三三］林録止最親切……皆作先生説　成化本無。

［三四］於　成化本作「在」。

［三五］群分　此二字原脱，據成化本補。

［三六］陽變化　此三字原脱，據成化本補。

［三七］晝夜之象也　「晝」、「夜」、「之」、「也」四字原脱，據成化本補。

［三八］時　此字原脱，據上下文意補。

［三九］此條與上□□疑一時所同録□少異　成化本無。按，「疑」上有二字缺。「時」字原脱，據上下文意補。「少」上有一字缺。

［四〇］砥　成化本作「礪」。

［四一］節録同　成化本無。

［四二］成　此字原脱，據成化本補。

［四三］中　此字原脱，據成化本補。

［四四］物　成化本爲「植物」。

［四五］如　成化本此下有「有牡麻」。

［四六］竹　成化本此上有「及」。

［四七］此條泳録成化本無。

［四八］知　此字原脱，據成化本補。

［四九］曰　此字原脱，據成化本補。

［五〇］物資　此二字原脱，據成化本補。

［五一］能　此字原脱，據成化本補。

［五二］乾知　此二字原脱，據成化本補。

［五三］才　成化本作「主」。

［五四］其　成化本無。

［五五］得　成化本作「住」。

［五六］即　成化本作「只」。

［五七］來　此字原脱，據成化本補。

［五八］則　成化本作「只」。

［五九］之理　成化本無。

［六〇］只以健順可見義　成化本爲「只看健順可見」。

［六一］曰　成化本爲「又曰」。

［六二］有人甚健則遇事時自然覺易　成化本爲「如健底人則遇事時便做得去自然覺易」。

［六三］又如人稟得性順及其作事便自然簡　成化本爲「又如人稟得性順底人及其作事便自省事自然是簡」。

［六四］方□談　「談」上有一字缺。成化本爲「伯謨」。據閩中理學淵源考卷九「方士繇，字伯謨。莆田人。……從文公遊，遂棄去舉業，直以學古爲事」，疑此三字當爲「方士繇」。

〔六五〕一個　成化本無。

〔六六〕一恁地　成化本無。

〔六七〕又　此字原脱，據成化本補。

〔六八〕吴必大　成化本無。

〔六九〕又問　成化本無。

〔七〇〕番　成化本作「分」。

〔七一〕乾　成化本此上有「乾以易知」。

〔七二〕淵　成化本作「僩」。

〔七三〕乾易坤簡　成化本爲「乾坤易簡」。

〔七四〕了　成化本此下注曰：「饒本云：『逐日被他健了。』」

〔七五〕是　此字原脱，據成化本補。

〔七六〕意　成化本此下有「子細看便見」。

〔七七〕不是要　成化本爲「不是他要」。按，「不」字原脱，據成化本補。

〔七八〕去僞人傑皆録同　成化本爲「去僞同」。

〔七九〕至　成化本無。

〔八〇〕自　成化本無。

〔八一〕曰　此字原脱，據成化本補。

〔八二〕一　成化本無。

［八三］極　成化本無。

［八四］難　成化本作「艱」。

［八五］故可久　成化本無。

［八六］故可大　成化本無。

［八七］乾以易知坤以簡能以下　成化本無。

［八八］繫辭乾坤易簡之理繼之以久大賢人之德業　成化本無。

［八九］底　成化本作「抵」。

［九〇］成化本此下注曰：『按楊氏曰：「可而已，非其至也，故爲賢人之德業。」本義謂：「法乾坤之事，賢於人之賢。」』

［九一］成　成化本無。

［九二］本義云　成化本爲「本義解吉凶者失得之象也一段下云」。

［九三］於　成化本作「乎」。

［九四］因得其所值以斷吉凶也　成化本爲「得因其所值以爲吉凶之決」。

［九五］變　成化本此上有「九六」。

［九六］又　成化本作「反」。

［九七］進自陰而趨乎陽退自陽而趨乎陰也　成化本爲「進自柔而趨乎剛退自剛而趨乎柔」。

［九八］吉凶者……晝夜之象也　成化本爲「吉凶者失得之象四句」。

［九九］這便是吝　成化本無。

［一〇〇］僩録同而略　成化本作「僩」。

［一〇一］吉　成化本此上有「問：『本義説「悔吝者憂虞之象」，以爲「悔自凶而趨吉，吝自吉而向凶」。竊意人心本善，物各有理。若心之所發鄙吝而不知悔，這便是自吉而向凶。』曰：『不然』」。

［一〇二］是　成化本爲「便是」。

［一〇三］是　成化本爲「便是」。

［一〇四］是　成化本爲「便是」。

［一〇五］是　成化本爲「便是」。

［一〇六］或問曰　成化本爲「又問」。

［一〇七］此配陰陽　成化本爲「此以配陰陽則其屬」。

［一〇八］如何説　成化本爲「則如何」。

［一〇九］事　成化本爲「天下事」。

［一一〇］死　成化本此上有「而」。

［一一一］若吉而　成化本爲「若這吉處」。

［一一二］是有凶之道也　成化本爲「畢竟是向那凶路上去又曰日中則昃月盈則食自古極亂未嘗不生於極治」。

［一一三］定　成化本作「足」。

［一一四］此條當録成化本置「右第二章」下。

［一一五］學蒙　成化本爲「學履」。

〔一一六〕而　成化本無。

〔一一七〕而　成化本無。

〔一一八〕却如何理會得占……到用時便占　成化本爲「却如何占得必是閑常理會得此道理到用時便占」。按，「用」，原作「閑」，據上下文及成化本改。

〔一一九〕居　成化本此上有「『看繫辭須先看易，自「大衍之數」以下皆是説卜筮。若不是説卜筮，却是説一無底物。今人誠不知易。』可學云：『今人只見説易爲卜筮作，便群起而争之，不知聖人乃是因此立教。』曰：『聖人丁寧曲折極備。』因舉大畜九三『良馬逐』。『讀易當如筮相似，上達鬼神、下達人道，所謂「冒天下之道」只如此説出模様，不及作爲，而天下之道不能出其中。』可學云：『今人皆執畫前易，皆一向亂説。』曰：『畫前易亦分明。』」

〔一二〇〕自　成化本此上有「占」。

〔一二一〕此條可學録成化本載於卷六十六。

〔一二二〕悔　成化本爲「悔吝」。

〔一二三〕可　成化本爲「可以」。

〔一二四〕以　成化本作「於」。

〔一二五〕爻辭如休復吉底自是平易　成化本爲「觀其爻之所向而爲之辭如休復吉底辭自是平易」。

〔一二六〕困於葛藟底　成化本爲「如困於葛藟底辭」。

〔一二七〕大約也是如此　成化本爲「這般處依約看也是恁地自是不曾見得他底透只得隨衆説如所謂吉凶者失得之象一段却是徹底見得聖人當初作易時意似這處更移易一字不得其他處不能盡見得如此所以不

能盡見得聖人之心」。

［一二八］也不知如何　成化本無。

［一二九］盡　成化本作「是」。

［一三〇］學蒙　成化本爲「學履」。

［一三一］學蒙　成化本爲「學履」。

［一三二］本義解作遍滿之意　成化本無。

［一三三］明　成化本此下有「之」。

［一三四］學蒙　成化本爲「學履」。

［一三五］天是陽地是陰　成化本爲「仰以觀於天文俯以察於地理天文是陽地理是陰」。

［一三六］此條人傑録成化本以部分内容爲注，附於䕶録尾，參下條。

［一三七］人心　成化本無。

［一三八］反觀其終　成化本爲「是反回來觀其終也」。

［一三九］成化本此下注曰：「人傑録云：『却回頭轉來看其終。』」

［一四〇］成化本此下注曰「分章今依本義」。

［一四一］成化本此下注曰：「義剛同。」

［一四二］氣　成化本作「形」。

［一四三］若　成化本無。

［一四四］此條僩録成化本無。按，此條與下條内容相矛盾。

［一四五］如周乎萬物至道濟　成化本爲「知周乎萬物至道濟天下」。

［一四六］是　成化本作「直」。

［一四七］與天地相似故不違知周乎萬物而道濟天下故不違　成化本無。

［一四八］惠實　成化本爲「實惠」。

［一四九］又言　成化本無。

［一五〇］學蒙　成化本爲「學履」。

［一五一］有　成化本無。

［一五二］之　成化本無。

［一五三］人傑謨去僞録同　成化本爲「去僞」。

［一五四］方子録無江西一句　成化本無。

［一五五］道　成化本作「化」。

［一五六］道　成化本作「化」。

［一五七］便做成四時節候　成化本爲「便做成四時十二月二十四氣七十二候之類」。

［一五八］一　成化本作「小」。

［一五九］學蒙　成化本爲「學履」。

［一六〇］有　成化本此上有「易」。

［一六一］個　原作「人」，據上下文及成化本改。

［一六二］至仁者見之謂之仁……此又是分著陰陽　成化本爲「仁者見之謂之仁仁亦屬陽知者見之謂之知

知亦屬陰此就人氣質有偏處分陰陽」。

［一六三］此是指人氣禀有偏處分屬陰陽耳　成化本無。

［一六四］在陰底　成化本爲「忽然在陰」。

［一六五］學蒙　成化本爲「學履」。

［一六六］其體則謂之易此體是個骨子　成化本無。

［一六七］節録同　成化本無。

［一六八］則　成化本無。

［一六九］道夫　成化本作「驤」。

［一七〇］這　成化本無。

［一七一］不　成化本作「本」。

［一七二］之　成化本無。

［一七三］正卿　成化本爲「學蒙」。按朱子語録姓氏：「林學蒙，字正卿。」

［一七四］去僞録同　成化本爲「謨去僞同」。

［一七五］之　成化本無。

［一七六］此條去僞録底本卷五十五重複載入。

［一七七］便　成化本無。

［一七八］便　成化本無。

［一七九］此意　成化本無。

［一八〇］皆好　成化本爲「好皆」。
［一八一］便屬形而上者　成化本爲「便是形而上者屬陽」。
［一八二］時　成化本無。
［一八三］此條謨録成化本載於卷九十四。
［一八四］繼之者善成之者性曰　成化本無。
［一八五］性　成化本此上有「繼之者善，成之者性」。
［一八六］繼之成之　成化本爲「繼之者善成之者性」。
［一八七］仁者知者　成化本爲「問仁者見之」。
［一八八］而　成化本作「便」。
［一八九］而　成化本無。
［一九〇］之　成化本爲「之者」。
［一九一］張文定説公事未判屬陽已判屬陰　成化本爲「張文定公説事未判屬陽已判屬陰」。
［一九二］貞　成化本此下注曰：「謨録云：『是「元亨誠之通，利貞誠之復」。』」
［一九三］此條謨録成化本作爲注，夾於僩録中，參上條。
［一九四］謨去僞録同　成化本爲「去僞」。
［一九五］不是指聖人　成化本爲「非指聖人而言」。
［一九六］㬇録　成化本作「淵」。「㬇」原誤作「曼」，即指㬇淵。
［一九七］變通之謂事　成化本無。

［一九八］變　成化本無。
［一九九］只　成化本無。
［二〇〇］般　成化本無。
［二〇一］便是方做未成形之意　成化本爲「便是只有個象而已象是方做未成形之意已成便屬陰」。
［二〇二］亦無個懸象　成化本爲「亦無個實形只是個懸象」。
［二〇三］之所成　成化本爲「成之」。
［二〇四］夫易廣矣大矣以言乎遠則不禦　成化本無。
［二〇五］静　成化本此上有「止」。
［二〇六］理　成化本此下有「『「静而正」須著工夫看。』徐又曰：『未動時便都有此道理，都是真實，所以下個「正」字』」。
［二〇七］曰　成化本爲「又曰」。
［二〇八］成化本合此條與上條爲一條。參上條。
［二〇九］其下所謂有大生廣生之字　成化本爲「下文有大生廣生云者」。
［二一〇］夫坤　成化本無。
［二一一］不曉　成化本無。
［二一二］本　成化本無。
［二一三］坤　成化本作「地」。
［二一四］是　成化本無。

［二一五］面　成化本作「而」。

［二一六］是　成化本作「見」。

［二一七］陰陽只得一半　成化本爲「陰偏只是一半」。

［二一八］學蒙　成化本爲「學履」。

［二一九］個　成化本無。

［二二〇］那　成化本無。

［二二一］那　成化本無。

［二二二］而　成化本無。

［二二三］月　成化本此下有「相似」。

［二二四］配至德　成化本無。

［二二五］是　成化本作「如」。

［二二六］至　成化本無。

［二二七］義　成化本無。

［二二八］善　成化本此下有「配至德」。

［二二九］似　成化本作「如」。

［二三〇］學蒙　成化本爲「學履」。

［二三一］莫　成化本此上有「配」。

［二三二］直　成化本作「且」。

〔二三三〕易簡之善配至德……是自家所傳得者　成化本爲「又問易簡之善配至德曰易簡是常行之理至德是自家所得者」。

〔二三四〕則　成化本作「只」。

〔二三五〕做去　成化本爲「做將去」。

〔二三六〕此條節録成化本無。

〔二三七〕畏謹　成化本爲「畏懼戒謹戰戰兢兢」。

〔二三八〕正謂此也　成化本爲「無所不致其謹這便都是卑處」。

〔二三九〕高　成化本此下有「這事也合理，那事也合理」。

〔二四〇〕積累多則業益廣　成化本爲「積累得多業便廣」。

〔二四一〕成化本此下注曰：「或録詳，見下。」按，成化本此下一條爲同聞所録，參成化本卷七十四「禮極是卑底物事……所以廣」條。

〔二四二〕此條僩録成化本無。

〔二四三〕知　成化本此上有「崇德廣業」。

〔二四四〕卑　成化本此下有「地也，是踐履事」。

〔二四五〕是　成化本此上有「卑」。

〔二四六〕卑便業廣　成化本爲「凡事踐履將去業自然廣」。

〔二四七〕是　成化本無。

〔二四八〕問天地設位而易行乎其中矣成性存存道義之門曰　成化本無。

［二四九］地之下矣　成化本爲「地之廣」。

［二五〇］謨去僞録同　成化本爲「去僞」。

［二五一］蓋卿　成化本無。

［二五二］此條蓋卿録成化本載於卷七十五。

［二五三］云　成化本無。

［二五四］此條可學録成化本載於卷九十七。

［二五五］個　成化本爲「一個」。

［二五六］成性存存　成化本無。

［二五七］此條人傑録成化本無。

［二五八］成性存存　成化本無。

［二五九］却遺書中作　成化本爲「却是遺書中説作」。

［二六〇］成化本此下注曰：「必大録云：『「成性」如言成就，「存存」是生生不已之意。』」

［二六一］只　成化本無。

［二六二］右第六章　成化本爲「右第七章」。

卷七十五

［一］對　成化本無。

［二］對　成化本無。

［三］辭　成化本作「讀」。

［四］聲　成化本此下注曰：「池録云：『或音亞，或如字，或烏路反。』」

［五］是　成化本此下注曰：「池録云：『烏路切於義爲近。』」

［六］惡　成化本此下注曰：「池録云：『也不可厭惡。』」

［七］成化本此下注曰：「池録略而異。」

［八］古　原脱，據上下文及成化本補。

［九］物　成化本爲「至動」。

［一〇］成化本此下注曰：「淳録云：『本從「口」，是喧鬧意。從「臣」旁亦然。』」

［一一］雷風　成化本爲「風雷」。

［一二］只已有　成化本爲「只是」。

［一三］行　成化本爲「行將去」。

［一四］禮便是節文也升降揖遜是禮之節文　成化本爲「禮便是節文升降揖遜是也」。

［一五］却是　成化本爲「便是他」。

［一六］義　成化本無。

［一七］他那　成化本無。

［一八］只是説道觀他那會通處後　成化本爲「觀他會通處」。

［一九］卦　成化本爲「卦爻」。

［二〇］學蒙　成化本爲「學履」。

［二一］意　成化本此下注曰：「此間連説互體，失記。」且成化本其下接「鶴鳴、好爵，皆卦中有此象……皆疑辭也」，即成化本中此條與下條合爲一條。

［二二］兩斷去　成化本爲「兩段」。

［二三］成化本此上有「又曰：『「同人先號咷而後笑」，聖人却恁地解。』」

［二四］右第七章右第八章無　成化本爲「右第八章」。

［二五］不知　成化本無。

［二六］數　成化本此下注曰：「礪録云：『筮是條數。』」

［二七］字　成化本此下注曰：「礪録云：『只鶻突説了。』」

［二八］閏　成化本此下注曰：「礪録云：『則是六年再閏也。』」

［二九］音卦　成化本無。

［三〇］成化本此下注曰：「礪録小異。」

［三一］自　成化本無。

［三二］自　成化本無。

［三三］去　成化本無。

［三四］之　成化本無。

［三五］此條僩録成化本載於卷六十七。

［三六］倒　成化本作「散」。

［三七］學蒙　成化本爲「學履」。

［三八］學蒙　成化本爲「學履」。

［三九］這　成化本無。

［四〇］學蒙　成化本爲「學履」。

［四一］學蒙　成化本爲「學履」。

［四二］那　成化本作「這」。

［四三］下二字池本作這個　成化本無。

［四四］學蒙　成化本爲「學履」。

［四五］以言者尚其辭及云　成化本爲「以言」。

［四六］動制器　成化本爲「變象」。

［四七］學蒙　成化本爲「學履」。

［四八］之屬　成化本無。

［四九］學蒙　成化本爲「學履」。

［五〇］此條謨録成化本以部分内容爲注，附於學蒙録録尾，參成化本卷七十五「問焉而以言……又於上下

文不順」條。

［五一］參謂互數之　成化本爲「參謂三數之伍謂伍數之」。

［五二］五　原脱，據上下文及成化本補。

［五三］曰　成化本爲「先生云」。

［五四］是　成化本此上有「曰」。

［五五］這　成化本爲「這個」。

［五六］睍　成化本作「窺」。

［五七］學蒙　成化本爲「學履」。

［五八］莫　成化本爲「莫是」。

［五九］七去八八去九　成化本爲「七生八八生九」。

［六〇］雖深　成化本爲「他恁黑窣窣地深」。

［六一］然却事事有一個端緒可尋　成化本爲「然其中却事事有又曰事事都有個端緒可尋又曰：有路脈線索在裏面」。

［六二］又　成化本無。

［六三］研是　成化本爲「研者便是」。

［六四］幾便是周子所謂動而未形有無之間　成化本爲「或問幾曰便是周子所謂動而未形有無之間者也」。

［六五］大抵皆是　成化本無。

［六六］依遷國　成化本爲「大作」。按，據周易下經咸傳第四：「初九利用爲大作元吉無咎，象曰：『元吉無咎，下不厚事也。』」又，下文「象只曰『下不厚事也』」，此當爲「大作」。

［六七］而　成化本作「則」。

［六八］却　成化本作「但」。

［六九］但　成化本無。

［七〇］蓍之德圓而神卦之德方以知　成化本無。

［七一］便是説他物事聖人雖無私意知這個　成化本無。

［七二］只是説　成化本無。

［七三］他物　成化本無。

［七四］此條淵録成化本爲兩條分處上下，其中「易以貢是變易以告人……皆是得其理不假其物」爲上條，「前面一截説易之理……方是説卜筮」爲下條。

［七五］之　成化本無。

［七六］却　成化本無。

［七七］心　成化本作「胸」。

［七八］不　成化本爲「都不」。

［七九］無累無跡　成化本爲「都無一毫之累更無些跡」。

［八〇］往　成化本此下有「『是誰人會恁地？非古人「聰明睿知、神武而不殺者」不能如此。「神武不殺者」，聖人於天下自是所當者摧，所向者伏，然而他都不費手脚。』又曰：『他都不犯手，這便是「神武

不殺」』」。

〔八一〕知來是如明鏡然物來都見　成化本爲「又曰神以知來如明鏡然物事來都看見」。

〔八二〕都　成化本此上有「他」。

〔八三〕藏在裏面　成化本爲「又曰都藏得在這裏」。又，其下又有「又曰如揲著然……只退聽於鬼神」，底本此部分内容另作一條，參本卷「問聖人以此齋戒以神明其德夫……只退聽於鬼神」條。

〔八四〕是誰會恁地……不能如此　此句成化本置「却『神以知來，知以藏往』」後。

〔八五〕學蒙　成化本無。

〔八六〕問聖人以此齋戒以神明其德夫　成化本爲「又曰如揲著然當其未揲也都不知揲下來底是陰是陽是老是少便是知來底意思及其成卦了則事都絣定在上面了便是藏往下文所以云是以明於天之道察於民之故設爲卜筮以爲民之鄉導故只是事聖人於此又以卜筮而齋戒以神明其德」。

〔八七〕曰　成化本無。

〔八八〕便是　成化本爲「之神字便似」。

〔八九〕凶　成化本此下有「陰」。

〔九〇〕神陰相之　成化本爲「神明之相」。

〔九一〕聖人之於卜筮　成化本爲「又曰聖人於卜筮」。

〔九二〕則　成化本作「只」。

〔九三〕未形　成化本爲「未成形」。

〔九四〕此條成化本無。

［九五］學蒙　成化本爲「學履」。

［九六］血是陰而氣則是陽　成化本爲「血陰而氣陽也」。

［九七］也　成化本作「而」。

［九八］此　成化本無。

［九九］學蒙　成化本爲「學履」。且此條成化本載於卷六十五。

［一〇〇］略　成化本無。

［一〇一］也　成化本無。

［一〇二］終　成化本爲「終始」。

［一〇三］録　成化本無。

［一〇四］三百六十　成化本爲「三百八十四」。

［一〇五］此條淳録成化本作爲注，附於淵録尾，參本卷淵録「天下之至賾……方可索他那隱底」條。又，「賾」原作「賾」，據上下文及成化本改。

［一〇六］明　成化本此下有「處」。

［一〇七］事　成化本爲「之事」。

［一〇八］歐陽公　成化本爲「歐公」。

［一〇九］如　成化本爲「如今」。

［一一〇］一等　成化本無。

［一一一］面　成化本無。

〔一一二〕成化本此下注有「義剛」，且此條載於卷六十七。
〔一一三〕變爻　成化本爲「爻變」。
〔一一四〕只　成化本無。
〔一一五〕皆　成化本無。
〔一一六〕則　成化本作「只」。
〔一一七〕辭　成化本作「象」。
〔一一八〕上　成化本無。
〔一一九〕學蒙　成化本爲「學履」。
〔一二〇〕言是　成化本爲「是言」。
〔一二一〕是　成化本無。
〔一二二〕言　成化本此下有「又曰：『「書不盡言，言不盡意」，是元舊有此語。』」
〔一二三〕不知　成化本爲「曉不得他」。
〔一二四〕支　成化本此下有「是游」。
〔一二五〕蓋　成化本無。
〔一二六〕卦　成化本爲「二卦」。
〔一二七〕象　成化本爲「易之書」。
〔一二八〕道理　成化本爲「説易之道理」。
〔一二九〕此條un録成化本分爲兩條，其中「鼓之舞之以盡神……知吉凶後如此」爲一條，「乾坤成列……行乎其中者却是説易之道理」另作一條。

〔一三〇〕問論語　成化本爲「向論」。

〔一三一〕是　成化本此上有「緼」。

〔一三二〕成化本此下注曰：「人傑録云：『緼，如「緼袍」之「緼」，是個胎骨子。』」

〔一三三〕震四　成化本此下有「巽五、坎六、艮七、坤八」。

〔一三四〕卦都成了　成化本爲「都成列了」。

〔一三五〕謂　成化本作「説」。

〔一三六〕謂　成化本作「説」。

〔一三七〕節録同而詳　成化本無。

〔一三八〕成化本此下有「又曰：『形以上底虚渾是道理，形以下底實便是器。』」

〔一三九〕方子録同　成化本無。

〔一四〇〕此條淵録成化本無。

〔一四一〕欄　成化本無。

〔一四二〕形而上者謂之道形而下者謂之器　成化本爲「形而上謂道形而下謂器」。

〔一四三〕成化本此下注有「賀孫」。

〔一四四〕必　成化本此上有「爲人君止於仁，爲人子止於孝」。

〔一四五〕形　成化本作「皮」。

〔一四六〕而　成化本無。

〔一四七〕此條方子録成化本作爲注，附於卷六十八學蒙録尾。參底本卷六十八「乾坤是性情……又是兩個物事」條。

〔一四八〕學蒙　成化本爲「學履」。

〔一四九〕成化本此下注曰：「方子録云：『陽化而爲陰只恁消縮去，無痕迹，故謂之化。陰變而爲陽，其勢浸長，便覺突兀有頭面，故謂之變。』」此部分方子録底本另作一條載於卷七十六。

〔一五〇〕亥　成化本此下有「後」。

〔一五一〕這　成化本無。

〔一五二〕裏　成化本作「處」。

〔一五三〕可學　成化本爲「學履」。

〔一五四〕裁　成化本作「截」。

〔一五五〕如　成化本作「乾」。

卷七十六

［一］學蒙　成化本爲「學履」。

［二］做　成化本無。

［三］學蒙　成化本爲「學履」。

［四］相錯　成化本爲「交錯」。

［五］爲　成化本作「而」。

［六］底　成化本作「者」。

［七］學蒙　成化本爲「學履」。

［八］學蒙　成化本爲「學履」。

［九］吉　成化本此上有「問」。

［一〇］字　成化本此下有「『便是性之骨。』曰：『貞是常恁地』」。

［一一］猶言附子者……貞寒者也　此部分成化本作小字，且其下有：「天下只有個吉凶常相往來。陰符云『自然之道静故萬物生，天地之道浸故陰陽勝』，極説得妙。静能生動。『浸』是漸漸恁地消去，又漸漸恁地長，天地之道便是常恁地示人。陰符經云：天地萬物之道浸故陰陽勝，陰陽相推而變化順矣。」

［一二］此條成化本無。

［一三］這個　成化本無。

〔一四〕感興詩　成化本爲「感寓詩」。
〔一五〕即是個　成化本爲「只是」。
〔一六〕看　成化本此下有「教」。
〔一七〕砥　成化本作「礪」。
〔一八〕吉凶者貞勝者也　成化本無。
〔一九〕此條人傑録成化本以部分内容夾注於畨録中，參下條。
〔二〇〕説　成化本爲「説作」。
〔二一〕易　成化本爲「易傳」。
〔二二〕之　成化本無。
〔二三〕勝　成化本此下注曰：「人傑録云：『理自如此。』」
〔二四〕相　成化本無。
〔二五〕謂　成化本爲「只一」。
〔二六〕云　成化本爲「著一」。
〔二七〕其　成化本無。
〔二八〕之中　成化本無。
〔二九〕如　成化本此下有「朱雀、青龍、白虎只一物」。
〔三〇〕玄武　成化本此上有「至」。
〔三一〕成化本此下注曰：「人傑録略。」

［三二］又　成化本無。

［三三］此　成化本無。

［三四］人看　成化本爲「看人」。

［三五］雖　成化本無。

［三六］自　成化本無。

［三七］學蒙　成化本爲「學履」。

［三八］學蒙　成化本爲「學履」。

［三九］成化本此下注有「淵」。

［四〇］學蒙　成化本爲「學履」。

［四一］禁民爲非　成化本爲「禁非」。

［四二］兩字　成化本無。

［四三］這　成化本無。

［四四］節録同而略　成化本無。

［四五］古者　成化本無。

［四六］又　成化本作「文」，屬上讀。

［四七］馬　成化本作「鳥」。篇　成化本作「宿」。又成化本此條下注有「僩」。

［四八］曰麗曰悦曰入　成化本爲「曰『入』、曰『麗』、曰『悦』」。

［四九］等　成化本無。

〔五〇〕成化本此下注曰：「可學録云：『「蓋」字有義。』」

〔五一〕通其變　成化本無。

〔五二〕此條可學録成化本以部分内容附注於淳録尾，參本卷「『蓋取諸益』等，『蓋』字乃模樣是恁地」條。

〔五三〕三年也　成化本無。

〔五四〕而　成化本無。

〔五五〕訴　成化本作「説」。

〔五六〕無討更理會處　成化本爲「無理會處」。

〔五七〕復　成化本作「後」。

〔五八〕象　成化本作「象」。

〔五九〕方子録同　成化本無。

〔六〇〕易者象也……效天下之動也　成化本無。

〔六一〕則　成化本作「只」。

〔六二〕學蒙　成化本爲「學履」。又成化本以上三條置「右第三章」上，即「右第三章」僅收此三條。

〔六三〕此條淵録成化本置「右第四章」上。「右第四章」僅收此一條。

〔六四〕個　成化本無。

〔六五〕何不先云殊塗百慮而後及一致同歸　成化本爲「何不云殊塗而同歸百慮而一致」。

〔六六〕從周録同　成化本爲「至録略」。

〔六七〕方子録同　成化本無。

[六八] 或問横渠説……合當云所以利吾外也　成化本無。
[六九] 學蒙　成化本爲「學履」，且此條載於卷九十八。
[七〇] 此條淵録成化本卷九十八以部分内容夾注於方子録中，參下條。
[七一] 來　成化本此下注曰：「淵録云：『前人都説不到。』」
[七二] 此條方子録成化本載於卷九十八。
[七三] 其　成化本無。
[七四] 地　成化本無。
[七五] 云　成化本無。
[七六] 此條方子録成化本卷七十五作爲注，附於淵録尾。參底本卷七十五淵録「化而裁之……亦與鬼神屈伸意相似」條。
[七七] 物　成化本此下注曰：「學蒙録作『挨動不得底物事』。」
[七八] 耳　成化本此下注曰：「學蒙録云：『「且以事言，有着力不得處。若只管着力去做，少間做不成，他人却道自家無能，便是辱了。」或曰：「若在其位，則只得做。」曰：「自是如此。」』」
[七九] 學蒙　成化本爲「學履學蒙録詳」。
[八〇] 裁節　成化本爲「中節」。
[八一] 此條僩録成化本無。
[八二] 他這　成化本無。
[八三] 頭　成化本無。

［八四］都　成化本無。

［八五］似　成化本此上有「曰」。

［八六］學蒙　成化本爲「學履」。

［八七］了　成化本此下有「三人行，減了一個則是兩個，便專一。一人行，得其友，成兩個，便專一」。

［八八］右第四章　成化本爲「右第五章」。

［八九］公晦録同　成化本無。

［九〇］成化本此下注曰：「畲録云：『撰是所爲。』」底本以此畲録另作一條，參下條。

［九一］此條畲録成化本以部分内容附注於淵録尾，參上條。

［九二］後　成化本爲「後面」。

［九三］成化本此下注有「學蒙」。

［九四］學蒙　成化本作「僩」。

［九五］成化本此條下注有「僩」。

［九六］右第五章　成化本爲「右第六章」。

［九七］正卿　成化本爲「學蒙」。

［九八］成化本此下注有「方子」。

［九九］初七日至信州……不惜言之　成化本無。

［一〇〇］蓋　成化本無。

［一〇一］成化本此條與下條蓋卿録合爲一條。

［一〇二］　此條蓋卿録成化本卷十一重複載入，參成化本卷十一蓋卿録「今之談經者往往有四者之病……此今日談經之大患也」條。
［一〇三］　多　成化本此上有「巽」。
［一〇四］　蓋巽字非順之義所以能盡　成化本爲「蓋巽字之義非順所能盡」。按「字」原作「事」，據上下文及成化本改。
［一〇五］　順　成化本此上有「乃」。
［一〇六］　者　成化本無。
［一〇七］　文　成化本作「之」。
［一〇八］　此條僩録成化本載於卷七十。
［一〇九］　問　成化本無。
［一一〇］　後　成化本無。
［一一一］　學蒙録同　成化本無。
［一一二］　巽　成化本此上有「又曰」。
［一一三］　以稱爲揚之説　成化本爲「以稱揚爲説」。
［一一四］　稱稱揚也　成化本無。
［一一五］　砥　成化本作「礪」。
［一一六］　問井義而辨　成化本爲「或問井以辨義之義曰井居其所而遷又云井德之地也」。
［一一七］　曰　成化本作「蓋」。

［一一八］居其所而不遷　成化本無。

［一一九］而　成化本無。

［一二〇］於外　成化本無。

［一二一］動　成化本作「窮」。

［一二二］井德之地亦是指那不動之處　成化本爲「德之地也地是那不動底地頭一本云是指那不動之處」又，成化本此下有「又曰：『佛家有「函蓋乾坤」句，有「隨波逐流」句，有「截斷衆流」句。聖人言語亦然。如「以言其遠則不禦，以言其邇則靜而正」，此函蓋乾坤句也。如「井以辨義」等句只是隨道理説將去，此隨波逐流句也。如「復其見天地之心」、「神者妙萬物而爲言」，此截斷衆流句也』」，此部分内容底本另作一條載於卷六十七，注爲學蒙録，參底本該卷「佛家有三包……此截斷衆流句也」條。

［一二三］陳才卿　成化本爲「才卿」。

［一二四］巽風也……權之用亦猶是也　成化本無。

［一二五］稱如風之鼓舞有稱揚之義　成化本無。

［一二六］右第六章　成化本爲「右第七章」。

［一二七］他　成化本無。

［一二八］這　成化本無。

［一二九］他這個　成化本無。

［一三〇］内　成化本此上有「據文勢則」。

［一三一］上下文意都不相屬　此八字成化本置於「但不曉其意是説甚底」後，參下文。

〔一三二〕硬解也解得　成化本爲「硬解時也解得去」。

〔一三三〕訓　成化本作「説」。

〔一三四〕後面説二與四同功……不利遠者也難曉　成化本爲「上下文意都不相屬又曰上文説不可爲典要下文又説既有典常這都不可曉常猶言常理」。

〔一三五〕學蒙　成化本爲「學履」。

〔一三六〕右第七章　成化本爲「右第九章」。

〔一三七〕中　成化本無。

〔一三八〕低　成化本此下有「或遠或近」。

〔一三九〕位　成化本此下有「二多譽，四多懼，近也」。

〔一四〇〕三　成化本此上有「三與五同功而異位」。

〔一四一〕學蒙　成化本爲「學履」。

〔一四二〕此條賀孫録成化本載於卷六十七。

〔一四三〕此條敬仲録成化本載於卷七十四。

〔一四四〕止　成化本作「至」。

〔一四五〕却　成化本無。

〔一四六〕是　成化本無。

〔一四七〕學者曰　成化本爲「敬子云」。

〔一四八〕敬　「敬」字缺。據韓詩外傳卷四「君子大心則敬天而道，小心則畏義而節」補。

［一四九］學者曰　成化本爲「李云」。

［一五〇］只　成化本此上有「險阻」。

［一五一］見得　成化本無。

［一五二］恃　成化本無。

［一五三］當文王與紂之事邪……此之謂易之道也　成化本爲「至此之謂易之道也」。

［一五四］便　成化本無。

［一五五］此　成化本此上有「又曰」。

［一五六］險　成化本此上有「又曰」。

［一五七］恪録同　成化本爲「學履録少異」。

［一五八］夫乾……德行常簡以知阻　成化本爲「乾常易以知險坤常簡以知阻」。

［一五九］後又一段甚詳　成化本爲「或録云乾到險處便止不行所以爲常易」。

［一六〇］從看便　成化本無。

［一六一］因登山而明險阻之義　成化本無。

［一六二］此條泳録成化本無。

［一六三］此條公謹録成化本無。

［一六四］大率　成化本無。

［一六五］般　成化本無。

［一六六］能説諸心是　成化本爲「能説諸心能研諸慮方始能定天下之吉凶成天下之亹亹」。

［一六七］他　成化本無，且此下有「『定天下之吉凶』是剖判得這事，『成天下之亹亹』是做得這事業」。底本此部分内容另作一條，參下條。

［一六八］此條與上條學蒙録成化本合爲一條，參上條。

［一六九］是　成化本作「占」。

［一七〇］學蒙　成化本爲「學履」。

［一七一］與　成化本此上有「與」。

［一七二］與能　成化本此下有「『與』字去聲」。

［一七三］及　成化本此下有「卜筮、卿士」。

［一七四］屈　成化本此下有「一段」。

［一七五］不知如何　成化本無。

［一七六］學蒙　成化本爲「學履」。

［一七七］右第九章　成化本爲「右第十二章」。

卷七十七

〔一〕此條淵録成化本無。
〔二〕參　原作「三」。據方子録尾「『參』是『無往參焉』之『參』」改。
〔三〕説　成化本無。
〔四〕之數　成化本無。
〔五〕方子　成化本無。按，此條成化本注爲至録。
〔六〕無　成化本無。
〔七〕參　成化本此下有「『兼三才而兩之』。初剛而二柔，按，下二爻於三極爲地。三仁而四義，按，中二爻於三極爲人。五陽而上陰。按，上二爻於三極爲天。陽化爲陰，只恁地消縮去，無痕跡，故謂之化。陰變爲陽，其勢浸長，便較突兀，有頭面，故謂之變。陰少於陽，氣理數皆如此，用全用半，所以不同」。且録尾注有「至」。
〔八〕三畫　原脱，據成化本補。
〔九〕謨僩同　成化本爲「去僞」。
〔一〇〕學蒙　成化本爲「學履」。
〔一一〕也　原脱，據成化本補。
〔一二〕學蒙　成化本爲「學履」。

〔一三〕是做　「是」字原脱，「做」原作「故」，據成化本改。

〔一四〕是因仁知　成化本爲「是仁」。

〔一五〕至　原脱，據成化本補。

〔一六〕此條可學録成化本無。

〔一七〕人傑謨去僞同　成化本爲「去僞」。

〔一八〕理　成化本此下有「盡性」。

〔一九〕覺　成化本爲「覺得」。

〔二〇〕窮、理　原脱，據成化本補。

〔二一〕盡性　原脱，據成化本補。

〔二二〕我　原脱，據成化本補。

〔二三〕却　成化本無。

〔二四〕耳　原脱，據成化本補。

〔二五〕論舜事　原脱，據成化本補。

〔二六〕舜　原脱，據成化本補。

〔二七〕化　原脱，據成化本補。

〔二八〕中　成化本此下有「有」。

〔二九〕方子録止注兩句　成化本無。

〔三〇〕此條學蒙録成化本無。

[三一] 與 成化本無。

[三二] 只 成化本爲「亦只」。

[三三] 如這 成化本無。

[三四] 道 成化本作「一」。

[三五] 曰 成化本作「問」。

[三六] 是 成化本作「能」。

[三七] 是 成化本作「能」。

[三八] 這理 成化本爲「此理」。按，「理」字原脱，據成化本補。

[三九] 既有 原脱，據成化本補。

[四〇] 又 原脱，據成化本補。

[四一] 周子謂 「子謂」二字原脱，據成化本補。

[四二] 五殊 原脱，據成化本補。

[四三] 一 原脱，據成化本補。

[四四] 實 原脱，據成化本補。

[四五] 萬一 原脱，據成化本補。

[四六] 有 原脱，據成化本補。

[四七] 自下 原脱，據成化本補。

[四八] 推 成化本此下有「而」。

［四九］只是二　原脱，據成化本補。

［五〇］二氣又只是一理　「二」、「是」、「一」三字原脱，據成化本補。

［五一］自上推下來　「自」、「推」二字原脱，據成化本補。

［五二］這　成化本作「此」。

［五三］理　原脱，據成化本補。

［五四］又　原脱，據成化本補。

［五五］命　原脱，據成化本補。

［五六］每粒　成化本無。

［五七］理　原脱，據成化本補。

［五八］與後文通看　成化本爲「將前後文通看」。按，「看」字原脱，據成化本補。

［五九］或　原脱，據成化本補。

［六〇］太極解　成化本無。

［六一］理　成化本此下有「言」。

［六二］此條淳録成化本分三條，載於卷七十七、卷九十四。其中「問立天之道曰陰陽……萬古只如此」爲一條，載於卷七十七；「問太極動而生陽……然此段更須將前後文通看」爲一條，載於卷九十四；「或問萬物各具一太極……以理言」又爲一條，注爲雉所録，亦載於卷九十四。

［六三］剛　原脱，據成化本補。

［六四］是　原脱，據成化本補。

〔六五〕果决做　成化本爲「果决」。按，「果」原作「畏」，據上下文及成化本改；「决」字原脱，據成化本補。
〔六六〕這　原脱，據成化本補。
〔六七〕仁屬陽　原脱，據成化本補。
〔六八〕屬陰處　原脱，據成化本補。
〔六九〕陽　原脱，據成化本補。
〔七〇〕是　原脱，據成化本補。
〔七一〕中之陰　原脱，據成化本補。
〔七二〕是有　原脱，據成化本補。
〔七三〕了　原脱，據成化本補。
〔七四〕見得　成化本爲「見得」。按，「見」字原脱，據成化本補；「得」原作「待」，據上下文與成化本改。
〔七五〕底　原脱，據成化本補。
〔七六〕陰陽以　原脱，據成化本補。
〔七七〕節　成化本作「淵」。
〔七八〕兼三才　原脱，據成化本補。
〔七九〕二　原脱，據成化本補。
〔八〇〕仁而四義　原脱，據成化本補。
〔八一〕兩之　原脱，據成化本補。

［八二］如　原脱，據成化本補。
［八三］倍　原脱，據成化本補。
［八四］又　原脱，據成化本補。
［八五］加一個　原脱，據成化本補。
［八六］節録同　成化本無。
［八七］聖人　原脱，據成化本補。
［八八］兼三才而兩之　「兼」、「才」、「兩」三字原脱，據成化本補。
［八九］一大　原脱，據成化本補。
［九〇］師　原脱，據成化本補。
［九一］只　原脱，據成化本補。
［九二］秉彝之善　成化本此上有「秉彝之良，而不失其本然之善」。
［九三］理　原脱，據成化本補。
［九四］象　原脱，據成化本補。
［九五］有　原脱，據成化本補。
［九六］理　成化本此下注曰：「僩録此下云：『須一一與它盡得。』」
［九七］如　原脱，據成化本補。
［九八］此條僩録成化本以部分内容夾注於卷十三卓録中。此條僩録原脱文字均據卷十三卓録補，參底本卷十三「又問易聖人參天地而兩之……皆輔相左右民事」條。

［九九］通　成化本無。
［一〇〇］水　原脱，據成化本補。
［一〇一］山澤通　原脱，據成化本補。
［一〇二］水火不相　原脱，據成化本補。
［一〇三］山澤一高一下　「山」、「高」、「下」三字原脱，據成化本補。
［一〇四］輸也　原脱，據成化本補。
［一〇五］水　原脱，據成化本補。
［一〇六］滅息也　原脱，據成化本補。
［一〇七］或　原脱，據成化本補。
［一〇八］斁同　原脱，據成化本補。
［一〇九］用　原脱，據成化本補。
［一一〇］成化本此下注有「僩」。
［一一一］雷風相　原脱，據文公易説卷十七萬人傑録補。
［一一二］不相　原脱，據文公易説卷十七萬人傑録補。
［一一三］射　原脱，據成化本補。
［一一四］成化本此下注有「人傑」。按，成化本人傑録僅有「射猶犯也」四字。
［一一五］水火不相射　原脱，據上下文意補。
［一一六］一音亦　原脱，據成化本補。

［一一七］厭之意　原脱，據成化本補。

［一一八］一音　原脱，據成化本補。

［一一九］水火本相殺滅　原脱，據成化本補。

［一二〇］用一物　原脱，據成化本補。

［一二一］却相爲　原脱，據成化本補。

［一二二］者順　原脱，據成化本補。

［一二三］上看　原脱，據成化本補。

［一二四］錯　原脱，據成化本補。

［一二五］以　成化本作「似」。

［一二六］半　成化本此下有「逆」。

［一二七］動之　原脱，據成化本補。

［一二八］不得　成化本爲「又不得」。　只得　原脱，據成化本補。

［一二九］後四　原脱，據成化本補。

［一三〇］乎震　原脱，據成化本補。

［一三一］成化本此下注有「淵」。

［一三二］出　原脱，據成化本補。

［一三三］得　成化本此下有「離中虚明，可以爲南方之卦。坤安在西南，不成西北方無地！西方肅殺之地如何云『萬物之所説』？乾西北，也不可曉，如何陰陽只來這裏相薄？『勞乎坎』，『勞』字去聲，似乎慰勞之

意。言萬物皆歸藏於此，去安存慰勞他」。

［一三四］休息　原脱，據成化本補。

［一三五］物　原脱，據成化本補。

［一三六］艮也者　原脱，據成化本補。

［一三七］萬物之所以成終而成始也　「萬物之所以成終」、「始也」九字原脱，據成化本補。

［一三八］猶春　原脱，據成化本補。

［一三九］位在　原脱，據成化本補。

［一四〇］方　成化本爲「方子」。

［一四一］文王八　原脱，據成化本補。

［一四二］艮震在東北　原脱，據成化本補。

［一四三］兑在西南　原脱，據成化本補。

［一四四］陽方　原脱，據成化本補。

［一四五］卦次序　原脱，據成化本補。

［一四六］是　成化本無。

［一四七］未有文王次　原脱，據成化本補。

［一四八］六子　原脱，據成化本補。

［一四九］這自是文王底　「這」、「王」二字原脱，據成化本補。

［一五〇］各　原脱，據成化本補。

[一五一] 八卦　原脱，據成化本補。

[一五二] 以　原脱，據成化本補。

[一五三] 配　原脱，據成化本補。

[一五四] 換　原脱，據成化本補。

[一五五] 自　成化本爲「自是」。

[一五六] 剛柔　原脱，據成化本補。

[一五七] 此條方子録成化本無，但卷六十七載淵同聞所録。參底本卷六十七淵録「易中説卦爻多只是説剛柔……健順之粗者」條。此條方子録所脱文字，據卷六十七淵録補。

[一五八] 此條淵録成化本載於卷六十七。

[一五九] 若　原脱，據成化本補。

[一六〇] 策　原脱，據成化本補。

[一六一] 震一索　原脱，據成化本補。

[一六二] 男　原脱，據成化本補。

[一六三] 云云一段　成化本爲「一段」。按，「云云」、「段」三字原脱，文公易説卷十七爲「云云一段」，據文公易説卷十七補。

[一六四] 不當專　原脱，據成化本補。

[一六五] 有不　原脱，據成化本補。

[一六六] 次　成化本無。

［一六七］通　原脱，據成化本補。

［一六八］大概只是乾求於坤而得震坎艮　「大概只是」、「得」、「震」、「艮」七字原脱，據成化本補。

［一六九］求　原脱，據成化本補。

［一七〇］離兑　原脱，據成化本補。

［一七一］一二　原脱，據成化本補。

［一七二］之次　原脱，據成化本補。

［一七三］遺書　原脱，據成化本補。

［一七四］言乾　原脱，據成化本補。

［一七五］子　原脱，據成化本補。

［一七六］一段　原脱，據成化本補。

［一七七］如何　原脱，據成化本補。

［一七八］主張　原脱，據成化本補。

［一七九］理　原脱，據成化本補。

［一八〇］又有一段却不取　「又」、「却」、「取」三字原脱，據成化本補。

［一八一］此條可學録成化本載於卷九十七。

［一八二］索　原脱，據成化本補。

［一八三］字　原脱，據成化本補。

［一八四］否　原脱，據成化本補。

[一八五] 揲　原脱，據成化本補。

[一八六] 二陽　原脱，據成化本補。

[一八七] 所　原脱，據成化本補。

[一八八] 所以有天地絪緼男女構精之義　成化本爲「所以損有男女構精之義」。

[一八九] 學蒙　成化本無，且此條學蒙録載於卷七十六。

[一九〇] 卦象　原脱，據成化本補。

[一九一] 陽而　原脱，據成化本補。

[一九二] 此　原脱，據成化本補。

[一九三] 卦　成化本無。

[一九四] 乾卦音干　成化本無。

[一九五] 楊至之問曰　成化本爲「至之問」。

[一九六] 捉　原脱，據成化本補。

[一九七] 象　原脱，據成化本補。

[一九八] 大概略恁地　「概」、「略」、「地」三字原脱，據成化本補。

[一九九] 陳安卿説　成化本爲「安卿説」。按，此四字原脱，文公易説卷十七爲「陳安卿説」，據文公易説卷十七補。

[二〇〇] 麻衣以艮爲鼻　「麻」、「艮爲鼻」四字原脱，據成化本補。

[二〇一] 之山　原脱，據成化本補。

［二〇二］者　成化本作「晉」，屬下讀。
［二〇三］已　原脱，據成化本補。
［二〇四］各有取管　原脱，據成化本補。
［二〇五］爲手　原脱，據成化本補。
［二〇六］義　原脱，據成化本補。
［二〇七］風　原脱，據成化本補。
［二〇八］股　原脱，據成化本補。
［二〇九］先生蹙　原脱，據成化本補。
［二一〇］此　原脱，據成化本補。
［二一一］陳淳録　成化本無。疑「録」下脱「同」字。
［二一二］序卦自　原脱，據成化本補。
［二一三］男女　原脱，據成化本補。
［二一四］因咸　原脱，據成化本補。
［二一五］起　原脱，據成化本補。
［二一六］云　王本作「去」。
［二一七］個　原脱，據成化本補。
［二一八］謙輕　原脱，據成化本補。
［二一九］人傑去僞並同　成化本爲「去僞」。按，「僞」字原脱，據成化本補。

〔二三〇〕說　原脱，據成化本補。

〔二三一〕未　原脱，據成化本補。

〔二三二〕之在涪也方讀易　原脱，據成化本補。

〔二三三〕箍人　成化本爲「箍桶人」。

〔二三四〕故珠林　成化本爲「火珠林」。

卷七十八

［一］言大道　成化本無。

［二］少昊顓帝高辛　成化本無。

［三］此皆未可曉也　成化本爲「皆未可曉」。

［四］成化本此下注曰：「以下論三皇五帝。」

［五］處　成化本無。

［六］當　成化本無。

［七］之數　成化本無。

［八］泰誓篇　成化本無。

［九］那　成化本作「耶」，屬上讀。

［一〇］曉　成化本此下有「又問：『歐公所作帝王世次序闢史記之誤，果是否？』曰：『是皆不可曉』」。

［一一］之　成化本無。

［一二］爲何　成化本爲「何爲」。

［一三］又　成化本無。

［一四］義剛　成化本無。

［一五］大禹謨　成化本爲「禹謨」。

［一六］成化本此下注曰：「以下論古、今文。」

［一七］因論　成化本無。

［一八］以　成化本無。

［一九］綴　成化本此上有「皆緝」。

［二〇］皆　成化本爲「皆出」。

［二一］大禹謨　成化本爲「禹謨」。

［二二］當時之人識　成化本爲「不當時之人却識」。

［二三］方子　成化本無。

［二四］便　成化本作「俚」。

［二五］諸家　成化本無。

［二六］成化本此下注有「諸家解」。

［二七］則　成化本無。

［二八］曉　成化本爲「易曉」。

［二九］劉兄　成化本作「劉」。

［三〇］了　成化本無。

［三一］亦　成化本無。

［三二］周公旦　成化本爲「周公且」。

［三三］陳安卿　成化本爲「安卿」。

〔三四〕書　成化本無。
〔三五〕故　成化本作「後」。
〔三六〕道夫　成化本無。
〔三七〕成化本此下注曰：「讀尚書法。」
〔三八〕分曉　成化本爲「分明」。
〔三九〕伊訓太甲三篇咸有一德　成化本無。
〔四〇〕漢人　成化本爲「孔子」。
〔四一〕自　成化本無。
〔四二〕之　成化本無。
〔四三〕觀　成化本此上有「以」。
〔四四〕有略須解者　成化本無。
〔四五〕吕伯恭　成化本爲「伯恭」。
〔四六〕昨日嘗語子上……又云　成化本無。
〔四七〕洛誥　成化本無。
〔四八〕孔氏「氏」原作「民」。成化本爲「孔子」。按，據前文「書序恐不是孔安國做」，「孔民」似爲「孔氏」之誤。
〔四九〕成化本此下注曰：「論孔序。」
〔五〇〕庚　成化本無。

[五一] 孔安國注　成化本無。

[五二] 某疑　成化本無。

[五三] 亦非後漢文　成化本無。

[五四] 文章　成化本此下注曰：「漢時文字粗，魏晉間文字細。」

[五五] 成化本此下注曰：「論孔傳。」

[五六] 因説書云　成化本無。

[五七] 如此　成化本無。

[五八] 可疑也　成化本無。

[五九] 他　成化本無。

[六〇] 却　成化本無。

[六一] 成化本此下注曰：「論小序。」

[六二] 所以除却　成化本爲「却除」。

[六三] 於　成化本無。

[六四] 王叔　成化本爲「三叔」。

[六五] 訓　成化本作「詞」。

[六六] 堯典小序　成化本作「序」。

[六七] 成化本此下注有「人傑」。

[六八] 如何　原缺，據成化本補。

〔六九〕平章百姓　成化本無。
〔七〇〕曆家　成化本爲「曆象」。
〔七一〕羲和伯　成化本爲「羲伯、和伯」。
〔七二〕卒乃復是事畢而歸非是以贄爲復也　成化本無。
〔七三〕非也　成化本此下有「古注以爲羲仲居治東方之官，非也」。
〔七四〕一　成化本作「亦」。
〔七五〕祭　成化本作「察」。
〔七六〕此條廣録成化本無。
〔七七〕此德明録成化本無。
〔七八〕驩兜　成化本爲「放齊」。
〔七九〕黑　成化本此下注曰：「夔孫録云：『問：「『啓明』與『嚚訟』相反。『静言庸違』則不能成功，却曰『方鳩孱功』。」曰：「便是驩兜以白爲黑」云云。』」
〔八〇〕是　成化本無。
〔八一〕處　成化本爲「人多」。
〔八二〕了　成化本無。
〔八三〕同　成化本作「略」。
〔八四〕司徒　成化本無。
〔八五〕家　成化本作「宗」。

[八六] 其 成化本無。

[八七] 成化本此下注曰：「必大録別出。」且其下條爲必大録，參成化本卷七十八必大録「正淳問四岳百揆……却下行六卿事」條。

[八八] 此 成化本作「允」。

[八九] 云 成化本作「之」。

[九〇] 少典之子 成化本爲「非少典之子」。

[九一] 人傑 成化本無。

[九二] 雉 成化本無。

[九三] 榮 成化本作「禜」。

[九四] 則 成化本無。

[九五] 此條廣録成化本無。

[九六] 家 成化本無。

[九七] 遍 成化本爲「一遍」。

[九八] 人傑録同 成化本爲「銖録云唐虞時以潛山爲南岳五嶽亦近非是一年只往一處」。

[九九] 蔡仲默 成化本爲「仲默」。

[一〇〇] 奄 成化本作「以」。

[一〇一] 人 成化本此下有「所犯罪各不同而爲刑固亦不一，然皆不出此五者之刑。但象其罪而以此刑加之」。

［一〇二］此條德明録成化本無。
［一〇三］宥　成化本作「流」。
［一〇四］使　成化本作「便」，屬下讀。
［一〇五］有　成化本作「存」。
［一〇六］百姓如喪考妣三載四海遏密八音　成化本無。
［一〇七］人　成化本作「仁」。
［一〇八］此條夔孫録成化本無。
［一〇九］義剛　成化本無。
［一一〇］官　成化本爲「此官」。
［一一一］夔孫録同　成化本無。
［一一二］義剛録同惟末句作便不害傷人胡亂死了人　成化本無。「便不害傷人」，書蔡氏傳旁傳卷一所引爲「豈不害破傷風」。
［一一三］之　成化本無。
［一一四］鳥　成化本作「禽」。
［一一五］之説　成化本無。
［一一六］作詩之語言　「詩」原作「諸」。成化本爲「詩之語言」。尚書通考卷五、詩傳遺説卷六引此條，皆爲「作詩之語言」，據尚書通考、詩傳遺説卷六改。
［一一七］又　成化本無。

[一一八] 此條廣録成化本無。

[一一九] 道夫　成化本無。

[一二〇] 成化本此下注有「廣」。

[一二一] 成化本此下注有「廣」。

[一二二] 儆戒無虞……罔違道以干百姓之譽　成化本爲「儆戒無虞至從己之欲」。

[一二三] 便　成化本無。

[一二四] 書中　成化本無。

[一二五] 成化本此下注曰：「廣録云：『豈有此理！某嘗謂，雖堯舜之仁，亦只是「罪疑惟輕」而已。』」

[一二六] 舜禹之傳只是此説　成化本無。

[一二七] 士毅　成化本無。

[一二八] 士毅　成化本無。

[一二九] 欲　成化本無。

[一三〇] 此條士毅録成化本載於卷六十二。

[一三一] 惟危　成化本無。

[一三二] 已　成化本作「則」。

[一三三] 從周　成化本作「至」。

[一三四] 是　成化本爲「不止是」。

[一三五] 節　成化本無。

［一三六］道心惟微者難明　成化本録詳，云「心則一也，微則難明」，且「心」上有「『人心亦只是一個。知覺從饑食渴飲便是人心，知覺從君臣、父子處便是道心。微是微妙，亦是微晦』。又曰：『形骸上起底見識或作從形體上生出來底見識，便是人心；義理上起底見識或作就道理上生出來底見識，便是道心。』」

［一三七］成化本此下注曰：「義剛録見下。」且其下條爲義剛録，參下條。

［一三八］那人心便是粗底　成化本爲「粗底便易見」。

［一三九］且如　成化本無。

［一四〇］便　成化本無。

［一四一］這　成化本無。

［一四二］成化本此下注有「義剛」。

［一四三］此條卓録成化本以部分内容夾注於賀孫録中，參下條。

［一四四］人心惟危道心惟微　成化本無。

［一四五］心　成化本此下注曰：「卓録云：『人心、道心元來只是一個。』」

［一四六］説　成化本作「别」。

［一四七］惟精惟一允執厥中　成化本無。

［一四八］固　成化本此下注曰：「卓作『專』。」

［一四九］亦太畏之……先作下般計較　成化本無。

［一五〇］不　成化本此上有「説」。

［一五一］明　成化本作「存」。

[一五二] 一　成化本無。

[一五三] 成化本此下注有「驤」。

[一五四] 蔣兄問人心道心曰　成化本無。

[一五五] 若　成化本無。

[一五六] 又問惟精惟一曰是擇善而固執之　成化本無。

[一五七] 之別　成化本無。

[一五八] 又曰　成化本無。

[一五九] 僩　成化本無。

[一六〇] 問人心道心曰　成化本無。

[一六一] 人　成化本作「所」。

[一六二] 惑　成化本作「仁」。

[一六三] 者　成化本爲「之説」。

[一六四] 時　成化本爲「之時」。

[一六五] 指書几　成化本爲「因指書几云」。

[一六六] 掰　成化本此下有「與他」。

[一六七] 成化本此下注有「德明録别出」。參下條。

[一六八] 得　成化本無。

[一六九] 故曰允執厥中　成化本無。

［一七〇］則　成化本無。
［一七一］成化本此下注有「德明」。
［一七二］人心惟危……允執厥中　成化本無。
［一七三］時　成化本無。
［一七四］堯　成化本作「先」。
［一七五］且如　成化本無。
［一七六］至如中庸　成化本爲「又如」。
［一七七］説　成化本爲「且説」。
［一七八］此條閎祖録成化本無。
［一七九］□　底本闕。
［一八〇］此條人傑録成化本無。
［一八一］底　成化本此下有「次序」。
［一八二］故　成化本無。
［一八三］天　成化本無。
［一八四］懋哉　成化本爲「懋哉懋哉」。
［一八五］皋陶　成化本無。
［一八六］義剛　成化本無。
［一八七］那　成化本此下有「夔」。

［一八八］他　成化本作「也」。

［一八九］戒　成化本此下有「其君」。

［一九〇］吕東萊　成化本爲「東萊」。

［一九一］復問元德曰　成化本爲「問元德」。

［一九二］所　成化本無。

［一九三］又　成化本無。

［一九四］則　成化本此下有「承之」。

［一九五］纔　成化本此下有「射」。

［一九六］又　成化本無。

［一九七］又　成化本無。

卷七十九

［一］夏書　成化本無。
［二］學蒙録同而略今附云　成化本爲「學蒙録云」。
［三］予　成化本無。
［四］以　成化本作「而」。
［五］庚　成化本無。
［六］庚　成化本無。
［七］陳淳録同　成化本無。
［八］下　成化本作「水」。
［九］隴　成化本此下注曰：「他本云：『那邊一支去爲江北許多去處。』」
［一〇］淳義剛録同　成化本爲「義剛」。
［一一］繆　成化本爲「繆誤」。
［一二］爲　成化本無。
［一三］前日見　成化本無。
［一四］泛溢　成化本爲「泛濫」。
［一五］湯誓　成化本無。

〔一六〕若　成化本無。
〔一七〕湯誥　成化本爲「湯誓」。
〔一八〕蔡行父愳　成化本爲「蔡愳」。
〔一九〕惟皇上帝降衷于下民　成化本無。
〔二〇〕以爲衷善　成化本爲「以衷爲善」。
〔二一〕是　成化本無。
〔二二〕衷不是善　成化本爲「衷只是中」。
〔二三〕上　成化本無。
〔二四〕銖時舉録同　成化本爲「時舉」。
〔二五〕太甲中　成化本無。
〔二六〕曰云云　成化本爲「以湯爲我后而徯其來」。
〔二七〕成化本此下注有「閎祖」。
〔二八〕成化本此下注有「節」。
〔二九〕逆　成化本作「逢」。
〔三〇〕所　成化本此下有「從」。
〔三一〕是非善惡　成化本爲「是是非非善善惡惡」。
〔三二〕纔　成化本此上有「曰」。
〔三三〕曰　成化本爲「又曰」。

［三四］是　成化本作「只」。
［三五］這　成化本無。
［三六］事　成化本作「字」。
［三七］説命中　成化本爲「説命」。
［三八］則　成化本無。
［三九］防　成化本此下有「他」。
［四〇］方子節録同　成化本作「節」。
［四一］成化本此下注有「節」。
［四二］故説得這話　成化本爲「故使得這説」。
［四三］説命下　成化本無。
［四四］候　成化本爲「等候」。
［四五］此條節録成化本無。
［四六］喻子才　成化本作「俞」。按，「喻」字原脱，宋史卷四三三有喻樗傳，喻樗字子才，據補。
［四七］寫本　成化本無。
［四八］説　成化本此下注曰：「夔孫録云：『某看見古人説話不如此險。』」
［四九］得　成化本無。
［五〇］先王　成化本無。
［五一］險　成化本此下注曰：「夔孫録云：『言語皆平正，皆是實語，不應得中間翻一個筋斗去。』」

［五二］敩得　成化本爲「説敩只得」。
［五三］注　成化本此下注曰：「夔孫録云：『此却似禪語。五通仙人問：「佛六通，如何是那一通？」那一通便是妙處。且如學記引此，亦只是依古注説。』」
［五四］臣子　成化本無。
［五五］崇侯虎　成化本作「崇」。
［五六］雜記　成化本爲「雜説」。
［五七］成化本此下注有「僩」。
［五八］周書　成化本無。
［五九］必　成化本此上有「序」。
［六〇］庚　成化本無。
［六一］成化本此下注曰：「疑與上條同聞。」
［六二］李叔易「叔易」原脱，成化本亦脱。據萬曆本補。
［六三］包顯道　成化本爲「顯道」。
［六四］成化本此下注有「義剛」。
［六五］自　成化本爲「自殺」。
［六六］整　成化本作「興」。
［六七］孔子　成化本爲「夫子」。
［六八］成化本此下注有「賀孫」。

［六九］稱武王　成化本爲「序稱」。

［七〇］十　成化本此上有「史辭稱」。

［七一］雖　成化本無。

［七二］成化本此下注曰：「高録云：『見得釋箕子囚了，問他。若十一年釋了，十三年方問他，恐不應如此遲。』」

［七三］去　成化本作「走」。

［七四］此條僩録成化本無。

［七五］切緊　成化本爲「緊切」。

［七六］賀孫　成化本爲「道夫」。

［七七］又　成化本無。

［七八］周禮　成化本爲「周公」。

［七九］一　原脱，據成化本補。

［八〇］四者乃　成化本無。

［八一］之類　成化本無。

［八二］得　成化本無。

［八三］則　成化本作「便」。

［八四］因論洪範云　成化本無。

［八五］畫　成化本此下有「少」。

[八六] 又云極非中也　成化本爲「乃中之極非中也」。

[八七] 人　成化本作「已」。

[八八] 成化本此下注有「僩」。

[八九] 此條成化本以部分内容夾注於胡泳録中，參成化本卷七十九胡泳録「問五行所屬……曰然」條。

[九〇] 消　成化本作「須」。

[九一] 成化本此下有「卜九。㽦録詳見下」，且其下爲㽦録，參成化本卷七十九㽦録「『皇極』二字……只是惟王不可不敬德而已」條。

[九二] 是　成化本爲「即是」。

[九三] 乎　成化本作「于」。

[九四] 太極　成化本作「極」。

[九五] 皇極　成化本無。

[九六] 者　成化本無。

[九七] 謀之聰　成化本爲「視明聽聰」。

[九八] 有　成化本無。

[九九] 比看箕子爲武王陳洪範　成化本爲「箕子陳洪範」。

[一〇〇] 得　成化本爲「要得」。

[一〇一] 此條道夫録成化本無。

[一〇二] 彼中上元……罷之　成化本爲「上元須作醮象山罷之」。

〔一〇三〕入道觀　原脱，據成化本補。
〔一〇四〕晢　成化本作「哲」。
〔一〇五〕晳　成化本作「晢」。
〔一〇六〕是　成化本作「則」。
〔一〇七〕洪範　「洪」原作「湯」，據成化本改。
〔一〇八〕必　成化本無。
〔一〇九〕王荆公　成化本爲「荆公」。
〔一一〇〕這　成化本無。
〔一一一〕成化本此下注有「訓學蒙」，且此條節録載於卷一百十八。
〔一一二〕治　成化本作「克」。
〔一一三〕之　成化本作「文」。
〔一一四〕子　成化本此下有「又，鼎中漉肉叉子」。
〔一一五〕畢　成化本爲「畢星」。
〔一一六〕東　成化本無。
〔一一七〕若爾三王是有丕子之責于天以旦代某之身　成化本爲「是有丕子之責于天」。
〔一一八〕追　成化本作「進」。
〔一一九〕理會　成化本爲「道理」。
〔一二〇〕要　成化本無。

〔一二一〕爲　成化本無。

〔一二二〕道　成化本作「説」。

〔一二三〕德於　成化本無。

〔一二四〕蓋始於紂苦之暴而欲其亡　成化本爲「蓋始苦於紂之暴而欲其亡」。

〔一二五〕故　成化本作「固」。

〔一二六〕吊　成化本無。

〔一二七〕聲　成化本無。

〔一二八〕止　成化本作「正」。

〔一二九〕尚書　成化本無。

〔一三〇〕段　成化本作「件」。

〔一三一〕得　成化本無。

〔一三二〕去　成化本作「出」。

〔一三三〕成化本此下注有「道夫」。

〔一三四〕不　成化本作「分」。

〔一三五〕周公　成化本無。

〔一三六〕義剛　成化本無。

〔一三七〕魄　成化本作「明」。

〔一三八〕人載車　成化本無。

〔一三九〕人望在下却在側邊了　成化本爲「人在下望之却見側邊了」。

〔一四〇〕彈丸　成化本爲「彈圓」。

〔一四一〕屑　成化本作「眉」。

〔一四二〕故　成化本作「既」。

〔一四三〕起　成化本此下注曰：「池本作『衝上』。」

〔一四四〕地　成化本爲「大地」。

〔一四五〕疊　成化本作「沓」。

〔一四六〕後　成化本此下有「則」。

〔一四七〕處　成化本此下注曰：「池本作『暗虚』，下同。」

〔一四八〕不　成化本爲「不至」。

〔一四九〕則不成　成化本爲「而成」。

〔一五〇〕籍　成化本作「篇」。

〔一五一〕召誥　成化本爲「召誥洛浩」。底本「洛誥」一目另置於此下。又，成化本「酒誥」與「召誥洛誥」間另有「梓材」一目，其下載兩條語録，參成化本卷七十九「吴材老説……此樣處恰恰好好」條、嚳録「尚書句讀有長者……是一句」條。

〔一五二〕洛誥　成化本無。成化本「洛誥」與「召誥」併爲一目。

〔一五三〕下　成化本爲「下文」。

〔一五四〕却　成化本爲「却是」。

〔一五五〕此條時舉録成化本載於卷七十八。

〔一五六〕淳　成化本無。

〔一五七〕林丈　成化本爲「林文」。

〔一五八〕云　成化本爲「如」。

〔一五九〕誥　成化本爲「五誥」。

〔一六〇〕並同　成化本無。

〔一六一〕萍鄉　成化本無。

〔一六二〕吕東萊　成化本爲「東萊」。

〔一六三〕先生扣之　成化本無。

〔一六四〕柳兄　成化本作「柳」。

〔一六五〕吕東萊　成化本爲「東萊」。

〔一六六〕成化本此下注曰：「璘録云：『柔易於暗弱，徽有發揚之意；恭形於外，懿則有蘊藏之意。』」

〔一六七〕留　成化本作「當」。

〔一六八〕庚　成化本無。

〔一六九〕去　成化本無。

〔一七〇〕了　成化本作「子」。

〔一七一〕處　成化本無。

〔一七二〕不　成化本作「弗」。

〔一七三〕成化本此下注曰：「或録云：『此兩句不與上下文相似。上下文多不可曉。』」

〔一七四〕此條成化本以部分内容爲注，附於節録尾，參上條。

〔一七五〕周公　成化本爲「周官」。

〔一七六〕陳淳録同　成化本無。按，「同」字原脱，據文意補。

〔一七七〕此條成化本以部分内容夾注於卷一百十二儒用録中，參底本該卷「或問漢三公之官……遂改爲省」條。

〔一七八〕顧命　成化本爲「顧命康王之誥」。

〔一七九〕淳　成化本爲「安卿」。

〔一八〇〕内史　成化本此下有「太史」。

〔一八一〕有　成化本爲「有個」。

〔一八二〕諸誥篇等　成化本爲「諸誥等篇」。

〔一八三〕曉不得　成化本爲「不曉得」。

〔一八四〕淳義剛録同　成化本爲「義剛」。按，「同」字原脱，據文意補。

〔一八五〕吕刑　成化本此目上有「冏命」一目，其下載一條銖録，而底本則載此條銖録於卷五十六，參底本該卷「或問格其非之格……如格鬭之格是也」條。

〔一八六〕處　成化本無。

〔一八七〕義剛　成化本無。

〔一八八〕做　成化本此下有「亂做」。

［一八九］那　成化本無。
［一九〇］後　成化本無。
［一九一］從　成化本無。
［一九二］言　成化本作「這」。
［一九三］陳安卿　成化本爲「安卿」。
［一九四］古底　成化本爲「古來底」。
［一九五］處　成化本作「了」。
［一九六］那　成化本無。
［一九七］辭　成化本此下有「古」。
［一九八］之　成化本作「數」。
［一九九］都　成化本作「多」。
［二〇〇］爲　成化本作「獲」。
［二〇一］那　成化本無。
［二〇二］後　成化本無。
［二〇三］未　成化本作「來」。
［二〇四］蔡仲默　成化本爲「仲默」。
［二〇五］贖法　成化本爲「贖刑」。

［二〇六］氣質　成化本爲「氣象」。

［二〇七］只　成化本無。

［二〇八］於　成化本作「放」。

卷八十

〔一〕毛詩　成化本作「詩」。

〔二〕此條儒用録成化本無，但卷十九載夔孫同聞所録，參成化本該卷「孟子所謂『集義』……只是求個是底道理」條。

〔三〕此條賀孫録成化本載於卷八十一。

〔四〕詩　成化本無。

〔五〕詩　成化本無。

〔六〕了　成化本無。

〔七〕了　成化本無。

〔八〕巧　成化本爲「極巧」。

〔九〕他　成化本無。

〔一〇〕果只是許多如何　成化本無。

〔一一〕韻　成化本此下有「處」。

〔一二〕也　成化本無。

〔一三〕如　成化本無。

〔一四〕成化本此下注曰：「説卷阿與詩傳不同。以下論詩次序章句。」

〔一五〕如　成化本無。
〔一六〕出　成化本作「作」。
〔一七〕成化本此下注曰：「以下論風、雅、頌。」
〔一八〕衛　成化本此下有「爲」。
〔一九〕謨去僞人傑録同　成化本爲「去僞」。
〔二〇〕因説詩答曰　成化本無。
〔二一〕又　成化本無。
〔二二〕是也　成化本無。
〔二三〕如　成化本無。
〔二四〕鈎　成化本作「釣」。
〔二五〕答　成化本無。
〔二六〕答　成化本無。
〔二七〕答　成化本無。
〔二八〕答　成化本無。
〔二九〕邵武人　成化本無。
〔三〇〕答　成化本無。
〔三一〕如何　成化本無。
〔三二〕思　成化本此下有「在」。

［三三］個　成化本無。
［三四］個　成化本無。
［三五］萬民　成化本爲「國子」。
［三六］擅名　成化本爲「標名」。
［三七］他人　成化本無。
［三八］只管解那奕奕寢廟　原爲「只受解那」，據成化本改補。
［三九］成化本此下注有「以下賦、比、興。」
［四〇］便　成化本爲「便接」。
［四一］然　成化本無。
［四二］那　成化本無。
［四三］也　成化本無。
［四四］節　成化本無。
［四五］答　成化本無。
［四六］此條節録成化本載於卷四十七。
［四七］此條閎祖録成化本載於卷四十七。底本卷四十七重複載入。
［四八］鼻　成化本此下注曰：「振録云：『多是假他物舉起，全不取其義。』」
［四九］後來古詩　成化本爲「後人詩」。
［五〇］成化本此下注曰：「振録同。」

［五一］成化本此下注曰：「以下六義。」

［五二］觀人一篇詩必有意思　成化本爲「古人一篇詩必有一篇意思」。

［五三］因説　成化本無。

［五四］伊川先生　成化本爲「伊川」。

［五五］者　成化本作「若」，屬下讀。

［五六］上蔡先生　成化本爲「上蔡」。

［五七］他　成化本無。

［五八］是　成化本作「與」。

［五九］詩云　成化本無。

［六〇］成化本此下注曰：「以下大序。」

［六一］變風止乎禮義……亦未盡　成化本無。

［六二］成化本此下注有「敬仲」。

［六三］與　成化本爲「相與」。

［六四］成化本此下注曰：「以下小序。」

［六五］詩　成化本此上有「詩，纔説得密便説他不着。『國史明乎得失之跡』，這一句也有病。周禮禮記中，史並不掌詩，左傳説自分曉。以此見得大序亦未必是聖人做，小序更不須説。他做小序不會寬説，每篇便求一個實事填塞了。他有尋得着底猶自可通，不然便與詩相礙。那解底，要就詩却礙序，要就序却礙詩。詩之興是劈頭説那没來由底兩句，下面方説那事，這個如何通解！『鄭聲淫』，所以鄭詩多是淫佚之

辭，狡童、將仲子之類是也。今喚做忽與祭仲，與詩辭全不相似。這個只似而今閑潑曲子。南山有臺等數篇是燕享時常用底，叙賓主相好之意，一似今人致語。又曰」。

［六六］實　成化本無。

［六七］從周　成化本作「高」。

［六八］詩　成化本無。

［六九］詩　成化本此下有「之」。

［七〇］謂　成化本作「詞」。

［七一］詩　成化本無。

［七二］蓋　成化本無。

［七三］者　成化本無。

［七四］欺慢　成化本爲「軟慢」。

［七五］者　成化本無。

［七六］大率　成化本無。

［七七］却是　成化本無。

［七八］見　成化本此下有「人」。

［七九］鵬　成化本此下有「何以見先王之澤」。

［八〇］賓之初筵　成化本爲「行葦」。

［八一］晉　成化本無。

［八二］成王　成化本爲「成功」。
［八三］而知　成化本無。
［八四］詩序　成化本爲「序詩」。
［八五］擬　成化本作「疑」。
［八六］善　成化本作「美」。
［八七］之　成化本無。
［八八］時　成化本作「詩」。
［八九］襲　成化本作「誘」。
［九〇］先生　成化本無。
［九一］答　成化本無。
［九二］予　成化本作「某」。
［九三］從　成化本無。
［九四］方子　成化本作「煇」。
［九五］成化本此下注曰：「以下論詩韻。」
［九六］某　成化本爲「子厚」。
［九七］又　成化本無。
［九八］之　成化本作「也」。
［九九］此條時舉録成化本載於卷一百四十。

[一〇〇] 尃　成化本作「敷」。
[一〇一] 尃　成化本作「敷」。
[一〇二] 調　成化本作「詞」。
[一〇三] 先生説　成化本無。
[一〇四] 古今合去處　成化本爲「古合處」。
[一〇五] 地　成化本無。
[一〇六] 成化本此下注曰：「饒何氏録云：『中庸「奏格無言」，「奏」音「族」，平聲音「騣」，所以毛詩作「鬷」字。』」
[一〇七] 伐木詩　成化本無。
[一〇八] 又如　成化本無。
[一〇九] 之　成化本無。
[一一〇] 也　成化本此下有「又云：『禮記「五至」、「三無」處皆協。』」
[一一一] 晦夫　成化本作「煇」。
[一一二] 成化本「論讀詩」下又增「解詩」一目，其下載語録凡十八條。參成化本卷八十「解詩」目下。
[一一三] 成化本此下注曰：「以下總論讀詩之方。」
[一一四] 是　成化本無。
[一一五] 周南之　成化本無。
[一一六] 諸詩　成化本無。

〔一一七〕化　成化本無。

〔一一八〕化　成化本無。

〔一一九〕個　成化本此下有「暴斂底意思。好底意思是如此，不好底是如彼」。

〔一二〇〕看他好底　成化本爲「好底意思」。

〔一二一〕有只恁地去平直處　成化本爲「有只恁平直」。

〔一二二〕二　成化本無。

〔一二三〕文　成化本作「章」。

〔一二四〕他　成化本作「思」，屬上讀。

〔一二五〕平　成化本爲「平説」。

〔一二六〕是　成化本無。

〔一二七〕如　成化本無。

〔一二八〕之　成化本無。

〔一二九〕若　成化本爲「苦苦」。

〔一三〇〕看了　成化本無。

〔一三一〕成化本此下注曰：「以下論讀詩在興起。」

〔一三二〕興處　成化本爲「詩之興」。

〔一三三〕固嘗　成化本無。

〔一三四〕戒　成化本此下有「『而已，不知其他如何著力？』曰：『善可爲法，惡可爲戒』」。

［一三五］發　成化本此下有「人」。

［一三六］有間　成化本爲「間有」。

［一三七］辭　成化本爲「答辭」。

［一三八］有　成化本無。

［一三九］只　成化本此上有「與」。

［一四〇］頭　成化本無。

［一四一］雅尋　成化本爲「推尋」。

［一四二］看　成化本此上有「便」。

［一四三］詩　成化本爲「詩解」。

［一四四］雖小序爲辨破　成化本爲「雖存小序間爲辨破」。

［一四五］又如　成化本無。

［一四六］成化本此下注曰：「以下論詩在熟讀玩味。」

［一四七］也　成化本無。

［一四八］涵泳　成化本爲「涵味」。

［一四九］答　成化本無。

［一五〇］得　成化本此下有「那好處」。

［一五一］子　成化本無。

［一五二］種子　成化本此下有「了」。

［一五三］了　成化本無。
［一五四］對　成化本無。
［一五五］而今　成化本作「便」。
［一五六］意思　成化本無。
［一五七］歐陽文忠公　成化本爲「歐陽公」。
［一五八］有　成化本無。
［一五九］吕東萊　成化本爲「東萊」。
［一六〇］因　成化本無。
［一六一］此條伯豐（即必大）録作爲注，附於人傑録尾，參下條。
［一六二］成化本此下注曰：「必大録云：『横渠解「悠悠蒼天，此何人哉」却不平易。』」
［一六三］先生　成化本無。
［一六四］時舉　成化本作「曰」。
［一六五］知　成化本作「之」。
［一六六］先生云　成化本作「曰」
［一六七］先生云　成化本作「曰」
［一六八］先生　成化本無。
［一六九］時舉　成化本作「曰」。
［一七〇］先生云　成化本作「曰」

［一七一］答 成化本無。

［一七二］銖 成化本爲「拱壽」。

［一七三］成化本此下注有「煇」。

卷八十一

〔一〕毛詩二風雅頌　成化本爲「詩二」。

〔二〕成化本此下注曰：「兼論二南。」

〔三〕文蔚又　成化本無。

〔四〕意　成化本爲「其意」。

〔五〕麥　成化本作「柏」。

〔六〕慊　成化本作「謙」。

〔七〕此詩　成化本無。

〔八〕木之　成化本無。

〔九〕是否　成化本無。

〔一〇〕木之　成化本無。

〔一一〕之詩　成化本無。

〔一二〕得　成化本無。

〔一三〕先生問曹兄云陳先生說詩如何曹未答先生云　成化本爲「問曹兄云」。

〔一四〕德　成化本無。

〔一五〕得　成化本無。

［一六］是　成化本無。
［一七］然　成化本無。
［一八］成化本此下注曰：「詩傳今作『興而比』。」
［一九］陳君舉　成化本爲「君舉」。
［二〇］大雅　成化本無。
［二一］木之　成化本無。
［二二］成化本此下注有「木之」。
［二三］詩至麟之趾因言小序云　成化本無。
［二四］時舉　成化本無。
［二五］詩　成化本無。
［二六］時舉又　成化本無。
［二七］詩　成化本無。
［二八］父母一作男女　成化本爲「男女」。
［二九］詩　成化本無。
［三〇］是　成化本作「詩」。
［三一］成化本此下注有「賀孫」。
［三二］騶虞詩　成化本無。
［三三］時舉問　成化本無。

〔三四〕柏舟詩　成化本無。

〔三五〕柏舟詩　成化本無。

〔三六〕危　成化本作「患」。

〔三七〕燕燕　成化本此目上有「緑衣」一目，其下載一條胡泳録，參成化本卷八十一胡泳録「或問緑衣卒章……政謂是爾」條。

〔三八〕云　成化本無。

〔三九〕詩　成化本作「詳」。

〔四〇〕禮　成化本作「禄」。

〔四一〕之詩　成化本無。

〔四二〕時舉　成化本無。

〔四三〕又　成化本無。

〔四四〕泉水篇　成化本無。

〔四五〕此莫　成化本無。

〔四六〕時舉　成化本無。

〔四七〕北風末章謂　成化本無。

〔四八〕又　成化本無。

〔四九〕篇　成化本無。

〔五〇〕此詩　成化本無。

〔五一〕又　成化本無。

〔五二〕篇　成化本無。

〔五三〕鄘　成化本無。

〔五四〕先生問文蔚曰　成化本爲「問文蔚」。

〔五五〕干旄詩　成化本無。

〔五六〕衛　成化本無。

〔五七〕王　成化本無。

〔五八〕詩　成化本無。亦　成化本作「不」。

〔五九〕便　成化本作「别」。

〔六〇〕成化本此下注有「賀孫」。

〔六一〕鄭　成化本無。

〔六二〕成化本此下注有「兼論鄭詩」。

〔六三〕詩　成化本此下有「者」。

〔六四〕其言聱牙　成化本爲「然其言皆聱牙」。

〔六五〕者　成化本此下有「是在天至小之星也。『三五在東』者」。

〔六六〕又問狡童詩如何説　成化本無。

〔六七〕齊　成化本無此目，但另有齊風之「雞鳴」、「著」二目。且「雞鳴」下載一條琮録，即「問雞鳴詩序……如此説亦可」條；而「著」下載一條子蒙録，即「問著是刺何人……恐只是以綿穿垂在當耳處」條。

[六八] 魏　成化本無。

[六九] 非卿　成化本爲「升卿」。

[七〇] 唐　成化本無。

[七一] 秦　成化本無。

[七二] 陳　成化本無。

[七三] 曹　成化本無。

[七四] 豳　成化本爲「豳七月」。

[七五] 焉　成化本無。

[七六] 以　成化本無。

[七七] 以　成化本無。

[七八] 淳義剛録同　成化本爲「義剛」。

[七九] 七月　成化本無。

[八〇] 成化本此下注曰：「『無純臣』語恐記誤。」

[八一] 也　成化本無。

[八二] 時舉　成化本無。

[八三] 遂　成化本無。

[八四] 乃　成化本無。

[八五] 鴟鴞詩　成化本無。

[八六] 如此　成化本無。

[八七] 個　成化本無。

[八八] 是　成化本無。

[八九] 後來　成化本無。

[九〇] 喚　成化本作「唆」。

[九一] 個　成化本無。

[九二] 這　成化本無。

[九三] 時舉　成化本無。

[九四] 於　成化本無。

[九五] 討　成化本作「計」。

[九六] 安卿對　成化本無。

[九七] 義剛録同　成化本無。

[九八] 淳　成化本無。

[九九] 成化本此下注曰：「義剛録詳，别出。」且其下條爲義剛録，參成化本卷八十一義剛録「安卿問破斧詩傳……便是不曉」條。

[一〇〇] 小雅　成化本無，但此上有「二雅」一目，其下載兩條語録。參成化本卷八十一必大録「小雅恐是燕禮用之……則止人君可歌」條，及嵤録「大雅氣象宏闊……意義自然明白」條。

[一〇一] 鹿鳴之什　成化本爲「鹿鳴諸篇」。

〔一〇二〕鹿鳴四牡皇皇者華　成化本無。

〔一〇三〕時舉　成化本無。

〔一〇四〕時舉説常棣詩先生曰　成化本無。

〔一〇五〕處　成化本無。

〔一〇六〕爲　成化本作「謂」。

〔一〇七〕天保　成化本此目上有「伐木」一目，其下載兩條語録。參成化本卷八十一幹録「問伐木大意……故以茅縮酒也」條，及燾録「問神之聽之……而錫之以和平之福」條。

〔一〇八〕天保詩云　成化本無。

〔一〇九〕采薇詩云　成化本無。

〔一一〇〕至　成化本無。

〔一一一〕蓋　成化本無。

〔一一二〕至　成化本無。

〔一一三〕此條時舉録成化本無，但卷八十一載銖録曰：子善問：「詩『畏此簡書』。『簡書』有二説：一説，簡書，戒命也。鄰國有急則以簡書相戒命；一説策命臨遣之詞。」曰：「後説爲長，當以後説載前。前説只據左氏『簡書，同惡相恤之謂』。然此是天子戒命，不得謂之鄰國也。」又問：「『胡不旆旆』，東萊以爲初出軍時旌旗未展，爲卷而建之，引左氏『建而不旆』。故曰此旗何不旆旆而飛揚乎。蓋以命下之初，我方憂心悄悄而僕夫憔悴，亦若人意之不舒也。」曰：「此説雖精巧，然『胡不旆旆』一句，語勢似不如此。『胡不』猶言『遐不作人』，言豈不旆旆乎，但我自『憂心悄悄』而僕夫又況瘁耳。如此却自平正。伯恭詩太巧，詩正怕如此看。古人意思自寬平，何嘗如此纖細拘迫！」

［一一四］白華由庚等　成化本無。

［一一五］此條時舉録成化本無。

［一一六］南有嘉魚之什　成化本無。

［一一七］潘子善　成化本爲「子善」。

［一一八］采芑　成化本此目上有「六月」一目，其下載一條方録曰：「六月詩『既成我服』，不失機。『于三十里』。常度。律。」

［一一九］盛　成化本作「極」。

［一二〇］鴻鴈之什　成化本無。

［一二一］庭燎詩至　成化本無。

［一二二］淳寓録同　成化本作「寓」。

［一二三］時舉説斯干詩至載弄之瓦處先生云　成化本爲「載弄之瓦」。

［一二四］瓦　成化本無。

［一二五］者　成化本無。

［一二六］節南山之什　成化本無。

［一二七］林武子説節南山詩先生曰　成化本無。

［一二八］又　成化本無。

［一二九］却　成化本無。

〔一三〇〕 時舉説節南山詩至秉國之均先生曰　成化本爲「秉國之均」。

〔一三一〕 時舉　成化本無。

〔一三二〕 小弁末章　成化本無。

〔一三三〕 疑莫　成化本無。

〔一三四〕 楚茨　成化本此目上有「大東」一目，其下載兩條語録。參成化本卷八十一炎録「有饛簋飧……有一樣全無義理」條，及泳録「東有啓明……故日將没則西見」條。

〔一三五〕 文蔚　成化本無。

〔一三六〕 楚茨詩言先祖是皇　成化本無。

〔一三七〕 甫田之什　成化本爲「甫田」，且此下載兩條語録。參成化本卷八十一銖録「子善問甫田詩……亦何益哉」條，及必大録「驕驕張王之意……今田畝間莠最硬搶」條。

〔一三八〕 賀孫　成化本無。

〔一三九〕 此洛只就洛邑言之非指關洛　成化本無。

〔一四〇〕 賓之初筵　成化本此目上有「車舝」一目，其下載一條方子録曰：「問：『列女傳引詩「辰彼碩女」，作「展彼碩女」。』先生以爲然，且云：『向來煞尋得。』」又，成化本「賓之初筵」目下，又有「漸漸之石」一目，其下載一條文蔚録曰：「周家初興時，『周原膴膴，堇荼如飴』，苦底物事亦甜。及其衰也，『牂羊墳首，三星在罶；人可以食，鮮可以飽』，直恁地蕭索。」

〔一四一〕 賀孫　成化本無。

〔一四二〕 大雅　成化本爲「大雅文王」。

〔一四三〕文王之什　成化本無。

〔一四四〕文王　成化本無。

〔一四五〕祀　成化本作「嗣」。

〔一四六〕此條寓録成化本載於卷十六。

〔一四七〕一章　成化本無。

〔一四八〕一　成化本無。

〔一四九〕敵　成化本作「軍」。

〔一五〇〕樣　成化本無。

〔一五一〕同　成化本無。

〔一五二〕下　成化本無。

〔一五三〕此條敬仲録成化本無。

〔一五四〕生民之什　成化本無。

〔一五五〕者　成化本無。

〔一五六〕是　成化本無。

〔一五七〕孔子之言　成化本無。

〔一五八〕生民詩至　成化本無。

〔一五九〕以爲　成化本無。

〔一六〇〕以爲　成化本無。

［一六一］是　成化本無。

［一六二］成化本此下注有「時舉」。

［一六三］時舉説假樂詩先生曰　成化本無。

［一六四］又　成化本無。

［一六五］之　成化本無。

［一六六］君子武之　成化本爲「君之宗之」。

［一六七］説民勞詩　成化本無。

［一六八］如此是否　成化本無。

［一六九］能自反於己　成化本無。

［一七〇］板　此目原無，據語録内容及成化本補。

［一七一］張子謂天體物而不遺猶仁體事而無不在也　成化本無。

［一七二］成化本此下注曰：「餘見張子書類。」

［一七三］則　成化本無。

［一七四］知　成化本此下注曰：「賀孫録云：『這裏若有些違理，恰似天知得一般。』」

［一七五］道夫　成化本無。

［一七六］成化本此下注曰：「賀孫録同。」

［一七七］蕩之什　成化本作「蕩」。

［一七八］蕩詩云　成化本無。

〔一七九〕大略如此未知是否　成化本無。

〔一八〇〕此條時舉録成化本置於「蕩」目下。

〔一八一〕他　成化本爲「他説」。

〔一八二〕又　成化本無。

〔一八三〕求前面廣大處去　成化本爲「來廣大處去」。

〔一八四〕設　成化本作「説」。

〔一八五〕義剛録同而少異……强爲之説便穿鑿　成化本爲「義剛録小異」。

〔一八六〕此條道夫録成化本無。

〔一八七〕烝民詩　成化本無。

〔一八八〕文蔚舉似及此　成化本無。

〔一八九〕面　成化本無。

〔一九〇〕番番　此二字原缺，據成化本補。

〔一九一〕又論　成化本無。

〔一九二〕班　成化本作「理」。

〔一九三〕頌　成化本無。

〔一九四〕周頌　成化本爲「周頌清廟」，且此目下載一條方子録曰：「『假以溢我』，當從左氏作『何以恤我』。『何』、『遐』通轉而爲『假』也。」

〔一九五〕清廟之什　成化本無。

［一九六］　我將　成化本此目上有「昊天有成命」一目，其下載一條炎録曰：「昊天有成命詩『成王不敢康』，詩傳皆斷以爲成王詩。某問：『下武言「成王之孚」如何？』曰：『這個且只得做武王説。』」

［一九七］　之詩　成化本無。

［一九八］　臣工之什　成化本無。

［一九九］　商頌　成化本此目上有「絲衣」、「魯頌泮水」、「閟宫」三目，其下各載一條語録。其中「絲衣」目下載敬仲録曰：「繹，祭之明日也。賓尸，以賓客之禮燕爲尸者。」「魯頌泮水」目下載佐録曰：「泮宫小序，詩傳不取。或言詩中『既作泮宫』則未必非修也。直卿云，此落成之詩。」「閟宫」目下載揚録曰：「『太王翦商，武王所言。中庸言『武王纘太王、王季、文王之緒』，是其事素定矣。横渠亦言周之於商有不純臣之義，蓋自其祖宗遷豳、遷郃，皆其僻遠自居，非商之所封土也。」

［二〇〇］　公謹　成化本爲「方子」。

［二〇一］　玄鳥　成化本此目下有「長發」一目，且其下載一條醬録曰：「『湯降不遲，聖敬日躋』，天之生湯恰好到合生時節，湯之修德又無一日間斷。」

卷八十二

〔一〕此條時舉録成化本無。

〔二〕郊祀后稷以配天宗祀文王以配上帝　成化本爲「配天配上帝」。

〔三〕周公　成化本無。

〔四〕配　成化本無。

〔五〕孝經中　成化本無。

〔六〕是　成化本無。

〔七〕自仲尼居至未之有也　成化本無。

〔八〕以　成化本作「是」。

〔九〕得　成化本作「但」。

〔一〇〕如　成化本無。

〔一一〕此條閎祖録成化本作爲注，附於卷六十三廣録尾。參底本卷六十三廣録「問『上下察』……經中『察』字義多如此」條。

卷八十三

〔一〕昭公二十五年　成化本無。
〔二〕説春秋云　成化本無。
〔三〕時舉云　成化本作「曰」。
〔四〕此意　成化本無。
〔五〕時舉云　成化本作「曰」。
〔六〕時舉云　成化本無。
〔七〕義剛　成化本無。
〔八〕文定公　成化本爲「胡文定」。
〔九〕字　成化本此下注曰：「淳録云：『以褒之。』」
〔一〇〕字　成化本此下注曰：「淳録云：『以貶之。』別本云：『如此便爲予，如彼便爲奪。』」
〔一一〕陳淳及別本録同而略　成化本爲「淳録略」。
〔一二〕後　成化本無。
〔一三〕字　成化本無。
〔一四〕逆　成化本作「逸」。
〔一五〕成化本此下以人傑録爲注，附於録尾，底本則以人傑録另作一條，參下條。

［一六］先生　成化本無。
［一七］先生　成化本無。
［一八］某　成化本作「甚」。
［一九］卜　成化本此下有「牛傷牛死」。
［二〇］果　成化本作「更」。
［二一］當救衛　成化本爲「衛當救」。
［二二］又如季子來歸……以見季氏之專萌芽於此　成化本無。
［二三］如　成化本無。
［二四］是　成化本此下有「了」。
［二五］少異　成化本無。
［二六］或問春秋曰　成化本無。
［二七］春秋　成化本無。
［二八］便　成化本無。
［二九］如那一部左傳……今且把來參考　成化本無。
［三〇］成化本此下注曰：「以下論左氏。」
［三一］必　成化本無。
［三二］從　成化本此下注曰：「義剛録云：『這個難稽考，莫去理會這個。』」底本將此部分注置於録尾。參下文。

［三三］義剛録云……莫要理會這個　成化本爲「『能』字通得三音，若作十五灰韻則與『才』字叶，與『時』字又不叶。今更不可理會。據今叶『時』字則當作『尼』字讀」。

［三四］某　成化本無。

［三五］言之　成化本爲「言盟之能守」。

［三六］先生　成化本無。

［三七］詛　成化本作「詛」。

［三八］變　成化本作「善」。

［三九］先生　成化本無。

［四〇］洽　成化本無。

［四一］者　成化本此下注曰：「池録作：『如歷階而升以至於極。蓋既無王命必擇勢力之相敵者。』」

［四二］此　成化本此下注曰：「池録云：『春秋於此，蓋紀王命不行而諸侯僭竊之端也。』」

［四三］某　成化本無。

［四四］讓　成化本作「遜」。

［四五］成化本注曰：「池録少異。」

［四六］此條淳録成化本無，但卷一百三十四載義剛録，參成化本義剛録「因論甯武子……故軍中階級却嚴有定分」條。

［四七］成化本此下注曰：「以下看春秋法。」

［四八］經　成化本此下注有「傳附」。

[四九] 隱元年　成化本無。
[五〇] 人來　原脱，據成化本補。
[五一] 有此　原脱，據成化本補。
[五二] 到　成化本作「别」。
[五三] 矢魚　原脱，據成化本補。
[五四] 何以　原脱，據成化本補。
[五五] 地下　原脱，據成化本補。
[五六] 桓　成化本無。
[五七] 伯　成化本此下有「便合上告天子，下告方伯」。
[五八] 告　成化本作「赴」。
[五九] 文蔚　成化本無。
[六〇] 成化本此下注曰：「僩録詳見本朝六。」參成化本卷一百三十三僩録「陳問復讐之義……須看他大意」條。底本卷八十六及卷一百三十三亦載，可參。
[六一] 受　成化本此上有「大」。
[六二] 備　成化本作「倫」。
[六三] 莊元年……臣子大受命　成化本爲「穀梁傳莊元年」。
[六四] 十一年　成化本爲「莊十年」。
[六五] 十二年　成化本爲「二十一年」。

［六六］之事　成化本爲「事之」。
［六七］閔元年　成化本無。
［六八］是　成化本無。
［六九］成化本此下注有「閔元年」。
［七〇］僖　成化本無。
［七一］夷齊　成化本爲「奚齊」。
［七二］七年　成化本爲「九年」。
［七三］文蔚　成化本無。
［七四］答　成化本無。
［七五］奈何　成化本此下有「他」。
［七六］晉荀息　成化本爲「看荀息」。
［七七］儒用人傑録同　成化本爲「人傑」。
［七八］文　成化本無。
［七九］此條人傑録成化本以部分内容爲注，附於嶅録尾。參成化本卷八十三嶅録「胡氏春秋文八年記公孫敖事云……蓋經初無從己氏之説」條。
［八〇］此條儒用録成化本無。
［八一］五　成化本作「王」。
［八二］載　成化本作「弑」。

[八三] 范伯達　成化本爲「文定之甥范伯達」。
[八四] 欒書　成化本作「書」。
[八五] 某曰　成化本爲「洽言」。
[八六] 其人　成化本無。
[八七] 成十九年　成化本爲「十八年」。據春秋左傳「晉弑其君州蒲」事出自成公十八年傳。
[八八] 成化本此下注有「六年」，據春秋左傳，即桓公六年傳。
[八九] 以下論三傳　成化本爲「九年」。據春秋左傳，「元，體之長」出自襄公九年傳。
[九〇] 義剛　成化本無。
[九一] 次第也是那　成化本爲「次第是」。
[九二] 那　成化本無。
[九三] 成化本此下注有「二年」。據春秋左傳「將立州吁」之句出自隱公三年傳。
[九四] 只　成化本無。
[九五] 蓋　成化本無。
[九六] 公羊曰宋之禍宣公爲之也　成化本無。
[九七] 時　成化本無。
[九八] 祈　成化本作「折」。　却　成化本無。
[九九] 是　成化本作「象」。
[一〇〇] 成化本此下注有「三年」。據春秋左傳，「初驪姬之亂，詛無畜群公子，自是晉無公族」出自宣公二

年傳。

［一〇一］陳淳人傑録同　成化本無。

［一〇二］先生　成化本無。

［一〇三］次舉額牒　成化本無。

［一〇四］成化本此下注有「十二年」。據春秋左傳，「卒偏之兩」出自宣公十二年傳。

［一〇五］陳仲卿　成化本爲「仲亨」。

［一〇六］三卿爲侯　成化本爲「晉三卿爲諸侯」。

［一〇七］也　成化本爲「也是」。

［一〇八］成化本此下注有「附此」。

［一〇九］成化本此下注曰：「有言：『臧文仲知征之爲害而去之，遂并無以識察姦僞。』故先生云然。」

［一一〇］從周董銖同　成化本爲「方子文二年」。據春秋左傳，文公二年傳有「仲尼曰：『臧文仲其不仁者三，不知者三』」。

［一一一］了　成化本無。

［一一二］族　成化本作「國」。

［一一三］了　成化本無。

［一一四］成化本此下注有「昭六年」。

［一一五］此條僩録成化本無，但卷八十一載胡泳録與此内容相類，參成化本胡泳録「或問緑衣卒章『我思古人，實獲我心』……正謂是爾」條。又，據春秋左傳，成化九年傳有「取其『我思古人，實獲我心』喻文子言得

己意」之語。

〔一一六〕成化本此下注有「二十九年」。據春秋左傳，「國未可量」引自襄公二十九年傳。

〔一一七〕此條僩録成化本載於卷九十三。

〔一一八〕成化本此下注曰：「公羊隱五年。」

〔一一九〕事見成二年左傳　成化本無。

〔一二〇〕成化本此下注有「成二年」。

〔一二一〕見昭　成化本無。

〔一二二〕見襄公十四年　成化本無。

〔一二三〕之　成化本無。

〔一二四〕公孫痤　成化本爲「公孫座」。

〔一二五〕成化本此下注有「十四年」。

〔一二六〕此條泳録成化本無。

〔一二七〕果　成化本無。

〔一二八〕人　成化本無。

〔一二九〕先生因　成化本無。

〔一三〇〕是　成化本爲「是時」。

〔一三一〕地　成化本無。

〔一三二〕又其後秦人　成化本無。

［一三三］是殺了多少　成化本無。

［一三四］如　成化本無。

［一三五］陳安卿　成化本爲「安卿」。

［一三六］淳録同……鍾會伐蜀見本傳　成化本無。

［一三七］夔孫　成化本無。

［一三八］林丈　成化本爲「擇之」。

［一三九］成化本此下注曰：「義剛録少異。」

［一四〇］公羊穀梁　成化本爲「公穀」。

［一四一］此　成化本無。

［一四二］文蔚　成化本無。

［一四三］成化本此下注曰：「以下公穀。」

［一四四］曾　成化本作「能」。

［一四五］謹　成化本作「緊」。

［一四六］此條道夫録成化本作爲注，附於寓録尾，参本卷寓録「先生話間説春秋……伯恭以爲此書只粧點爲説」條。

［一四七］伊川先生　成化本爲「伊川」。

［一四八］如　成化本無。

［一四九］作　成化本無。

[一五〇] 如　成化本無。

[一五一] 到　成化本無。

[一五二] 則　成化本無。

[一五三] 如此　成化本無。

[一五四] 鄭　成化本爲「鄭伯」。

[一五五] 想　成化本無。

[一五六] 他　成化本無。

[一五七] 而　成化本無。

[一五八] 也　成化本無。

[一五九] 胡文定公　成化本爲「胡文定」。

[一六〇] 時舉　成化本無。

[一六一] 大抵　成化本無。

[一六二] 是姓左作傳　成化本爲「是姓左丘」。

[一六三] 倚相　成化本此下有「之後」。

[一六四] 林黄中　成化本此上有「曰」。

[一六五] 某又云　成化本爲「可學云」。

[一六六] 成化本此下注曰：「以下諸家解春秋。」

[一六七] 淳　成化本爲「義剛」。

［一六八］成化本此下注曰：「揚録少異。」
［一六九］中　成化本無。
［一七〇］譎　成化本爲「權譎」。
［一七一］成化本此下注曰：「論治經之弊。」
［一七二］且如　成化本無。
［一七三］銖　成化本作「淳」。
［一七四］成化本此下注曰：「此亦先生親筆。」
［一七五］只　成化本爲「只將」。
［一七六］先生話間説春秋因語及　成化本無。
［一七七］答　成化本無。
［一七八］答　成化本無。
［一七九］先生　成化本無。
［一八〇］先生　成化本無。
［一八一］答　成化本無。
［一八二］先生　成化本無。
［一八三］云云　成化本無。
［一八四］成化本此下注曰：「寓録略。以下自言不解春秋。」
［一八五］答　成化本無。

［一八六］後世　成化本爲「後來」。

［一八七］答　成化本無。

［一八八］成化本此下注有「可學」。

卷八十四

［一］論考禮綱領　成化本此上有「禮一」。

［二］司馬文正　成化本爲「司馬公」。

［三］熟　成化本作「然」。

［四］始　成化本無。

［五］此條賀孫録成化本載於卷九十三。

［六］節　原脱，據成化本補。

［七］而士大夫　「而」、「士」、「大」三字原脱，據成化本補。

［八］亦　成化本此下有「自」。

［九］淳　成化本爲「義剛」。

［一〇］若看得一兩般書　原脱，據成化本義剛録補。

［一一］討頭處　原脱，據成化本義剛録補。

［一二］如孟子　原脱，據成化本義剛録補。

［一三］亦疏　原脱，據成化本義剛録補。

［一四］理會古　原脱，據成化本義剛録補。

［一五］此條淳録成化本以部分内容爲注，夾於卷九十義剛録中，參成化本義剛録「堯卿問高爲穆之義……

看他如何地」條。

〔一六〕煩　成化本作「繁」。

〔一七〕若是如　原脱，據成化本補。

〔一八〕上面説義　原脱，據成化本補。

〔一九〕是説　原脱，據成化本補。

〔二〇〕綜參考　原脱，據成化本補。

〔二一〕令節文度　原脱，據成化本補。

〔二二〕得實　原脱，據成化本補。

〔二三〕其義亦不　原脱，據成化本補。

〔二四〕若　成化本無。

〔二五〕禮未必盡用　原脱，據成化本補。

〔二六〕須　原脱，據成化本補。

〔二七〕若聖人有作　成化本無。

〔二八〕度　成化本此下有「皆若具文」。

〔二九〕及　成化本無。

〔三〇〕則　成化本作「而」。

〔三一〕這　成化本無。

〔三二〕答滕文公喪禮　成化本無。

［三三］矣　成化本此下有「三年之喪」。

［三四］這是不曾識周禮　成化本無。

［三五］都　成化本作「却」。

［三六］井九百畝其中爲公田　成化本無。

［三七］説井田　成化本無。

［三八］一介論之更自　原脱，據成化本補。

［三九］到宰相亦須上　原脱，據成化本補。

［四〇］以　成化本無。

［四一］且如孫吴專　原脱，據成化本補。

［四二］道者　原脱，據成化本補。

［四三］與上　原脱，據成化本補。

［四四］入　成化本作「人」。

［四五］若依希底也唤作是便了……若决是要做第一等人若　原有約十六字空缺，但成化本「是」與「才」間有三十三字。疑底本此處似缺兩行。

［四六］這　成化本無。

［四七］做到如此　原脱，據成化本補。

［四八］聖人　原脱，據成化本補。

［四九］奈何他才質只做　原脱，據成化本補。

[五〇] 他當初也不止　原脱，據成化本補。

[五一] 他　成化本作「地」。

[五二] 獨只理會這些　原脱，據成化本補。

[五三] 他這説　成化本無。

[五四] 且　成化本無。

[五五] 李文靖公　成化本爲「李文靖」。

[五六] 王文正公　成化本爲「王文正」。

[五七] 那樣事不着理會……今人只説漢封諸侯王土地太過　此部分内容原脱，據成化本補。

[五八] 也是　成化本無。

[五九] 領　原脱，據成化本補。

[六〇] 只要去　原脱，據成化本補。

[六一] 只是添得許多雜　原脱，據成化本補。

[六二] 定是恁地　原脱，據成化本補。

[六三] 雖孔子復生　原脱，據成化本補。

[六四] 已　原脱，據成化本補。成化本此下注有「賀孫」。

[六五] 時爲大　原脱，據成化本補。

[六六] 有聖人　原脱，據成化本補。

[六七] 易　原脱，據成化本補。

〔六八〕然　成化本此上有「曰」。
〔六九〕大　原脱，據成化本補。
〔七〇〕温　原脱，據成化本補。
〔七一〕長篇浩瀚　原脱，據成化本補。
〔七二〕某　原作「其」，據成化本改。儀　原脱，據成化本補。
〔七三〕只就中間行禮　原脱，據成化本補。
〔七四〕竊去　原脱，據成化本補。
〔七五〕亡之矣　原脱，據成化本補。此條成化本載於卷九十，且於語録尾注曰：「淳。李丈問：『祭儀更有修收否？』曰：『大概只是温公儀，無修改處。』」
〔七六〕今　原脱，據成化本補。
〔七七〕不相抵接　原脱，據成化本補。
〔七八〕釋奠惟　原脱，據成化本補。
〔七九〕服　成化本此下注曰：「至録云：『文、質之變相生。』」
〔八〇〕某謂　成化本無。
〔八一〕百世以下有聖賢　原脱，據成化本補。
〔八二〕斬　原脱，據成化本補。
〔八三〕周禮如此繁　原脱，據成化本補。
〔八四〕皆添四　原脱，據成化本補。

［八五］擔　成化本作「檐」。
［八六］行　成化本無。
［八七］胡伯量　成化本爲「伯量」。
［八八］始喪一段　原脱，據成化本補。
［八九］若必　「若」字原脱。成化本爲「必若」。據其上下文意及成化本補。
［九〇］古禮　成化本無。
［九一］情　原脱，據成化本補。
［九二］何者　原脱，據成化本補。
［九三］方哀苦荒　原脱，據成化本補。
［九四］之繁細委曲　原脱，據成化本補。
［九五］古　原脱，據成化本補。
［九六］有　原脱，據成化本補。
［九七］一一盡依古禮　原脱，據成化本補。
［九八］必躬　原脱，據成化本補。
［九九］依今世俗之禮　原脱，據成化本補。
［一〇〇］有　成化本無。
［一〇一］之　成化本無。
［一〇二］當　成化本無。

〔一〇三〕當　成化本無。
〔一〇四〕文　成化本作「又」。
〔一〇五〕蓋聖人生　原脱，據成化本補。
〔一〇六〕整齊　原脱，據成化本補。
〔一〇七〕聖人如何不　原脱，據成化本補。
〔一〇八〕自爲邦則從　原脱，據成化本補。
〔一〇九〕進　成化本此下有「耳」，「耳」下注有「僩」，且此條載於卷八十九。
〔一一〇〕壽皇麻衣不離身而　原脱，據成化本補。
〔一一一〕略换皂帶以爲　原脱，據成化本補。
〔一一二〕禮　成化本作「道」。
〔一一三〕成化本此下注有「賀孫」，且此條載於卷八十九。
〔一一四〕七篇多是士　原脱，據成化本補。
〔一一五〕焚滅之後　原脱，據成化本補。
〔一一六〕至河間　原脱，據成化本補。
〔一一七〕之　原脱，據成化本補。
〔一一八〕惜乎不行　原脱，據成化本補。
〔一一九〕至唐此書向在　「至」、「此」、「書」三字原脱，據成化本補。「向」，成化本作「尚」。
〔一二〇〕者　原脱，據成化本補。

〔一二一〕及後來無人説着　原脱，據成化本補。

〔一二二〕制漢儀　原脱，據成化本補。

〔一二三〕及曹褒　原脱，據成化本補。

〔一二四〕顯慶二禮　「慶」、「二」二字原脱，據成化本補。

〔一二五〕科亦當有　原脱，據成化本補。

〔一二六〕古人於禮直如　原脱，據成化本補。

〔一二七〕周旋　成化本爲「周回」。

〔一二八〕自然使人有　原脱，據成化本補。

〔一二九〕化　成化本作「他」。

〔一三〇〕多不本諸儀禮　原脱，據成化本補。

〔一三一〕有自　原脱，據成化本補。

〔一三二〕爲適古今之宜　原脱，據成化本補。

〔一三三〕則　成化本無。

〔一三四〕禮　成化本爲「之説」。

〔一三五〕儀　成化本爲「儀禮」。

〔一三六〕今　成化本無。

〔一三七〕福州　成化本無。

〔一三八〕字伯照　成化本無。

〔一三九〕私臆　原脱，據成化本補。
〔一四〇〕某　原脱，據成化本補。
〔一四一〕極不易得　原脱，據成化本補。
〔一四二〕林黄中　原脱，據成化本補。
〔一四三〕是杜撰　原脱，據成化本補。
〔一四四〕或言　原脱，據成化本補。
〔一四五〕黄只是讀書　原脱，據成化本補。
〔一四六〕不曾　原脱，據成化本補。
〔一四七〕名者三人　原脱，據成化本補。
〔一四八〕王伯照　「王」、「伯」二字原脱，據成化本補。
〔一四九〕國家何賴焉　「家」、「何」、「賴」、「焉」四字原脱，據成化本補。
〔一五〇〕因問張舅　「因」、「問」、「張」三字原脱，據成化本補。
〔一五一〕子孫能守其家學否　原脱，據成化本補。
〔一五二〕儀　原脱，據成化本補。
〔一五三〕天叙有典　原脱，據成化本補。
〔一五四〕自我　原脱，據成化本補。
〔一五五〕五庸哉　原脱，據成化本補。
〔一五六〕這個典禮　「這」、「個」、「典」三字原脱，據成化本補。

[一五七] 論儀禮經傳通解　成化本爲「論修禮書」。

[一五八] 有作　成化本爲「有禮」。

[一五九] 周之文　原脱，據成化本補。

[一六〇] 以　成化本無。

[一六一] 存古　原脱，據成化本補。

[一六二] 使後　原脱，據成化本補。

[一六三] 之　成化本無。

[一六四] 已　原脱，據成化本補。

[一六五] 若必欲一一　原脱，據成化本補。

[一六六] 也行　原脱，據成化本補。

[一六七] 之　成化本無。

[一六八] 也太詳　原脱，據成化本補。

[一六九] 者　成化本無。

[一七〇] 成化本此下注有「僩」。

[一七一] 來　成化本無。

[一七二] 人　成化本無。

[一七三] 成化本此下注曰：「以下論修書大指。」

[一七四] 先生　成化本無。

［一七五］且 成化本無。

［一七六］又 成化本無。

［一七七］先生 成化本無。

［一七八］他瑣細處 原脱，據成化本補。

［一七九］且如冠 原脱，據成化本補。

［一八〇］旅當用如何底 原脱，據成化本補。

［一八一］於平 原脱，據成化本補。

［一八二］何底 原脱，據成化本補。

［一八三］於朝廷治事當 原脱，據成化本補。

［一八四］制當如何 原脱，據成化本補。

［一八五］士 原脱，據成化本補。

［一八六］賀孫 成化本無。

［一八七］上有制作之君 原脱，據成化本補。

［一八八］其等 原脱，據成化本補。

［一八九］禮行之既 原脱，據成化本補。

［一九〇］於心極 原脱，據成化本補。

［一九一］要整頓便著從 原脱，據成化本補。

［一九二］已 成化本作「也」。

〔一九三〕裹　原脱，據成化本補。
〔一九四〕梁　成化本無。
〔一九五〕官　成化本無。
〔一九六〕自有此　成化本爲「這自有些」。
〔一九七〕賀孫　成化本無。
〔一九八〕二　原作「一」。成化本作「二」。幞頭爲古代一種頭巾。古人以皂絹三尺裹髮，有四帶，二帶繫腦後垂之，二帶反繫頭上，令曲折附項，故稱「四脚」或「折上巾」，故從成化本改作「二」。
〔一九九〕变　成化本作「廢」。
〔二〇〇〕最　成化本無。
〔二〇一〕便　成化本無。
〔二〇二〕成化本此下注有「賀孫」。
〔二〇三〕語次　成化本無。
〔二〇四〕吕伯恭　成化本爲「伯恭」。
〔二〇五〕禮　成化本爲「禮記」。
〔二〇六〕本　成化本作「乃」。
〔二〇七〕其　成化本無。
〔二〇八〕禮　成化本爲「禮記」。
〔二〇九〕成化本此下注曰：「以下修書綱目。」

［二一〇］賀孫 成化本無。

［二一一］此條以編禮書而言 成化本無。

［二一二］共 成化本無。

［二一三］之 成化本無。

［二一四］入局 成化本無。

［二一五］已 成化本無。

［二一六］文蔚 成化本無。

［二一七］答 成化本無。

［二一八］觀其立言之意自可見 成化本爲「觀其言意自可見」。

［二一九］那 成化本無。

〔一五二〕一　成化本無。
〔一五三〕成化本此下注有「驤」。
〔一五四〕蔣兄問人心道心曰　成化本無。
〔一五五〕若　成化本無。
〔一五六〕又問惟精惟一曰是擇善而固執之　成化本無。
〔一五七〕之别　成化本無。
〔一五八〕又曰　成化本無。
〔一五九〕僩　成化本無。
〔一六〇〕問人心道心曰　成化本無。
〔一六一〕人　成化本作「所」。
〔一六二〕惑　成化本作「仁」。
〔一六三〕者　成化本爲「之説」。
〔一六四〕時　成化本爲「之時」。
〔一六五〕指書几　成化本爲「因指書几云」。
〔一六六〕擗　成化本此下有「與他」。
〔一六七〕成化本此下注有「德明録别出」。參下條。
〔一六八〕得　成化本無。
〔一六九〕故曰允執厥中　成化本無。

〔一七〇〕則　成化本無。

〔一七一〕成化本此下注有「德明」。

〔一七二〕人心惟危……允執厥中　成化本無。

〔一七三〕時　成化本無。

〔一七四〕堯　成化本作「先」。

〔一七五〕且如　成化本無。

〔一七六〕至如中庸　成化本爲「又如」。

〔一七七〕説　成化本爲「且説」。

〔一七八〕此條閎祖録成化本無。

〔一七九〕□　底本闕。

〔一八〇〕此條人傑録成化本無。

〔一八一〕底　成化本此下有「次序」。

〔一八二〕故　成化本無。

〔一八三〕天　成化本無。

〔一八四〕懋哉　成化本爲「懋哉懋哉」。

〔一八五〕皋陶　成化本無。

〔一八六〕義剛　成化本無。

〔一八七〕那　成化本此下有「夔」。

［一八八］他　成化本作「也」。
［一八九］戒　成化本此下有「其君」。
［一九〇］吕東萊　成化本爲「東萊」。
［一九一］復問元德曰　成化本爲「問元德」。
［一九二］所　成化本無。
［一九三］又　成化本無。
［一九四］則　成化本此下有「承之」。
［一九五］纔　成化本此下有「射」。
［一九六］又　成化本無。
［一九七］又　成化本無。

卷七十九

［一］夏書　成化本無。
［二］學蒙録同而略今附云　成化本爲「學蒙録云」。
［三］予　成化本無。
［四］以　成化本作「而」。
［五］庚　成化本無。
［六］庚　成化本無。
［七］陳淳録同　成化本無。
［八］下　成化本作「水」。
［九］隴　成化本此下注曰：「他本云：『那邊一支去爲江北許多去處。』」
［一〇］淳義剛録同　成化本爲「義剛」。
［一一］繆　成化本爲「繆誤」。
［一二］爲　成化本無。
［一三］前日見　成化本無。
［一四］泛溢　成化本爲「泛濫」。
［一五］湯誓　成化本無。

［一六］若　成化本無。
［一七］湯誥　成化本爲「湯誓」。
［一八］蔡行父慇　成化本爲「蔡慇」。
［一九］惟皇上帝降衷于下民　成化本無。
［二〇］以爲衷善　成化本爲「以衷爲善」。
［二一］是　成化本無。
［二二］衷不是善　成化本爲「衷只是中」。
［二三］上　成化本無。
［二四］銖時舉録同　成化本爲「時舉」。
［二五］太甲中　成化本無。
［二六］曰云云　成化本爲「以湯爲我后而徯其來」。
［二七］成化本此下注有「閎祖」。
［二八］成化本此下注有「節」。
［二九］逆　成化本作「逢」。
［三〇］所　成化本此下有「從」。
［三一］是非善惡　成化本爲「是是非非善善惡惡」。
［三二］纔　成化本此上有「曰」。
［三三］曰　成化本爲「又曰」。

〔三四〕是　成化本作「只」。
〔三五〕這　成化本無。
〔三六〕事　成化本作「字」。
〔三七〕説命中　成化本爲「説命」。
〔三八〕則　成化本無。
〔三九〕防　成化本此下有「他」。
〔四〇〕方子節録同　成化本作「節」。
〔四一〕成化本此下注有「節」。
〔四二〕故説得這話　成化本爲「故使得這説」。
〔四三〕説命下　成化本無。
〔四四〕候　成化本爲「等候」。
〔四五〕此條節録成化本無。
〔四六〕喻子才　成化本作「俞」。按，「喻」字原脱，宋史卷四三三有喻樗傳，喻樗字子才，據補。
〔四七〕寫本　成化本無。
〔四八〕説　成化本此下注曰：「夔孫録云：『某看見古人説話不如此險。』」
〔四九〕得　成化本無。
〔五〇〕先王　成化本無。
〔五一〕險　成化本此下注曰：「夔孫録云：『言語皆平正，皆是實語，不應得中間翻一個筋斗去。』」

〔五二〕教得　成化本爲「説數只得」。
〔五三〕注　成化本此下注曰：「夔孫録云：『此却似禪語。五通仙人問：「佛六通，如何是那一通？」那一通便是妙處。且如學記引此，亦只是依古注説。』」
〔五四〕臣子　成化本無。
〔五五〕崇侯虎　成化本作「崇」。
〔五六〕雜記　成化本爲「雜説」。
〔五七〕成化本此下注有「僩」。
〔五八〕周書　成化本無。
〔五九〕必　成化本此上有「序」。
〔六〇〕庚　成化本無。
〔六一〕成化本此下注曰：「疑與上條同聞。」
〔六二〕李叔易　「叔易」原脱，成化本亦脱。據萬曆本補。
〔六三〕包顯道　成化本爲「顯道」。
〔六四〕成化本此下注有「義剛」。
〔六五〕自　成化本爲「自殺」。
〔六六〕整　成化本作「興」。
〔六七〕孔子　成化本爲「夫子」。
〔六八〕成化本此下注有「賀孫」。

〔六九〕稱武王　成化本爲「序稱」。
〔七〇〕十　成化本此上有「史辭稱」。
〔七一〕雖　成化本無。
〔七二〕成化本此下注曰：「高録云：『見得釋箕子囚了，問他。若十一年釋了，十三年方問他，恐不應如此遲。』」
〔七三〕去　成化本作「走」。
〔七四〕此條僩録成化本無。
〔七五〕切緊　成化本爲「緊切」。
〔七六〕賀孫　成化本爲「道夫」。
〔七七〕又　成化本無。
〔七八〕周禮　成化本爲「周公」。
〔七九〕一　原脱，據成化本補。
〔八〇〕四者乃　成化本無。
〔八一〕之類　成化本無。
〔八二〕得　成化本無。
〔八三〕則　成化本作「便」。
〔八四〕因論洪範云　成化本無。
〔八五〕畫　成化本此下有「少」。

〔八六〕又云極非中也　成化本爲「乃中之極非中也」。

〔八七〕人　成化本作「己」。

〔八八〕成化本此下注有「僩」。

〔八九〕此條成化本以部分内容夾注於胡泳録中，參成化本卷七十九胡泳録「問五行所屬……曰然」條。

〔九〇〕消　成化本作「須」。

〔九一〕成化本此下有「卜九。㽦録詳見下」，且其下爲㽦録，參成化本卷七十九㽦録「『皇極』二字……只是惟王不可不敬德而已」條。

〔九二〕是　成化本爲「即是」。

〔九三〕乎　成化本作「于」。

〔九四〕太極　成化本作「極」。

〔九五〕皇極　成化本無。

〔九六〕者　成化本無。

〔九七〕謀之聰　成化本爲「視明聽聰」。

〔九八〕有　成化本無。

〔九九〕比看箕子爲武王陳洪範　成化本爲「箕子陳洪範」。

〔一〇〇〕得　成化本爲「要得」。

〔一〇一〕此條道夫録成化本無。

〔一〇二〕彼中上元……罷之　成化本爲「上元須作醮象山罷之」。

〔一〇三〕入道觀　原脱，據成化本補。
〔一〇四〕晢　成化本作「哲」。
〔一〇五〕晢　成化本作「晳」。
〔一〇六〕是　成化本作「則」。
〔一〇七〕洪範　「洪」原作「湯」，據成化本改。
〔一〇八〕必　成化本無。
〔一〇九〕王荆公　成化本爲「荆公」。
〔一一〇〕這　成化本無。
〔一一一〕成化本此下注有「訓學蒙」，且此條節録載於卷一百十八。
〔一一二〕治　成化本作「克」。
〔一一三〕之　成化本作「文」。
〔一一四〕子　成化本此下有「又，鼎中漉肉叉子」。
〔一一五〕畢　成化本爲「畢星」。
〔一一六〕東　成化本無。
〔一一七〕若爾三王是有丕子之責于天以旦代某之身　成化本爲「是有丕子之責于天」。
〔一一八〕追　成化本作「進」。
〔一一九〕理會　成化本爲「道理」。
〔一二〇〕要　成化本無。

〔一二一〕爲　成化本無。
〔一二二〕道　成化本作「説」。
〔一二三〕德於　成化本無。
〔一二四〕蓋始於紂苦之暴而欲其亡　成化本爲「蓋始苦於紂之暴而欲其亡」。
〔一二五〕故　成化本作「固」。
〔一二六〕吊　成化本無。
〔一二七〕聲　成化本無。
〔一二八〕止　成化本作「正」。
〔一二九〕尚書　成化本無。
〔一三〇〕段　成化本作「件」。
〔一三一〕得　成化本無。
〔一三二〕去　成化本作「出」。
〔一三三〕成化本此下注有「道夫」。
〔一三四〕不　成化本作「分」。
〔一三五〕周公　成化本無。
〔一三六〕義剛　成化本無。
〔一三七〕魄　成化本作「明」。
〔一三八〕人載車　成化本無。

［一三九］人望在下却在側邊了　成化本爲「人在下望之却見側邊了」。
［一四〇］彈丸　成化本爲「彈圓」。
［一四一］屑　成化本作「眉」。
［一四二］故　成化本作「既」。
［一四三］起　成化本此下注曰：「池本作『衝上』。」
［一四四］地　成化本爲「大地」。
［一四五］疊　成化本作「沓」。
［一四六］後　成化本此下有「則」。
［一四七］處　成化本此下注曰：「池本作『暗虚』，下同。」
［一四八］不　成化本爲「不至」。
［一四九］則不成　成化本爲「而成」。
［一五〇］籍　成化本作「篇」。
［一五一］召誥　成化本爲「召誥洛浩」。底本「洛誥」一目另置於此下。又，成化本「酒誥」與「召誥洛誥」間另有「梓材」一目，其下載兩條語録，參成化本卷七十九「吴材老説……此様處恰恰好好」條、㽦録「尚書句讀有長者……是一句」條。
［一五二］洛誥　成化本無。成化本「洛誥」與「召誥」併爲一目。
［一五三］下　成化本爲「下文」。
［一五四］却　成化本爲「却是」。

〔一五五〕此條時舉録成化本載於卷七十八。
〔一五六〕淳　成化本無。
〔一五七〕林丈　成化本爲「林文」。
〔一五八〕云　成化本爲「如」。
〔一五九〕誥　成化本爲「五誥」。
〔一六〇〕並同　成化本無。
〔一六一〕萍鄉　成化本無。
〔一六二〕吕東萊　成化本爲「東萊」。
〔一六三〕先生扣之　成化本無。
〔一六四〕柳兄　成化本作「柳」。
〔一六五〕吕東萊　成化本爲「東萊」。
〔一六六〕成化本此下注曰：「璘録云：『柔易於暗弱，徽有發揚之意；　恭形於外，懿則有藴藏之意。』」
〔一六七〕留　成化本作「當」。
〔一六八〕庚　成化本無。
〔一六九〕去　成化本無。
〔一七〇〕了　成化本作「子」。
〔一七一〕處　成化本無。
〔一七二〕不　成化本作「弗」。

〔一七三〕成化本此下注曰：「或録云：『此兩句不與上下文相似。上下文多不可曉。』」
〔一七四〕此條成化本以部分内容爲注，附於節録尾，參上條。
〔一七五〕周公　成化本爲「周官」。
〔一七六〕陳淳録同　成化本無。按，「同」字原脱，據文意補。
〔一七七〕此條成化本以部分内容夾注於卷一百十二儒用録中，參底本該卷「或問漢三公之官……遂改爲省」條。
〔一七八〕顧命　成化本爲「顧命康王之誥」。
〔一七九〕淳　成化本爲「安卿」。
〔一八〇〕内史　成化本此下有「太史」。
〔一八一〕有　成化本爲「有個」。
〔一八二〕諸誥篇等　成化本爲「諸誥等篇」。
〔一八三〕曉不得　成化本爲「不曉得」。
〔一八四〕淳義剛録同　成化本爲「義剛」。按，「同」字原脱，據文意補。
〔一八五〕吕刑　成化本此目上有「冏命」一目，其下載一條銖録，而底本則載此條銖録於卷五十六，參底本該卷「或問格其非之格……如格鬬之格是也」條。
〔一八六〕處　成化本無。
〔一八七〕義剛　成化本無。
〔一八八〕做　成化本此下有「亂做」。

〔一八九〕那　成化本無。

〔一九〇〕後　成化本無。

〔一九一〕從　成化本無。

〔一九二〕言　成化本作「這」。

〔一九三〕陳安卿　成化本爲「安卿」。

〔一九四〕古底　成化本爲「古來底」。

〔一九五〕處　成化本作「了」。

〔一九六〕那　成化本無。

〔一九七〕辭　成化本此下有「古」。

〔一九八〕之　成化本作「數」。

〔一九九〕都　成化本作「多」。

〔二〇〇〕爲　成化本作「獲」。

〔二〇一〕那　成化本無。

〔二〇二〕後　成化本無。

〔二〇三〕未　成化本作「來」。

〔二〇四〕蔡仲默　成化本爲「仲默」。

〔二〇五〕贖法　成化本爲「贖刑」。

〔二〇六〕氣質　成化本爲「氣象」。

〔二〇七〕只　成化本無。

〔二〇八〕於　成化本作「放」。

卷八十

〔一〕毛詩　成化本作「詩」。
〔二〕此條儒用録成化本無，但卷十九載夔孫同聞所録，參成化本該卷「孟子所謂『集義』……只是求個是底道理」條。
〔三〕此條賀孫録成化本載於卷八十一。
〔四〕詩　成化本無。
〔五〕詩　成化本無。
〔六〕了　成化本無。
〔七〕了　成化本無。
〔八〕巧　成化本爲「極巧」。
〔九〕他　成化本無。
〔一〇〕果只是許多如何　成化本無。
〔一一〕韻　成化本此下有「處」。
〔一二〕也　成化本無。
〔一三〕如　成化本無。
〔一四〕成化本此下注曰：「説卷阿與詩傳不同。以下論詩次序章句。」

〔一五〕如　成化本無。

〔一六〕出　成化本作「作」。

〔一七〕成化本此下注曰：「以下論風、雅、頌。」

〔一八〕衛　成化本此下有「爲」。

〔一九〕謨去僞人傑録同　成化本爲「去僞」。

〔二〇〕因説詩答曰　成化本無。

〔二一〕又　成化本無。

〔二二〕是也　成化本無。

〔二三〕如　成化本無。

〔二四〕鈎　成化本作「釣」。

〔二五〕答　成化本無。

〔二六〕答　成化本無。

〔二七〕答　成化本無。

〔二八〕答　成化本無。

〔二九〕邵武人　成化本無。

〔三〇〕答　成化本無。

〔三一〕如何　成化本無。

〔三二〕思　成化本此下有「在」。

［三三］個　成化本無。
［三四］個　成化本無。
［三五］萬民　成化本爲「國子」。
［三六］擅名　成化本爲「標名」。
［三七］他人　成化本無。
［三八］只管解那奕奕寢廟　原爲「只受解那」，據成化本改補。
［三九］成化本此下注有「以下賦、比、興。」
［四〇］便　成化本爲「便接」。
［四一］然　成化本無。
［四二］那　成化本無。
［四三］也　成化本無。
［四四］節　成化本無。
［四五］答　成化本無。
［四六］此條節録成化本載於卷四十七。
［四七］此條閎祖録成化本載於卷四十七。底本卷四十七重複載入。
［四八］鼻　成化本此下注曰：「振録云：『多是假他物舉起，全不取其義。』」
［四九］後來古詩　成化本爲「後人詩」。
［五〇］成化本此下注曰：「振録同。」

〔五一〕成化本此下注曰：「以下六義。」

〔五二〕觀人一篇詩必有意思　成化本爲「古人一篇詩必有一篇意思」。

〔五三〕因説　成化本無。

〔五四〕伊川先生　成化本爲「伊川」。

〔五五〕者　成化本作「若」，屬下讀。

〔五六〕上蔡先生　成化本爲「上蔡」。

〔五七〕他　成化本無。

〔五八〕是　成化本作「與」。

〔五九〕詩云　成化本無。

〔六〇〕成化本此下注曰：「以下大序。」

〔六一〕變風止乎禮義……亦未盡　成化本無。

〔六二〕成化本此下注有「敬仲」。

〔六三〕與　成化本爲「相與」。

〔六四〕成化本此下注曰：「以下小序。」

〔六五〕詩　成化本此上有「詩，纔説得密便説他不着。『國史明乎得失之跡』，這一句也有病。周禮禮記中，史並不掌詩，左傳説自分曉。以此見得大序亦未必是聖人做，小序更不須説。他做小序不會寬説，每篇便求一個實事填塞了。他有尋得着底猶自可通，不然便與詩相礙。那解底，要就詩却礙序，要就序却礙詩。詩之興是劈頭説那没來由底兩句，下面方説那事，這個如何通解！『鄭聲淫』，所以鄭詩多是淫佚之

辭，狡童、將仲子之類是也。今喚做忽與祭仲，與詩辭全不相似。這個只似而今閑潑曲子。南山有臺等數篇是燕享時常用底，叙賓主相好之意，一似今人致語。又曰」。

〔六六〕實　成化本無。

〔六七〕從周　成化本作「高」。

〔六八〕詩　成化本無。

〔六九〕詩　成化本此下有「之」。

〔七〇〕謂　成化本作「詞」。

〔七一〕詩　成化本無。

〔七二〕蓋　成化本無。

〔七三〕者　成化本無。

〔七四〕欺慢　成化本爲「軟慢」。

〔七五〕者　成化本無。

〔七六〕大率　成化本無。

〔七七〕却是　成化本無。

〔七八〕見　成化本此下有「人」。

〔七九〕鵬　成化本此下有「何以見先王之澤」。

〔八〇〕賓之初筵　成化本爲「行葦」。

〔八一〕晉　成化本無。

[八二] 成王 成化本爲「成功」。

[八三] 而知 成化本無。

[八四] 詩序 成化本爲「序詩」。

[八五] 擬 成化本作「疑」。

[八六] 善 成化本作「美」。

[八七] 之 成化本無。

[八八] 時 成化本作「詩」。

[八九] 襲 成化本作「誘」。

[九〇] 先生 成化本無。

[九一] 答 成化本無。

[九二] 予 成化本作「某」。

[九三] 從 成化本無。

[九四] 方子 成化本作「煇」。

[九五] 成化本此下注曰：「以下論詩韻。」

[九六] 某 成化本爲「子厚」。

[九七] 又 成化本無。

[九八] 之 成化本作「也」。

[九九] 此條時舉録成化本載於卷一百四十。

〔一〇〇〕 尃 成化本作「敷」。
〔一〇一〕 尃 成化本作「敷」。
〔一〇二〕 調 成化本作「詞」。
〔一〇三〕 先生説 成化本無。
〔一〇四〕 古今合去處 成化本爲「古合處」。
〔一〇五〕 地 成化本無。
〔一〇六〕 成化本此下注曰：「饒何氏録云：『中庸「奏格無言」，「奏」音「族」，平聲音「騣」，所以毛詩作「鬷」字。』」
〔一〇七〕 伐木詩 成化本無。
〔一〇八〕 又如 成化本無。
〔一〇九〕 之 成化本無。
〔一一〇〕 也 成化本此下有「又云：『禮記「五至」、「三無」處皆協。』」
〔一一一〕 晦夫 成化本作「煇」。
〔一一二〕 成化本「論讀詩」下又增「解詩」一目，其下載語録凡十八條。參成化本卷八十「解詩」目下。
〔一一三〕 成化本此下注曰：「以下總論讀詩之方。」
〔一一四〕 是 成化本無。
〔一一五〕 周南之 成化本無。
〔一一六〕 諸詩 成化本無。

〔一一七〕化　成化本無。
〔一一八〕化　成化本無。
〔一一九〕個　成化本此下有「暴斂底意思。好底意思是如此，不好底是如彼」。
〔一二〇〕看他好底　成化本爲「好底意思」。
〔一二一〕有只恁地去平直處　成化本爲「有只恁平直」。
〔一二二〕二　成化本無。
〔一二三〕文　成化本作「章」。
〔一二四〕他　成化本作「思」，屬上讀。
〔一二五〕平　成化本爲「平説」。
〔一二六〕是　成化本無。
〔一二七〕如　成化本無。
〔一二八〕之　成化本無。
〔一二九〕若　成化本爲「苦苦」。
〔一三〇〕看了　成化本無。
〔一三一〕成化本此下注曰：「以下論讀詩在興起。」
〔一三二〕興處　成化本爲「詩之興」。
〔一三三〕固嘗　成化本無。
〔一三四〕戒　成化本此下有「『而已，不知其他如何著力？』曰：『善可爲法，惡可爲戒』」。

〔一三五〕發　成化本此下有「人」。
〔一三六〕有間　成化本爲「間有」。
〔一三七〕辭　成化本爲「答辭」。
〔一三八〕有　成化本無。
〔一三九〕只　成化本此上有「興」。
〔一四〇〕頭　成化本無。
〔一四一〕雅尋　成化本爲「推尋」。
〔一四二〕看　成化本此上有「便」。
〔一四三〕詩　成化本爲「詩解」。
〔一四四〕雖小序爲辨破　成化本爲「雖存小序間爲辨破」。
〔一四五〕又如　成化本無。
〔一四六〕成化本此下注曰：「以下論詩在熟讀玩味。」
〔一四七〕也　成化本無。
〔一四八〕涵泳　成化本爲「涵味」。
〔一四九〕答　成化本無。
〔一五〇〕得　成化本此下有「那好處」。
〔一五一〕子　成化本無。
〔一五二〕種子　成化本此下有「了」。

〔一五三〕了　成化本無。
〔一五四〕對　成化本無。
〔一五五〕而今　成化本作「便」。
〔一五六〕意思　成化本無。
〔一五七〕歐陽文忠公　成化本爲「歐陽公」。
〔一五八〕有　成化本無。
〔一五九〕吕東萊　成化本爲「東萊」。
〔一六〇〕因　成化本無。
〔一六一〕此條伯豐(即必大)録作爲注，附於人傑録尾，參下條。
〔一六二〕成化本此下注曰：「必大録云：『横渠解「悠悠蒼天，此何人哉」却不平易。』」
〔一六三〕先生　成化本無。
〔一六四〕時舉　成化本作「曰」。
〔一六五〕知　成化本作「之」。
〔一六六〕先生云　成化本作「曰」
〔一六七〕先生云　成化本作「曰」
〔一六八〕先生　成化本無。
〔一六九〕時舉　成化本作「曰」。
〔一七〇〕先生云　成化本作「曰」

［一七一］答　成化本無。
［一七二］銖　成化本爲「拱壽」。
［一七三］成化本此下注有「煇」。

卷八十一

［一］毛詩二風雅頌　成化本爲「詩二」。
［二］成化本此下注曰：「兼論二南。」
［三］文蔚又　成化本無。
［四］意　成化本爲「其意」。
［五］麥　成化本作「柏」。
［六］慊　成化本作「謙」。
［七］此詩　成化本無。
［八］木之　成化本無。
［九］是否　成化本無。
［一〇］木之　成化本無。
［一一］之詩　成化本無。
［一二］得　成化本無。
［一三］先生問曹兄云陳先生説詩如何曹未答先生云　成化本爲「問曹兄云」。
［一四］德　成化本無。
［一五］得　成化本無。

〔一六〕是　成化本無。

〔一七〕然　成化本無。

〔一八〕成化本此下注曰：「詩傳今作『興而比』。」

〔一九〕陳君舉　成化本爲「君舉」。

〔二〇〕大雅　成化本無。

〔二一〕木之　成化本無。

〔二二〕成化本此下注有「木之」。

〔二三〕詩至麟之趾因言小序云　成化本無。

〔二四〕時舉　成化本無。

〔二五〕詩　成化本無。

〔二六〕時舉又　成化本無。

〔二七〕詩　成化本無。

〔二八〕父母一作男女　成化本爲「男女」。

〔二九〕詩　成化本無。

〔三〇〕是　成化本作「詩」。

〔三一〕成化本此下注有「賀孫」。

〔三二〕騶虞詩　成化本無。

〔三三〕時舉問　成化本無。

〔三四〕柏舟詩　成化本無。

〔三五〕柏舟詩　成化本無。

〔三六〕危　成化本作「患」。

〔三七〕燕燕　成化本此目上有「緑衣」一目，其下載一條胡泳録，參成化本卷八十一胡泳録「或問緑衣卒章……政謂是爾」條。

〔三八〕云　成化本無。

〔三九〕詩　成化本作「詳」。

〔四〇〕禮　成化本作「禄」。

〔四一〕之詩　成化本無。

〔四二〕時舉　成化本無。

〔四三〕又　成化本無。

〔四四〕泉水篇　成化本無。

〔四五〕此莫　成化本無。

〔四六〕時舉　成化本無。

〔四七〕北風末章謂　成化本無。

〔四八〕又　成化本無。

〔四九〕篇　成化本無。

〔五〇〕此詩　成化本無。

［五一］又　成化本無。
［五二］篇　成化本無。
［五三］鄘　成化本無。
［五四］先生問文蔚曰　成化本爲「問文蔚」。
［五五］干旄詩　成化本無。
［五六］衛　成化本無。
［五七］王　成化本無。
［五八］詩　成化本無。亦　成化本作「不」。
［五九］便　成化本作「别」。
［六〇］成化本此下注有「賀孫」。
［六一］鄭　成化本無。
［六二］成化本此下注有「兼論鄭詩」。
［六三］詩　成化本此下有「者」。
［六四］其言聱牙　成化本爲「然其言皆聱牙」。
［六五］者　成化本此下有「是在天至小之星也。『三五在東』者」。
［六六］又問狡童詩如何説　成化本無。
［六七］齊　成化本無此目，但另有齊風之「雞鳴」、「著」二目。且「雞鳴」下載一條琮録，即「問雞鳴詩序……如此説亦可」條；而「著」下載一條子蒙録，即「問著是刺何人……恐只是以綿穿垂在當耳處」條。

〔六八〕魏　成化本無。
〔六九〕非卿　成化本爲「升卿」。
〔七〇〕唐　成化本無。
〔七一〕秦　成化本無。
〔七二〕陳　成化本無。
〔七三〕曹　成化本無。
〔七四〕豳　成化本爲「豳七月」。
〔七五〕焉　成化本無。
〔七六〕以　成化本無。
〔七七〕以　成化本無。
〔七八〕淳義剛録同　成化本爲「義剛」。
〔七九〕七月　成化本無。
〔八〇〕成化本此下注曰：「『無純臣』語恐記誤。」
〔八一〕也　成化本無。
〔八二〕時舉　成化本無。
〔八三〕遂　成化本無。
〔八四〕乃　成化本無。
〔八五〕鴟鴞詩　成化本無。

［八六］如此　成化本無。

［八七］個　成化本無。

［八八］是　成化本無。

［八九］後來　成化本無。

［九〇］喚　成化本作「唆」。

［九一］個　成化本無。

［九二］這　成化本無。

［九三］時舉　成化本無。

［九四］於　成化本無。

［九五］討　成化本作「計」。

［九六］安卿對　成化本無。

［九七］義剛録同　成化本無。

［九八］淳　成化本無。

［九九］成化本此下注曰：「義剛録詳，別出。」且其下條爲義剛録，參成化本卷八十一義剛録「安卿問破斧詩傳……便是不曉」條。

［一〇〇］小雅　成化本無，但此上有「二雅」一目，其下載兩條語録。參成化本卷八十一必大録「小雅恐是燕禮用之……則止人君可歌」條，及㽦録「大雅氣象宏闊……意義自然明白」條。

［一〇一］鹿鳴之什　成化本爲「鹿鳴諸篇」。

〔一〇二〕鹿鳴四牡皇皇者華　成化本無。

〔一〇三〕時舉　成化本無。

〔一〇四〕時舉説常棣詩先生曰　成化本無。

〔一〇五〕處　成化本無。

〔一〇六〕爲　成化本作「謂」。

〔一〇七〕天保　成化本此日上有「伐木」一目，其下載兩條語録。參成化本卷八十一榦録「問伐木大意……故以茅縮酒也」條，及燾録「問神之聽之……而錫之以和平之福」條。

〔一〇八〕天保詩云　成化本無。

〔一〇九〕采薇詩云　成化本無。

〔一一〇〕至　成化本無。

〔一一一〕蓋　成化本無。

〔一一二〕至　成化本無。

〔一一三〕此條時舉録成化本無，但卷八十一載銖録曰：子善問：「詩『畏此簡書』。『簡書』有二説：一説，簡書，戒命也。鄰國有急則以簡書相戒命；一説策命臨遣之詞。」曰：「後説爲長，當以後説載前。前説只據左氏『簡書，同惡相恤之謂』。然此是天子戒命，不得謂之鄰國也。」又問：「『胡不旆旆』，東萊以爲初出軍時旌旗未展，爲卷而建之，引左氏「建而不旆」。故曰此旗何不旆旆而飛揚乎。蓋以命下之初，我方憂心悄悄而僕夫憔悴，亦若人意之不舒也。」曰：「此説雖精巧，然『胡不旆旆』一句，語勢似不如此。『胡不』猶言『遐不作人』，言豈不旆旆乎，但我自『憂心悄悄』而僕夫又況瘁耳。如此却自平正。伯恭詩太巧，詩正

怕如此看。古人意思自寬平，何嘗如此纖細拘迫！」

〔一一四〕白華由庚等　成化本無。

〔一一五〕此條時舉録成化本無。

〔一一六〕南有嘉魚之什　成化本無。

〔一一七〕潘子善　成化本爲「子善」。

〔一一八〕采芑　成化本此目上有「六月」一目，其下載一條方録曰：「六月詩『既成我服』，不失機。『于三十里』。常度。律。」

〔一一九〕盛　成化本作「極」。

〔一二〇〕鴻鴈之什　成化本無。

〔一二一〕庭燎詩至　成化本無。

〔一二二〕淳寓録同　成化本作「寓」。

〔一二三〕時舉説斯干詩至載弄之瓦處先生云　成化本爲「載弄之瓦」。

〔一二四〕瓦　成化本無。

〔一二五〕者　成化本無。

〔一二六〕節南山之什　成化本無。

〔一二七〕林武子説節南山詩先生曰　成化本無。

〔一二八〕又　成化本無。

〔一二九〕却　成化本無。

〔一三〇〕時舉説節南山詩至秉國之均先生曰　成化本爲「秉國之均」。

〔一三一〕時舉　成化本無。

〔一三二〕小弁末章　成化本無。

〔一三三〕疑莫　成化本無。

〔一三四〕楚茨　成化本此目上有「大東」一目，其下載兩條語録。參成化本卷八十一炎録「有饛簋飧……有一様全無義理」條，及泳録「東有啓明……故日將没則西見」條。

〔一三五〕文蔚　成化本無。

〔一三六〕楚茨詩言先祖是皇　成化本無。

〔一三七〕甫田之什　成化本爲「甫田」，且此下載兩條語録。參成化本卷八十一銖録「子善問甫田詩……亦何益哉」條，及必大録「驕驕張王之意……今田畝間莠最硬搶」條。

〔一三八〕賀孫　成化本無。

〔一三九〕此洛只就洛邑言之非指關洛　成化本無。

〔一四〇〕賓之初筵　成化本此目上有「車舝」一目，其下載一條方子録曰：「問：『列女傳引詩「辰彼碩女」，作「展彼碩女」。』先生以爲然，且云：『向來煞尋得。』」又，成化本「賓之初筵」目下，又有「漸漸之石」一目，其下載一條文蔚録曰：「周家初興時，『周原膴膴，堇荼如飴』，苦底物事亦甜。及其衰也，『牂羊墳首，三星在罶』，人可以食，鮮可以飽』，直恁地蕭索。」

〔一四一〕賀孫　成化本無。

〔一四二〕大雅　成化本爲「大雅文王」。

〔一四三〕文王之什 成化本無。
〔一四四〕文王 成化本無。
〔一四五〕祀 成化本作「嗣」。
〔一四六〕此條寓録成化本載於卷十六。
〔一四七〕一章 成化本無。
〔一四八〕一 成化本無。
〔一四九〕敵 成化本作「軍」。
〔一五〇〕樣 成化本無。
〔一五一〕同 成化本無。
〔一五二〕下 成化本無。
〔一五三〕此條敬仲録成化本無。
〔一五四〕生民之什 成化本無。
〔一五五〕者 成化本無。
〔一五六〕是 成化本無。
〔一五七〕孔子之言 成化本無。
〔一五八〕生民詩至 成化本無。
〔一五九〕以爲 成化本無。
〔一六〇〕以爲 成化本無。

〔一六一〕是　成化本無。
〔一六二〕成化本此下注有「時舉」。
〔一六三〕時舉説假樂詩先生曰　成化本無。
〔一六四〕又　成化本無。
〔一六五〕之　成化本無。
〔一六六〕君子武之　成化本爲「君之宗之」。
〔一六七〕説民勞詩　成化本無。
〔一六八〕如此是否　成化本無。
〔一六九〕能自反於己　成化本無。
〔一七〇〕板　此目原無，據語録内容及成化本補。
〔一七一〕張子謂天體物而不遺猶仁體事而無不在也　成化本無。
〔一七二〕成化本此下注曰：「餘見張子書類。」
〔一七三〕則　成化本無。
〔一七四〕知　成化本此下注曰：「賀孫録云：『這裏若有些違理，恰似天知得一般。』」
〔一七五〕道夫　成化本無。
〔一七六〕成化本此下注曰：「賀孫録同。」
〔一七七〕蕩之什　成化本作「蕩」。
〔一七八〕蕩詩云　成化本無。

〔一七九〕大略如此未知是否　成化本無。

〔一八〇〕此條時舉録成化本置於「蕩」目下。

〔一八一〕他　成化本爲「他説」。

〔一八二〕又　成化本無。

〔一八三〕求前面廣大處去　成化本爲「來廣大處去」。

〔一八四〕設　成化本作「説」。

〔一八五〕義剛録同而少異……强爲之説便穿鑿　成化本爲「義剛録小異」。

〔一八六〕此條道夫録成化本無。

〔一八七〕烝民詩　成化本無。

〔一八八〕文蔚舉似及此　成化本無。

〔一八九〕面　成化本無。

〔一九〇〕番番　此二字原缺，據成化本補。

〔一九一〕又論　成化本無。

〔一九二〕班　成化本作「理」。

〔一九三〕頌　成化本無。

〔一九四〕周頌　成化本爲「周頌清廟」，且此目下載一條方子録曰：「『假以溢我』，當從左氏作『何以恤我』。『何』、『遐』通轉而爲『假』也。」

〔一九五〕清廟之什　成化本無。

〔一九六〕　我將　成化本此目上有「昊天有成命」一目，其下載一條炎録曰：「昊天有成命詩『成王不敢康』，詩傳皆斷以爲成王詩。某問：『下武言「成王之孚」如何？』曰：『這個且只得做武王説。』」

〔一九七〕　之詩　成化本無。

〔一九八〕　臣工之什　成化本無。

〔一九九〕　商頌　成化本此目上有「絲衣」、「魯頌泮水」、「閟宮」三目，其下各載一條語録。其中「絲衣」目下載敬仲録曰：「繹，祭之明日也。賓尸，以賓客之禮燕爲尸者。」「魯頌泮水」目下載佐録曰：「泮宮小序，詩傳不取。或言詩中『既作泮宮』則未必非修也。直卿云，此落成之詩。」「閟宮」目下載揚録曰：「太王翦商，武王所言。中庸言『武王纘太王、王季、文王之緒』，是其事素定矣。横渠亦言周之於商有不純臣之義，蓋自其祖宗遷豳、遷邰，皆其僻遠自居，非商之所封土也。」

〔二〇〇〕　公謹　成化本爲「方子」。

〔二〇一〕　玄鳥　成化本此日下有「長發」一目，且其下載一條㽦録曰：「『湯降不遲，聖敬日躋』，天之生湯恰好到合生時節，湯之修德又無一日間斷。」

卷八十二

〔一〕此條時舉録成化本無。

〔二〕郊祀后稷以配天宗祀文王以配上帝　成化本爲「配天配上帝」。

〔三〕周公　成化本無。

〔四〕配　成化本無。

〔五〕孝經中　成化本無。

〔六〕是　成化本無。

〔七〕自仲尼居至未之有也　成化本無。

〔八〕以　成化本作「是」。

〔九〕得　成化本作「但」。

〔一〇〕如　成化本無。

〔一一〕此條閎祖録成化本作爲注，附於卷六十三廣録尾。參底本卷六十三廣録「問『上下察』……經中『察』字義多如此」條。

卷八十三

［一］昭公二十五年　成化本無。
［二］説春秋云　成化本無。
［三］時舉云　成化本作「曰」。
［四］此意　成化本無。
［五］時舉云　成化本作「曰」。
［六］時舉云　成化本無。
［七］義剛　成化本無。
［八］文定公　成化本爲「胡文定」。
［九］字　成化本此下注曰：「淳録云：『以褒之。』」
［一〇］字　成化本此下注曰：「淳録云：『以貶之。』别本云：『如此便爲予，如彼便爲奪。』」
［一一］陳淳及别本録同而略　成化本爲「淳録略」。
［一二］後　成化本無。
［一三］字　成化本無。
［一四］逆　成化本作「逸」。
［一五］成化本此下以人傑録爲注，附於録尾，底本則以人傑録另作一條，參下條。

〔一六〕先生　成化本無。
〔一七〕先生　成化本無。
〔一八〕某　成化本作「甚」。
〔一九〕卜　成化本此下有「牛傷牛死」。
〔二〇〕果　成化本作「更」。
〔二一〕當救衛　成化本爲「衛當救」。
〔二二〕又如季子來歸……以見季氏之專萌芽於此　成化本無。
〔二三〕如　成化本無。
〔二四〕是　成化本此下有「了」。
〔二五〕少異　成化本無。
〔二六〕或問春秋曰　成化本無。
〔二七〕春秋　成化本無。
〔二八〕便　成化本無。
〔二九〕如那一部左傳……今且把來參考　成化本無。
〔三〇〕成化本此下注曰：「以下論左氏。」
〔三一〕必　成化本無。
〔三二〕從　成化本此下注曰：「義剛録云：『這個難稽考，莫去理會這個。』」底本將此部分注置於録尾。參下文。

〔三三〕義剛録云……莫要理會這個　成化本爲「『能』字通得三音，若作十五灰韻則與『才』字叶，與『時』字又不叶。今更不可理會。據今叶『時』字則當作『尼』字讀」。

〔三四〕某　成化本無。

〔三五〕言之　成化本爲「言盟之能守」。

〔三六〕先生　成化本無。

〔三七〕諠　成化本作「詛」。

〔三八〕變　成化本作「善」。

〔三九〕先生　成化本無。

〔四〇〕洽　成化本無。

〔四一〕者　成化本此下注曰：「池録作：『如歷階而升以至於極。蓋既無王命必擇勢力之相敵者。』」

〔四二〕此　成化本此下注曰：「池録云：『春秋於此，蓋紀王命不行而諸侯僭竊之端也。』」

〔四三〕某　成化本無。

〔四四〕讓　成化本作「遜」。

〔四五〕成化本注曰：「池録少異。」

〔四六〕此條淳録成化本無，但卷一百三十四載義剛録，參成化本義剛録「因論甯武子……故軍中階級却嚴有定分」條。

〔四七〕成化本此下注曰：「以下看春秋法。」

〔四八〕經　成化本此下注有「傳附」。

〔四九〕隱元年　成化本無。
〔五〇〕人來　原脱，據成化本補。
〔五一〕有此　原脱，據成化本補。
〔五二〕到　成化本作「别」。
〔五三〕矢魚　原脱，據成化本補。
〔五四〕何以　原脱，據成化本補。
〔五五〕地下　原脱，據成化本補。
〔五六〕桓　成化本無。
〔五七〕伯　成化本此下有「便合上告天子，下告方伯」。
〔五八〕告　成化本作「赴」。
〔五九〕文蔚　成化本無。
〔六〇〕成化本此下注曰：「僩録詳見本朝六。」參成化本卷一百三十三僩録「陳問復讐之義……須看他大意」條。底本卷八十六及卷一百三十三亦載，可參。
〔六一〕受　成化本此上有「大」。
〔六二〕備　成化本作「倫」。
〔六三〕莊元年……臣子大受命　成化本爲「穀梁傳莊元年」。
〔六四〕十一年　成化本爲「莊十年」。
〔六五〕十二年　成化本爲「二十一年」。

〔六六〕之事　成化本爲「事之」。
〔六七〕閔元年　成化本無。
〔六八〕是　成化本無。
〔六九〕成化本此下注有「閔元年」。
〔七〇〕僖　成化本無。
〔七一〕夷齊　成化本爲「奚齊」。
〔七二〕七年　成化本爲「九年」。
〔七三〕文蔚　成化本無。
〔七四〕答　成化本無。
〔七五〕奈何　成化本此下有「他」。
〔七六〕晉荀息　成化本爲「看荀息」。
〔七七〕僩用人傑録同　成化本爲「人傑」。
〔七八〕文　成化本無。
〔七九〕此條人傑録成化本以部分内容爲注，附於僩録尾。參成化本卷八十三僩録「胡氏春秋文八年記公孫敖事云……蓋經初無從己氏之説」條。
〔八〇〕此條僩用録成化本無。
〔八一〕五　成化本作「王」。
〔八二〕載　成化本作「弑」。

［八三］范伯達　成化本爲「文定之甥范伯達」。
［八四］欒書　成化本作「書」。
［八五］某曰　成化本爲「洽言」。
［八六］其人　成化本無。
［八七］成十九年　成化本爲「十八年」。據春秋左傳「晉弒其君州蒲」事出自成公十八年傳。
［八八］成化本此下注有「六年」，據春秋左傳，即桓公六年傳。
［八九］以下論三傳　成化本爲「九年」。據春秋左傳，「元，體之長」出自襄公九年傳。
［九〇］義剛　成化本無。
［九一］次第也是那　成化本爲「次第是」。
［九二］那　成化本無。
［九三］成化本此下注有「二年」。據春秋左傳「將立州吁」之句出自隱公三年傳。
［九四］只　成化本無。
［九五］蓋　成化本無。
［九六］公羊曰宋之禍宣公爲之也　成化本無。
［九七］時　成化本無。
［九八］祈　成化本作「折」。却　成化本無。
［九九］是　成化本作「象」。
［一〇〇］成化本此下注有「三年」。據春秋左傳，「初驪姬之亂，詛無畜群公子，自是晉無公族」出自宣公二

年傳。

［一〇一］陳淳人傑録同　成化本無。

［一〇二］先生　成化本無。

［一〇三］次舉額牒　成化本無。

［一〇四］成化本此下注有「十二年」。據春秋左傳，「卒偏之兩」出自宣公十二年傳。

［一〇五］陳仲卿　成化本爲「仲亨」。

［一〇六］三卿爲侯　成化本爲「晉三卿爲諸侯」。

［一〇七］也　成化本爲「也是」。

［一〇八］成化本此下注有「附此」。

［一〇九］成化本此下注曰：「有言：『臧文仲知征之爲害而去之，遂并無以識察姦僞。』故先生云然。」

［一一〇］從周董銖同　成化本爲「方子文二年」。據春秋左傳，文公二年傳有「仲尼曰：『臧文仲其不仁者三，不知者三』」。

［一一一］了　成化本無。

［一一二］族　成化本作「國」。

［一一三］了　成化本無。

［一一四］成化本此下注有「昭六年」。

［一一五］此條僩録成化本無，但卷八十一載胡泳録與此内容相類，參成化本胡泳録「或問緑衣卒章『我思古人，實獲我心』……正謂是爾」條。又，據春秋左傳，成化九年傳有「取其『我思古人，實獲我心』喻文子言得

己意」之語。

〔一一六〕成化本此下注有「二十九年」。據春秋左傳，「國未可量」引自襄公二十九年傳。

〔一一七〕此條倜録成化本載於卷九十三。

〔一一八〕成化本此下注曰：「公羊隱五年。」

〔一一九〕事見成二年左傳 成化本無。

〔一二〇〕成化本此下注有「成二年」。

〔一二一〕見昭 成化本無。

〔一二二〕見襄公十四年 成化本無。

〔一二三〕之 成化本無。

〔一二四〕公孫痤 成化本爲「公孫座」。

〔一二五〕成化本此下注有「十四年」。

〔一二六〕此條泳録成化本無。

〔一二七〕果 成化本無。

〔一二八〕人 成化本無。

〔一二九〕先生因 成化本無。

〔一三〇〕是 成化本爲「是時」。

〔一三一〕地 成化本無。

〔一三二〕又其後秦人 成化本無。

〔一三三〕是殺了多少　成化本無。

〔一三四〕如　成化本無。

〔一三五〕陳安卿　成化本爲「安卿」。

〔一三六〕淳録同……鍾會伐蜀見本傳　成化本無。

〔一三七〕夔孫　成化本無。

〔一三八〕林丈　成化本爲「擇之」。

〔一三九〕成化本此下注曰：「義剛録少異。」

〔一四〇〕公羊穀梁　成化本爲「公穀」。

〔一四一〕此　成化本無。

〔一四二〕文蔚　成化本無。

〔一四三〕成化本此下注曰：「以下公穀。」

〔一四四〕曾　成化本作「能」。

〔一四五〕謹　成化本作「緊」。

〔一四六〕此條道夫録成化本作爲注，附於寓録尾，參本卷寓録「先生話間説春秋……伯恭以爲此書只粧點爲説」條。

〔一四七〕伊川先生　成化本爲「伊川」。

〔一四八〕如　成化本無。

〔一四九〕作　成化本無。

〔一五〇〕如　成化本無。
〔一五一〕到　成化本無。
〔一五二〕則　成化本無。
〔一五三〕如此　成化本無。
〔一五四〕鄭　成化本爲「鄭伯」。
〔一五五〕想　成化本無。
〔一五六〕他　成化本無。
〔一五七〕而　成化本無。
〔一五八〕也　成化本無。
〔一五九〕胡文定公　成化本爲「胡文定」。
〔一六〇〕時舉　成化本無。
〔一六一〕大抵　成化本無。
〔一六二〕是姓左作傳　成化本爲「是姓左丘」。
〔一六三〕倚相　成化本此下有「之後」。
〔一六四〕林黄中　成化本此上有「曰」。
〔一六五〕某又云　成化本爲「可學云」。
〔一六六〕成化本此下注曰：「以下諸家解春秋。」
〔一六七〕淳　成化本爲「義剛」。

〔一六八〕成化本此下注曰：「揚録少異。」

〔一六九〕中　成化本無。

〔一七〇〕譎　成化本爲「權譎」。

〔一七一〕成化本此下注曰：「論治經之弊。」

〔一七二〕且如　成化本無。

〔一七三〕銖　成化本作「淳」。

〔一七四〕成化本此下注曰：「此亦先生親筆。」

〔一七五〕只　成化本爲「只將」。

〔一七六〕先生話間説春秋因語及　成化本無。

〔一七七〕答　成化本無。

〔一七八〕答　成化本無。

〔一七九〕先生　成化本無。

〔一八〇〕先生　成化本無。

〔一八一〕答　成化本無。

〔一八二〕先生　成化本無。

〔一八三〕云云　成化本無。

〔一八四〕成化本此下注曰：「寓録略。以下自言不解春秋。」

〔一八五〕答　成化本無。

〔一八六〕後世　成化本爲「後來」。

〔一八七〕答　成化本無。

〔一八八〕成化本此下注有「可學」。

卷八十四

［一］論考禮綱領　成化本此上有「禮一」。
［二］司馬文正　成化本爲「司馬公」。
［三］熟　成化本作「然」。
［四］始　成化本無。
［五］此條賀孫録成化本載於卷九十三。
［六］節　原脱，據成化本補。
［七］而士大夫　「而」、「士」、「大」三字原脱，據成化本補。
［八］亦　成化本此下有「自」。
［九］淳　成化本爲「義剛」。
［一〇］若看得一兩般書　原脱，據成化本義剛録補。
［一一］討頭處　原脱，據成化本義剛録補。
［一二］如孟子　原脱，據成化本義剛録補。
［一三］亦疏　原脱，據成化本義剛録補。
［一四］理會古　原脱，據成化本義剛録補。
［一五］此條淳録成化本以部分内容爲注，夾於卷九十義剛録中，參成化本義剛録「堯卿問高爲穆之義……

看他如何地」條。

〔一六〕煩　成化本作「繁」。

〔一七〕若是如　原脱，據成化本補。

〔一八〕上面説義　原脱，據成化本補。

〔一九〕是説　原脱，據成化本補。

〔二〇〕綜參考　原脱，據成化本補。

〔二一〕令節文度　原脱，據成化本補。

〔二二〕得實　原脱，據成化本補。

〔二三〕其義亦不　原脱，據成化本補。

〔二四〕若　成化本無。

〔二五〕禮未必盡用　原脱，據成化本補。

〔二六〕須　原脱，據成化本補。

〔二七〕若聖人有作　成化本無。

〔二八〕度　成化本此下有「皆若具文」。

〔二九〕及　成化本無。

〔三〇〕則　成化本作「而」。

〔三一〕這　成化本無。

〔三二〕答滕文公喪禮　成化本無。

〔三三〕矣　成化本此下有「三年之喪」。
〔三四〕這是不曾識周禮　成化本無。
〔三五〕都　成化本作「却」。
〔三六〕井九百畝其中爲公田　成化本無。
〔三七〕説井田　成化本無。
〔三八〕一介論之更自　原脱，據成化本補。
〔三九〕到宰相亦須上　原脱，據成化本補。
〔四〇〕以　成化本無。
〔四一〕且如孫吴專　原脱，據成化本補。
〔四二〕道者　原脱，據成化本補。
〔四三〕與上　原脱，據成化本補。
〔四四〕入　成化本作「人」。
〔四五〕若依希底也唤作是便了……若決是要做第一等人若　原有約十六字空缺，但成化本「是」與「才」間有三十三字。疑底本此處似缺兩行。
〔四六〕這　成化本無。
〔四七〕做到如此　原脱，據成化本補。
〔四八〕聖人　原脱，據成化本補。
〔四九〕奈何他才質只做　原脱，據成化本補。

〔五〇〕他當初也不止　原脱，據成化本補。

〔五一〕他　成化本作「地」。

〔五二〕獨只理會這些　原脱，據成化本補。

〔五三〕他這説　成化本無。

〔五四〕且　成化本無。

〔五五〕李文靖公　成化本爲「李文靖」。

〔五六〕王文正公　成化本爲「王文正」。

〔五七〕那樣事不着理會……今人只説漢封諸侯王土地太過　此部分内容原脱，據成化本補。

〔五八〕也是　成化本無。

〔五九〕領　原脱，據成化本補。

〔六〇〕只要去　原脱，據成化本補。

〔六一〕只是添得許多雜　原脱，據成化本補。

〔六二〕定是恁地　原脱，據成化本補。

〔六三〕雖孔子復生　原脱，據成化本補。

〔六四〕已　原脱，據成化本補。成化本此下注有「賀孫」。

〔六五〕時爲大　原脱，據成化本補。

〔六六〕有聖人　原脱，據成化本補。

〔六七〕易　原脱，據成化本補。

［六八］然　成化本此上有「曰」。
［六九］大　原脱，據成化本補。
［七〇］温　原脱，據成化本補。
［七一］長篇浩瀚　原脱，據成化本補。
［七二］某　原作「其」，據成化本改。儀　原脱，據成化本補。
［七三］只就中間行禮　原脱，據成化本補。
［七四］竊去　原脱，據成化本補。
［七五］亡之矣　原脱，據成化本補。此條成化本載於卷九十，且於語録尾注曰：「淳。李丈問：『祭儀更有修收否？』曰：『大概只是温公儀，無修改處。』」
［七六］今　原脱，據成化本補。
［七七］不相抵接　原脱，據成化本補。
［七八］釋奠惟　原脱，據成化本補。
［七九］服　成化本此下注曰：「至録云：『文、質之變相生。』」
［八〇］某謂　成化本無。
［八一］百世以下有聖賢　原脱，據成化本補。
［八二］斬　原脱，據成化本補。
［八三］周禮如此繁　原脱，據成化本補。
［八四］皆添四　原脱，據成化本補。

〔八五〕擔　成化本作「檐」。

〔八六〕行　成化本無。

〔八七〕胡伯量　成化本爲「伯量」。

〔八八〕始喪一段　原脱，據成化本補。

〔八九〕若必　「若」字原脱。成化本爲「必若」。據其上下文意及成化本補。

〔九〇〕古禮　成化本無。

〔九一〕情　原脱，據成化本補。

〔九二〕何者　原脱，據成化本補。

〔九三〕方哀苦荒　原脱，據成化本補。

〔九四〕之繁細委曲　原脱，據成化本補。

〔九五〕古　原脱，據成化本補。

〔九六〕有　原脱，據成化本補。

〔九七〕一一盡依古禮　原脱，據成化本補。

〔九八〕必躬　原脱，據成化本補。

〔九九〕依今世俗之禮　原脱，據成化本補。

〔一〇〇〕有　成化本無。

〔一〇一〕之　成化本無。

〔一〇二〕當　成化本無。

〔一〇三〕當　成化本無。

〔一〇四〕文　成化本作「又」。

〔一〇五〕蓋聖人生　原脱，據成化本補。

〔一〇六〕整齊　原脱，據成化本補。

〔一〇七〕聖人如何不　原脱，據成化本補。

〔一〇八〕自爲邦則從　原脱，據成化本補。

〔一〇九〕進　成化本此下有「耳」，「耳」下注有「僩」，且此條載於卷八十九。

〔一一〇〕壽皇麻衣不離身而　原脱，據成化本補。

〔一一一〕略换皂帶以爲　原脱，據成化本補。

〔一一二〕禮　成化本作「道」。

〔一一三〕成化本此下注有「賀孫」，且此條載於卷八十九。

〔一一四〕七篇多是士　原脱，據成化本補。

〔一一五〕焚滅之後　原脱，據成化本補。

〔一一六〕至河間　原脱，據成化本補。

〔一一七〕之　原脱，據成化本補。

〔一一八〕惜乎不行　原脱，據成化本補。

〔一一九〕至唐此書向在　「至」、「此」、「書」三字原脱，據成化本補。「向」，成化本作「尚」。

〔一二〇〕者　原脱，據成化本補。

〔一二一〕及後來無人説着　原脱，據成化本補。
〔一二二〕制漢儀　原脱，據成化本補。
〔一二三〕及曹褒　原脱，據成化本補。
〔一二四〕顯慶二禮　「慶」、「二」二字原脱，據成化本補。
〔一二五〕科亦當有　原脱，據成化本補。
〔一二六〕古人於禮直如　原脱，據成化本補。
〔一二七〕周旋　成化本爲「周囬」。
〔一二八〕自然使人有　原脱，據成化本補。
〔一二九〕化　成化本作「他」。
〔一三〇〕多不本諸儀禮　原脱，據成化本補。
〔一三一〕有自　原脱，據成化本補。
〔一三二〕爲適古今之宜　原脱，據成化本補。
〔一三三〕則　成化本無。
〔一三四〕禮　成化本爲「之説」。
〔一三五〕儀　成化本爲「儀禮」。
〔一三六〕今　成化本無。
〔一三七〕福州　成化本無。
〔一三八〕字伯照　成化本無。

〔一三九〕私臆　原脱，據成化本補。
〔一四〇〕某　原脱，據成化本補。
〔一四一〕極不易得　原脱，據成化本補。
〔一四二〕林黄中　原脱，據成化本補。
〔一四三〕是杜撰　原脱，據成化本補。
〔一四四〕或言　原脱，據成化本補。
〔一四五〕黄只是讀書　原脱，據成化本補。
〔一四六〕不曾　原脱，據成化本補。
〔一四七〕名者三人　原脱，據成化本補。
〔一四八〕王伯照　「王」、「伯」二字原脱，據成化本補。
〔一四九〕國家何賴焉　「家」、「何」、「賴」、「焉」四字原脱，據成化本補。
〔一五〇〕因問張舅　「因」、「問」、「張」三字原脱，據成化本補。
〔一五一〕子孫能守其家學否　原脱，據成化本補。
〔一五二〕儀　原脱，據成化本補。
〔一五三〕天叙有典　原脱，據成化本補。
〔一五四〕自我　原脱，據成化本補。
〔一五五〕五庸哉　原脱，據成化本補。
〔一五六〕這個典禮　「這」、「個」、「典」三字原脱，據成化本補。